西夏简史

xi xia jian shi

陈海波 著

民主与建设出版社

Democracy & Construction Publishing House

图书在版编目（CIP）数据

西夏简史 / 陈海波著. -- 北京：民主与建

设出版社，2016.7

ISBN 978-7-5139-1119-1

Ⅰ.①西… Ⅱ.①陈… Ⅲ.①中国历史－研究－西夏

Ⅳ.①K246.307

中国版本图书馆CIP数据核字(2016)第121474号

出　版　人：许久文

责任编辑：李保华

整体设计：@嫁衣工舍

出版发行：民主与建设出版社有限责任公司

电　　话：(010)59419778　　59417745

社　　址：北京市朝阳区阜通东大街融科望京中心B座601室

邮　　编：100102

印　　刷：固安县保利达印务有限公司

版　　次：2016年8月第1版　2016年8月第1次印刷

开　　本：16

印　　张：15

书　　号：ISBN 978-7-5139-1119-1

定　　价：39.80元

注：如有印、装质量问题，请与出版社联系。

前　言

在古老的丝绸之路上，除了被黄沙掩埋的楼兰，还有一个曾经辉煌、却消失于铁血征战中的王朝：西夏。

西夏又称大白高国，是由一个崇尚白色、尚武善战、极具神秘色彩的党项羌族建立。这个像风一样消失了的民族，充满了神秘色彩，它创造了神秘的大夏帝国，书写了一段光辉灿烂的历史。

公元1227年，西夏为元所灭。"国亡史作"，是汉唐以来后朝为前朝修史的传统，但元朝人修前史时，只对宋、辽、金三国"各与正统，各系其年号"，编纂了纪传体的正史，独未给与宋、辽、金鼎立近两个世纪的西夏编纂正史，仅据宋辽金三国旧史草率编成分量不多的传记，附于三部正史之中（《辽史·西夏外纪》一卷，《宋史·夏国传》二卷，《金史·西夏传》一卷）。

元朝人的这种做法，使得西夏丰富的珍贵文献彻底地随着帝国的灭亡而湮没，不但为后世研究西夏史带来极大的困惑，也使后人在研究宋、辽、金时少了重要的参考文献，对研究中古时期的历史造成了无法弥补的损失，同时也使西夏的历史文化越发显得神秘。

随着近代大量西夏文献被发现和解读，西夏神秘的面纱才被渐渐揭开。

特别是20世纪初俄国探险队在我国西部居延海南侧的黑水城盗掘了大量的珍贵西夏文献，为西夏学研究奠定了基础。经过国内外几代西夏学者的研究和探索，西夏社会大致的面貌已经呈献在我们面前。但是由于迄今为止出土的西夏文献，绝大多数都是佛经之类，不仅没有西夏实录、国史一类的文献，甚至连历史著作也极其罕见。

建立西夏帝国的党项羌族，其名在汉文史籍中最早见于《隋书》，其族源大多被认为是羌族的一支，《隋书·党项传》中称："党项羌者，三苗之后也。"《旧唐书·党项传》中称："党项羌在古析支之地，汉西羌之别种。"但是西夏统治者自认为是鲜卑皇族后裔。元昊在上表宋朝的表章中称："臣祖宗本出帝胄，当东晋之末运，创后魏之初基。"西夏文献《夏圣根赞歌》对党项人的发祥地有所记载——黑头石城漠水边，赤面你白河上，高弥药国在彼方。党项族族源及发祥地一直为学者们争论不休，至今尚无定论。党项族应该是以羌族为主体的多个民族融合的共同体，包括羌族、鲜卑、汉、回鹘、吐蕃等。

唐初，党项人逐渐强大起来，唐末党项首领拓跋思恭因助唐平叛立下大功，被赐姓李，从此拓跋思恭及其李姓后代以夏国公身份成为当地的一大割据势力。宋初赵匡胤对夏州地方政权的收回，导致拓跋李氏与宋朝矛盾加剧。党项族首领李继迁开始叛宋自立，直至其孙李元昊于公元1038年正式称帝建国。

西夏建国后，元昊采取联辽抗宋的战略，不断发动对宋的大规模入侵，直到1044年，双方才达成和议。同年，夏与辽又暴发大规模冲突，夏先败后胜，打败了强辽的入侵。西夏立国后先后战胜实力强于自己的宋、辽，使其取得了与两国平等的地位，开始真正步入三足鼎立格局。但元昊统治后期的荒淫残暴，最终将西夏拖入漫长的外戚擅权的黑暗岁月，帝国良好的开端戛然而止。

元昊死后，西夏国几兴几败，直到德旺继位时，西夏已病入膏肓，无可救药。虽然德旺试图挽狂澜于即倒，但已回天无力。德旺还试图联金对抗蒙古，但金自顾尚且不暇。

德旺病死后，他的侄子李睍被推为皇帝。在蒙古大军的疯狂进攻下，公元1127年，穷途末路的李睍投降蒙古。成吉思汗死时，下令密不发丧，以免西夏反悔。李睍率文武官员来降时被杀，整个帝国也遭到蒙古军的疯狂杀戮。至此，传十帝，历时近二百年的帝国以一种极悲壮的方式灭亡了。

目 录

第十章　帝国虽灭亡，传奇依然在

附录　西夏帝国历史简表

第一章
神秘帝国的缔造者——党项羌

党项羌是我国一个神秘而古老的民族，是一个饱受战争磨难为了生存不断迁徙的民族，从青藏高原到黄土高原，一路躲避一路奋进，经过血与火的洗礼，最终在我国的大西北落地生根，逐步建立了以夏州为中心的地方政权。

第一节 党项羌族的历史大变迁

西夏是党项羌族建立的封建王朝，它曾先后与宋、辽、金鼎足而立，历时190年。如果按《宋史》所载"虽未立国而王其土"的夏州政权算起，党项西夏政权历时长达347年（881～1227年）。其最盛时，疆域包括今宁夏大部和甘肃、陕西、青海、新疆和内蒙古的部分共两万多平方公里的广阔地区。

党项羌是我国古代广泛分布于西部地区的诸多羌族部落之一，汉人通常称其为党项。历史记载羌族发源于"赐支"或者"析支"，即今青海省东南部黄河一带。

汉代时羌族大量内迁至河陇及关中一带，但直到南北朝末期（公元六世纪后期）才开始初露头脚。到唐朝时期，其活动范围逐渐扩展到"东至松州（今四川省松潘县北），西接叶护（今新疆维吾尔自治区境内），南杂春桑，迷桑（今青海省北部），处山谷间，亘三千里"的广阔区域。

党项地图

党项羌按不同的姓氏组合成大小不同数目众多的部落，各部无君长，无法令，不相统一，尚处于原始社会阶段。著名的部落有细封氏、费听氏、往利氏、颇超氏、野利氏、房当氏、米擒氏、拓跋氏等八大部落。其中拓跋氏势力最为强大，在党项诸部中起领导作用。

《旧唐书·党项羌传》关于党项社会有这样的记述："居有栋宇，其屋织牦牛尾及羊毛覆之，每年一易……男女并衣裘褐，仍披大毡。畜牦牛、马、驴、羊，以供其食。不知稼穑，土无五谷，求大麦于它界，酝以为酒。"以上文字记载了党项羌人早期的生活情况。屋子上方还是动物皮毛包裹着的，每年都需要更换一次，不认得庄稼五谷，连酿酒的大麦都需要在别处"进口"。这说明了当时的党项是以游牧为主不事农业的马背上的民族，生活水平处于比较落后的以氏族为基础的原始社会末期父权制阶段。

公元六世纪中叶，正是魏周时期，那时候的史料有记载，说党项经常骚扰边境，或是叛乱或是归降。公元六世纪末期，隋文帝（杨坚）统一中国，结束数百年的战乱，人民生活得到暂时安定，边境上的党项羌部落开始了内迁的生活。

隋开皇四年（公元584年），有千余家党项"归化"也就是说，党项人在内迁后，逐渐融入了当地居民的生活。于是第二年，党项拓跋部的大首领拓跋宁丛等率部落到旭州（今甘肃省庆阳市境内）向皇帝提出定居的请求，隋文帝得知来意后很高兴，他当时就授予党项首领拓跋宁丛为"大将军"称号。

这是党项部落首领第一次被授予大将军称号。

但是，平静的生活掩埋不住党项人野性的天性，党项人并没有安心归附，而是时叛时附。在隋开皇十六年（596年）时，党项进攻会州，也就是如今甘肃靖远县东北地区，失败后纷纷降附。隋王朝对周边少数民族的态度是恩威并施，剿抚并用，在党项等少数民族部落居住地区设置州郡，加强管理。

唐朝建立后，在唐太宗李世民统治时期，出现了有名的"贞观之治"，人民生活安居乐业，对周边各民族采取"招抚政策"，这一政策为党项众部和汉族人民的相处提供了良好的环境。太宗贞观三年（629年），唐朝南会州都督郑元招谕党项归附后，党项首领之一细封步赖率部落归附唐朝，唐朝在其住地设轨州（今四川省松潘县境内），授细封布赖作刺史。其他党项部落亦纷纷响应归附唐朝。唐朝当时设立崛、奉、岩、远四州，仍各以其首领为刺史。贞观五年（631年），在唐王朝不断施加的政治诱逼与军事压力下，党项部落大批内附，唐朝派太仆寺丞李世南开河曲地为六十州，内附者多达三十万人口。

公元634年（贞观八年），吐谷浑叛唐，唐朝派大将李靖前往讨伐，拓跋赤辞和吐谷浑王室有姻亲关系，派兵相助吐谷浑对抗唐军，拓跋赤辞带领所部屯兵狼道峡（又称狼道坡，今甘肃迭部县境），据险进行抵抗。唐廓州（今青海化隆县西)刺史久且洛生派人对他进行劝降。拓跋赤辞对使人说："我受吐谷浑主亲戚之恩，腹心相寄，生死不二，不知其他。你速离去，免得玷污了我的刀!"表现出当时的立场。久且洛生听他这样说后十分生气，于是率精骑击破他的后方基地肃远山。但唐太宗并没下令乘胜前进，而是趁机令岷州(今甘肃岷县)都督李道彦对拓跋赤辞进行劝降。

赤辞的从子拓跋思头背着他答应归附，其部属拓跋细豆也率部归降。拓跋赤辞见众叛亲离，在唐的多次劝降之下，才与拓跋思头一起归附唐朝。后唐政府在其住地设懿、嵯、麟、可等32州，任命归附的部落首领任刺史，以拓跋赤辞为西戎州都督，赐姓李，受松州都督府节制。

拓跋赤辞是第一个被大唐皇帝赐国姓的党项人。拓跋赤辞归附后，一大片土地归入了唐王朝的版图，也就是如今青海省黄河河源积石山以东的地方都归了唐朝。党项羌成为唐朝的属民。

从唐王朝建立起，西藏高原上的吐蕃势力逐渐崛起。唐太宗死后，空前膨胀的吐蕃势力日益向外扩张，向北吞并了吐谷浑部。党项各部受到吐蕃的严重威胁，受不了吐蕃侵扰和压迫的党项各部纷纷请求内徙。内徙的党项部落主要分布在唐朝陇右道北部诸州洮、秦、临等州。

公元721年（唐开元九年），唐玄宗李隆基下诏在庆州（今甘肃庆阳）置静边州，安置内徙的党项人，授予拓跋赤辞之孙拓跋守寂为右临门都督，并封西平公。拓跋守寂所辖的二十五个州，也一并内迁。党项内迁后，那些没有内迁仍留居处的党项，被吐蕃称为"弭药"（黑色的党项）。党项建西夏后，吐蕃才改称其为西夏。

公元八世纪中叶"安史之乱"爆发，拓跋守寂带兵帮大唐平叛，被擢升为容州刺史，领天柱军使。唐朝为应付内乱撤回了沿边的军队，吐蕃乘机夺取河西陇右数十州及西域的领地。唐朝的东西交通大动脉被切断，大唐帝国从此渐渐走向衰败。

当时居住在灵、盐（今宁夏回族自治区的灵武市及盐池县）和庆州一代的党项部落，由于和吐蕃相邻，不断联合起来骚扰唐朝。唐政府为了阻隔和拆散它们的联系，便把散居在此的党项部迁到银州（今陕西米脂县）以北、夏州（今陕西靖边县境）以东地区；静边州都督府也同时移置在银州境内。当时，还有大批党项部落迁至绥州（今陕西省绥德县）、延州（今陕西省延安县）一带。也有部分党项东渡黄河进入石州（今山西省离石区）。

当时居住在庆州一带的党项部落叫作东山部落；在绥、延二州地区的，叫作野利部落；以夏州为中心的称平夏部落，也就是今天的鄂尔多斯东南方向。这里曾是南北朝时期赫连勃勃大夏国的故都，紧靠腾格里大沙漠，所以号称平夏党夏部。后来作为西夏统治者的拓跋部就是平夏部落里面最显赫的大族。从青藏高原到黄土高原，一场改变了党项人命运的百年大迁徙终于画上了句号。

唐朝早期和中期对党项族采取的基本上是保护政策，因此党项族和唐朝的关系密切。但是到唐朝后期，随着唐帝国的日益衰败和腐朽，唐朝官吏对周边党项部落大肆剥削和压迫，通过各种方式对他们巧取豪夺，"或利其善马，或取其子女"，并且不给他们丝毫回报，尽情奴役，甚至动辄杀伤。这种做法激起了党项人的怨恨和反抗。

当时灵州（今宁夏灵武县西南）、盐州（今宁夏盐池县北）一带爆发了大规模的起义。唐武宗为了平息党项部落的反抗，多次下令安抚，并以侍御史崔君会、李鄂和郑贺分别为灵、延(今陕西延安市)、麟(今陕西神木县北)等地的安抚使。党项族的起义逐渐平息。伴随着唐王朝的逐渐衰落，偏居一隅的党项族的势力得到了比较快速的增长。

党项族经过两次世纪大迁徙，虽然仍以畜牧业为主，但是由于离中原农耕文明越来越近，曾经逐水草而居的生活逐渐发生改变，也慢慢定居下来。这样不仅增加了党项族和中原汉族文明接触的机会，还加速了党项族政治、经济、文化的发展，对党项族与汉族的融合起了重大的促进作用。

第二节 尚武复仇的党项民族

在党项人最早见于历史记载的《隋书·党项传》中就称其以"俗尚武力"著称于世，他们民风彪悍，信守承诺，敢于战斗。党项人则用谚语"宁射苍鹰不射兔，宁捕猛虎不捕狐"，表达其顽强的战斗精神。这种尚武精神成为后来西夏的立国之本。

《宋史·夏国传》中记载，在党项首领拓跋思恭助唐镇压黄巢起义时，他的弟弟拓跋思忠在与起义军的战斗中，把对方逼到渭桥处，对方着"铁鹤"，思忠竟然箭穿其羽，对方被吓得逃走。汉代名将李广射虎而箭簇仅能没入石中，思忠射铁鹤竟能"没羽"，可见他的射箭能力的高超。

古书的记载虽不免有些夸张，但也说明了思忠射术和臂力的惊人。

党项人骁勇善战，到后来反宋自立的李继迁和西夏的建国者李元昊，更是亲自披坚执锐、驰杀疆场。

李继迁是一位勇猛又有智谋的党项首领，能征善战，百折不挠。在他年少时，就曾只身射死猛虎，成为党项部落中无人不知的小英雄。而李元昊更是年轻时就立下了赫赫战功，建国后，以"尚武重法"为立国之本，在对宋和辽的战争中，屡次大获全胜。

西夏武士复原图

　　不但是这些建立西夏的党项最高男性统治者英勇善战，就连西夏的一些皇族女性也是尚武好战。西夏毅宗的母亲没藏太后，就曾多次亲自挂帅与宋朝作战。而后的梁太后更是亲率几十万大军进攻宋朝的平夏城，既是指挥大军的女统帅，又是披坚执锐、征战沙场的女将。

　　与西夏对抗的府州折氏家族也是党项大族，世代为北宋之西北名将，在与辽、夏的战争中，屡立奇功，史称"折家军"。我们耳熟能详的女中豪杰穆桂英、折太君（戏剧小说中的佘太君），都是党项族人。

　　党项族长期活动于青藏高原和我国西北地区，这里地势险峻，与外隔绝，生产落后，加之气候多变，霜雪期长，属于高寒地带。极其恶劣的自然条件，把党项人锤炼得吃苦耐劳、健壮勇敢。他们能耐寒暑饥渴，擅长骑射，而且一般都身躯高大。严酷的客观环境培养了党项民族剽悍好斗、善于战争的生活习俗。党项妇女同样勇悍好斗，有记载这样写："唐宪宗元和十五年七月，盐州送到劫乌白池盐贼拓跋三娘并婢二人"，说的就是党项妇女带奴婢劫盐的事，可见它们就连女人也是十分强悍的。

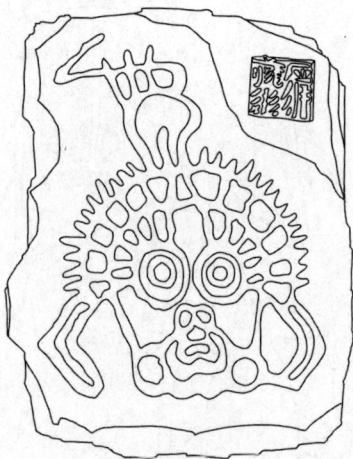

西夏太阳神

在党项族的发展史上，经常受到周边大民族的残酷欺压和奴役。为了自身的生存和发展，它们必须强大自己，同敌人顽强战斗。在反抗民族压迫的过程中，形成了一种铁骨铮铮，尚武好勇的民族精神，所谓环境造就人才，所以也不足为怪。

尚武重义、吃苦耐劳、坚忍不拔、顽强善战就是党项人最突出的特点。元代西夏后人余阙在《送归彦温赴根赴河西廉访使序》中有对同族人品格的描述，大致是说他们民族的人民重义气，民族内部相处融洽，没有阶级尊卑，好交朋友，有食均分。

西夏有谚语称："不交唯利是图的小人为友；虽交朋友但不轻易与他人吐露心声；不与他人恶语相向，尽量做到胸怀宽广。

这些记载都说明了西夏纯朴的民风和人与人真诚相处的美德，这也是党项人民特别团结的重要原因。

虽然党项人为人处世讲求点到为止，尽量不干涉他人，但是，如果他人惹到自己，则必将会引起党项人的仇视。党项人有严重的复仇心理，所谓人不犯我我不犯人，但人若犯我我必犯人！有仇必报是党项人的一个传统习惯。

《旧唐书·党项羌传》就记载说党项人十分记仇，但是复仇也不是什么时候都可以，如果仇家有丧的话，则不能乘人之危。一些没有能力复仇的人，也不会善罢甘休，他们会找一些强悍的妇女，去仇家放火烧其庐舍。党项人认为"敌女兵不祥"，所以就躲开，任其纵火。如果仇家和解后，则用鸡、猪、犬血和酒，用髑髅共饮起誓，这既说明了党项人恩仇必报的性格特点，也表现了他们也重诺守信的一面。

西夏建国后，实行全民皆兵制度，规定凡年十五以上、六十以下的民众都有服兵役的义务。平时不脱离生产，战时参加战斗。西夏的骑兵十分有名，战斗力极其强悍。最有名的骑兵唤作"铁鹞子"，拥有最勇猛的将士，最优良的战马，最精良的装备。所谓百里而走，千里而期。横山部落的步兵则称"步跋子"，他们上下山坡，轻足善走。

西夏人在平原驰骋之处遇敌多用"铁鹞子"以冲突敌阵，在山谷深险之处而多用"步跋子"。平常战斗中配合默契，骑兵为前军，冲突敌阵，挽弓注射，其矢如雨。步兵骑兵并进，使敌方无力阻挡，故每战必胜。

党项女子也普遍身强体壮，勇于骑射，西夏军队中有称作"麻魁"的女兵。西夏在宋朝人眼中，它们人人都能战斗，没有兵民之别，如果有战事，则举整个族群都来战斗。此外，它们人人都学习过骑射，可以与敌方兵刃相见，毫无畏惧，仿佛谈笑间就能度过一切。

西夏全盛时期人口不过三百万，但是在与人口过亿的宋朝的作战中却屡获大胜。宋将富弼说道："如今七年时间，与他们经历了大小十余战，没有一次胜利的。于是，官军沮丧，望风畏怯。"

党项族这种"人人能斗击"，勇敢顽强、坚韧不拔的战斗精神十分强烈。就连敌视党项的宋朝，在其史籍上对党项族的那种视死如归、顽强战斗的精神也是赞不绝口的。

李焘在《续资治通鉴长编》中描写西夏战士进攻宋永乐城时就写过西夏战士不但在作战时冲锋陷，敢于为国捐躯的精神，即使是被俘也表现得极其顽强刚烈。

北宋鄜延统帅范雍在一首诗中有一句"拘俘询虏事，肉尽一无声"，描写的是宋朝用酷刑审讯西夏俘虏时的情形，那种宁死不屈，坚韧不拔的精神跃然纸上，一句肉尽一无声令人震撼。

西夏末年，成吉思汗率铁骑征服西夏时，也遇到了前所未有的顽强抵抗。公元1226年（夏宝义元年）十一月，成吉思汗率大军进攻西夏灵州，西夏老将嵬名令公领兵十万赴援，与蒙古军队激战于结冰的黄河上，西夏将士英勇抵抗，死伤无数，最后城破，无一降者，全部被杀。灵州守将太子李德仁的儿子，年仅七岁，亦求一死。一代战神成吉思汗前后六次出兵，用了二十二年的时间，付出极其沉重的代价之后才将西夏灭亡。

党项人的兵器也十分精良。西夏陵墓中出土的铠甲残片制作精细，薄厚均匀，孔眼划一，有的还外表镏金。

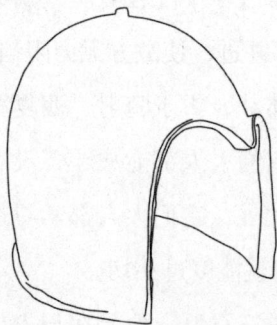

西夏铁兜鍪

西夏剑有天下之第一的美誉，当时的宋钦宗就十分喜欢西夏剑，常常佩带身边，宋朝边防将领以得到皇帝赏赐的夏国剑为最高荣誉。被宋人认为"最为利器"的也是西夏神臂弓，"弓之身三尺有二寸，弦长二尺有五寸，箭木羽长数寸，射三百步有奇"，是一种杀伤力极强的兵器，射程和穿透力惊人。

在冷兵器时代，战争的胜负不仅取决于士兵的作战能力，而且与兵器的好坏有直接的关系。所以西夏总是以一个军事强国的面目出现，与其兵器的精良也大有关系。

党项马也十分出名，是西夏拥有一支战斗力强悍的骑兵部队的重要原因。唐朝的边防军队常不惜以铁甲弓矢换取党项人的善马劲羊。

西夏文物：石马

宋朝时，党项马更是党项与周边民族贸易的名贵商品。可见，党项马时为天下之最。这一点也在西夏骑兵作战中表现得淋漓尽致。宋太宗时，宋朝几十万大军攻夏，而李继迁仅需骑兵一天出动数次，就将五路宋朝大军拖得疲惫不堪，最后无功而返。

党项族的这种尚武之风，以及他们坚韧不拔、团结互助的精神，并没有随着西夏的灭亡而消失。西夏灭亡后，许多西夏后裔在元朝任重臣，在元朝灭亡时，多为元朝殉难死节。

第三节　夏州地方政权建立，未称国而王其土

　　大约公元873年（唐懿宗咸通十四年）时，拓跋思恭占据宥州（今陕西靖边县东），自称刺史。公元874年（僖宗乾符元年），爆发了以黄巢为首的农民大起义，公元880年（广明元年），黄巢起义军攻入长安，建国号为大齐，年号金统，建立了农民政权。

　　唐僖宗逃到四川，号召各路地方割据势力联合镇压起义军。

　　公元881年，拓跋思恭响应僖宗号召，亲自率领一支数万人的蕃汉联合武装镇压农民起义军。长安失陷后，夏、绥、银节度使诸葛爽将军队驻扎在栎阳，起义军将领朱温前去诱降，诸葛爽率部投降。于是在同年四月，僖宗命思恭为左武卫将军，权知夏、绥、银留后。拓跋思恭率军参加围攻长安起义军时，与起义军大战于王桥，结果失败，死伤惨重。九月，他的弟拓跋思忠与起义军尚让、朱温战于渭桥，思忠一箭射中桥上铁鹤，起义军惊惧不已，导致纷纷撤退，思忠孤军深入，结果英勇战死。十一月，起义军突袭思恭军于富平，思恭敌不过他，率残众逃回了夏州。

　　思恭回到夏州后，立即招兵买马，加紧训练军队，并上表僖宗请再次出战。征得同意后，思恭再次出兵与义军作战，思恭亲率八千精锐屡次与起义军激战。

　　公元883年（中和三年），拓跋思恭奉诏率军随同雁门节度使李克用进攻长安。联军势如破竹，接连击败起义军将领尚让等部，进军渭南，会同李克用的部将杨守宗、河中将白志迁等共同向起义军发起攻击，一天之内获得三次大捷，起义军彻底溃败，因此收复了长安。

　　拓跋思恭这次对唐政府的救援，是一次改变党项人命运的战略举措。唐

僖宗为嘉奖拓跋思恭的"战功"，升任他为夏州节度使，再一次赐姓李，封夏国公，从此夏州拓跋氏自称李氏，夏州地区即获得了"定难军"的称号，统辖夏、绥、银、宥四州。至此，雄踞一方的夏州地方政权正式建立，夏州李氏成了名实相符的藩镇。

虽然唐政府借助地方割据势力镇压了农民起义，而地方割据势力也得到了进一步的壮大和发展。唐灭亡后，接下来五代十国的统治形势基本上是唐末藩镇割据状态的继续和发展。夏州李氏偏居西北，采取"保存实力"的策略，尽量避免卷入战争，在此后五十多年（公元907～960年）的时间里，拓跋李氏对统治中原的梁、唐、晋、汉、周各政权，以及盘踞河东（今山西省）的北汉政权，在名义上保持了"臣属"的关系。由于当时战乱频繁，再加上这些政权的基础并不牢固，除后唐对夏州地方政权发动一次失败的用兵外，也就习惯性地承认了李氏享有夏州一切政治上的特权地位。

唐末夏州首任定难军节度使拓跋思恭死后，由于他的儿子均早死，他的孙子彝昌还年幼，于是就由他的弟弟思谏为定难军节度使，从此便开始了拓跋氏世袭节度使的开端。思谏死后，又由思恭孙彝昌继位。公元910年（即后梁政权建立的第四年）彝昌被部将高宗益杀死，接着夏州诸将杀高宗益，推举彝昌的族父番部指挥使李仁福为留后，朱温封李仁福为检校司空、定难军节度使。

公元910年（后梁开平四年），盘踞河东的晋王李存勖（后唐庄宗）不满意李仁福投降他的敌人梁太祖（朱温）一方，开始与岐王李茂贞联兵进攻夏州，梁政权看到形势不妙，于是派兵支援，让夏州得以围解。不久李存勖灭后梁，自己称帝，改国号唐，建都洛阳，这就是史称的"后唐"。夏州李仁福派人到洛阳表示愿归顺后唐，后唐为拉拢夏州李氏为自己所用，封李仁福为朔方王。

公元933年，李仁福去世，他的儿子彝超继位。后唐明宗担心李仁福会和契丹联合起来引起边患，也考虑到此时也许正是兼并夏州的好时机，于是决定采用"调虎离山"之计，发布了将彝超和彰武（治所在延州）节度使安从进对调的命令，并以武力为后盾，派邠州节度使药彦稠率兵五万，前往接收夏州。

彝超一面上书明宗，讲明不愿迁镇的理由，一面动员自己的武装力量，做好保卫夏州的准备。在这补一段夏州城的历史。

夏州又称统万城，据史载公元407年，匈奴首领赫连勃勃称"天王，大单于"，雄踞朔漠。

他于公元413年（凤翔元年）驱役十万各族人民，采用"蒸土筑城"法在朔方水（今红柳河）之北黑水之南营建都城，取名"统万城"，有"统一天下，君临万邦"之寓意。这座城历时7年建成，城基厚25米，城高23.33米，宽11.16米。又据史料记载："筑城的土都经过蒸熟，筑成后用铁锥刺土法检验其硬度，凡刺进一寸，便杀筑者；凡刺不进去便杀刺者。城坚硬可以磨刀斧。"可见这座城建造的有多么牢不可破。

彝超派他的兄弟阿罗王把守青峡门，自己集结党项诸部加强防备。后唐与李氏的战争爆发后，彝超命诸部落联合起来的兵马大举进攻后唐的粮草补给线，使唐兵的粮草补给陷入瘫痪，同时派出数支骑兵冲击驻守在芦关的唐兵，结果被唐兵击退，唐兵乘胜兵临城下，见城坚不可破，便试图挖地道破城，但是"铲凿不能入"，连城下也根本挖不动。就这样，唐兵围攻夏州有一百多天，依旧无法攻下。

彝超兄弟登上城头向唐军求和说："我们夏州区域贫瘠，并没有什么珍惜宝物，若有好东西，也是愿意向朝廷贡赋的。如今，我们祖祖辈辈住在这里多年，是不愿意失去的。你们这时候来犯我们这原本就不富裕的城池，实在胜之不武。其实，你们如果不这样对我们，我们愿意臣服，甚至愿意积极响应朝廷，去讨伐对朝廷值得讨伐的地方。"

此时的唐兵因为久攻不下而士气消沉，再加上粮运困难，战士们十分愁苦，听到彝超兄弟求和的话，立即表示愿意如他所说。而后，明宗下令撤军，但撤退时队伍出现混乱，彝超立马令部下追击，唐军丢戈弃甲，争相逃跑。战后，彝超遣使向唐明宗请罪求昭雪，明宗无奈，仍授予彝超检校司徒、定难军节度使，彝超也因此继续称臣纳贡。

经过这一次战役，夏州李氏获得了唐军遗弃下来的大批武器，实力得到进一步的增强。更重要的是，夏州李氏成功粉碎了后唐政府吞并的阴谋，在西北各民族，特别是在党项部落中提高了统治威望，在拓跋部发展的历史上有着重要的意义和影响，使拓跋部统治者看到了自己的力量，此后的中央政权也对夏州李氏不再轻视。

公元935年（后唐清泰二年），李彝超去世，他的弟弟李彝殷（后避宋太祖父弘殷名讳，改殷为兴）继任。公元943年，绥州刺史李彝敏勾结夏州衙内指挥拓跋崇斌密谋袭击夏州城，机密泄露。李彝殷首先逮捕拓跋崇斌，将其处死，然后出兵打击彝敏，彝敏与他的弟弟彝俊等五人逃奔至延州。彝殷上表让李仁裕去绥州，皆因李仁裕在宥州屡立战功，西羌人都佩服他的勇猛，所以李彝殷打算让他镇守绥州。后彝殷又上表奏明彝敏作乱之事，最终下令将彝敏等人捉拿送往夏州，择日给斩了。

公元944年正月，晋出帝兴师讨伐契丹，李彝殷率蕃汉联军四万人，从麟州（今陕西省神木县北）渡过黄河，协助后晋进攻契丹西境，为后晋牵制契丹。公元946年，后晋被契丹灭掉，太原节度使刘知远称帝，史称后汉。隐帝为了拉拢夏州地方政权，授李彝殷为定难军节度使兼侍中。三月，护国节度使李守贞乘新帝刚立，国家不稳的时机，蓄谋叛乱，派兵扼守潼关，自称秦王。李守贞还派人持蜡书重币至夏州求援，李彝殷答应出兵，并向延州进军，为其声援。隐帝急派枢密使郭威赴河中镇压叛乱，郭威大军连战连捷，叛军很快被击溃。彝殷见势不妙，急忙撤军退回夏州。公元949年，隐帝为了进一步拉拢彝殷为其所用，将静州（今陕西米脂县西）划归李彝殷管辖。并任命李彝殷为中书令，此时李家辖区增为五州。

公元955年五月，周世宗置永安军于府州，派府州防御使折德扆为节度使。李彝殷心怀不满，便率兵阻道，不许通过。世宗以为，"夏州只产羊、马，日用百货要依仗我们，我们若是断绝供货，他们能怎样！"于是遣使责问彝殷。彝殷感到惶恐不安，被迫撤兵谢罪。

自拓跋思恭被唐政府任命为夏州节度使，正式建立夏州地方政权以来，经过唐至五代十国，前后七十余年。这期间夏州地方政权一面与中央保持好关系，一面又趁藩镇混战之机，通过攀强弃弱，使自身的实力不断得到增强。夏州地方政权在名义上虽臣属于中央政府，但其在自己的管辖范围内享有很多特权，如税收，甚至任免官吏的权力，从某种意义上来说，等同于独立的王国。

第四节　夏州地方政权被解散，李继迁避走漠北

公元960年（建隆元年），后周殿前都点检赵匡胤发动"陈桥兵变"，武力夺取后周政权，国号宋，建都汴京（今河南开封），史称北宋。宋太祖赵匡胤当上皇帝后，使用各种手段来铲除地方割据势力。李彝殷听闻这个消息后，遣银州防御使李光俨奉表入贺。为避赵匡胤父亲赵弘殷的讳，李彝殷还特意改名为李彝兴，太祖对此表示赞赏。

同年三月，北汉皇帝刘钧，联合代北（今山西代县北）诸部侵犯河西地区。太祖下诏令各节镇共同出兵抵御，李彝兴遣其从弟李彝玉率兵向麟州进攻，北汉兵退走。彝兴知道北汉骑兵常常骚扰麟州，宋朝急需优良战马，便遣使向宋献良马300匹。太祖十分高兴，为了嘉奖彝兴，命玉工制一玉带送给彝兴，问夏使李彝兴的腰围是多少，使者答道："彝兴腰腹洪大，需要好几个人一起合围起来才可以。"太祖大笑说："真福人也！"玉带制成后，遣使赐给彝兴，彝兴感服。

北汉刘钧曾遣使携重金约彝兴出兵相助，被彝兴拒绝。太祖闻知后，再次对彝兴大加赏赐。公元967年九月，李彝兴去世。太祖为表示哀悼，废朝三日，追赠彝兴为太师、夏王。命其子光睿权知州事。十月，授光睿为定难军节度使，加检校太保。

公元968年十月，夏州辖区内发生蕃部动乱，太祖令董遵诲为通远军使率军前去平叛，仅几个月的时间就将蕃族内乱平息，光睿遣使向太祖表示感谢。公元970年九月，绥州刺史李光绣死了，羌族乘机作乱。李光绣之子李丕禄逮捕带头叛乱者，斩首示众，杀一儆百，叛乱才告平息。李光睿令丕禄权知州事，并上奏朝廷，太祖诏命李丕禄为绥州刺史。

公元972年三月，李光睿闻知太祖解除诸将兵权，罢藩镇节度使，所以感到很不安，他便上表请求入朝，但没被允许。

公元975年五月，北汉刘继元出兵进攻宋境，被击退，于是派遣使者前往夏州招诱。光睿拒绝，继元大怒，派兵万余渡过黄河进攻银州，光睿率兵将其击败。北汉兵退去后，又数次派人前来劝降，光睿将此情况上报朝廷。太祖令侍卫都指挥使党进、宣徽北院使潘美率领大军伐汉，兵分五路向太原进发，又命兵马监押马继恩进河东界，烧毁堡寨。光睿也率兵先后攻克天朝、定朝两关，遣使上表等黄河上冻之后再联合出兵。十月，光睿率兵攻破吴堡寨，斩首七百级，获得数千头牛羊及诸多铠甲，还俘获了寨主侯遇，并将侯遇献于朝廷。

公元976年十月，太祖驾崩。太宗赵光义继位。因避光义的讳，李光睿改名为李克睿。太宗即位，为了嘉奖李克睿进攻北汉立下大功，于十二月加其为检校太尉。公元977年十一月庆州刺史姚内斌去逝。他在任的十几年内，蕃部都畏惧他的其勇猛，不敢轻举妄动，直到他死后，蕃部才开始蠢蠢欲动。

一次，蕃部越界放牧，正好遇到灵州的贡使路过，于是将贡使洗劫一空。董遵诲欲发兵征讨夏州。克睿害怕，于是赶紧捉拿抢劫贡使的蕃酋，将全部所掠物品归还，并上表请罪。次年三月，克睿死后，由他的儿子继筠袭定难军节度使一职。太宗知道他去世的消息深感惋惜，于是废朝二日，追赠侍中。

公元979年，太宗亲征北汉，李继筠上表请求出兵助战，派遣银州刺史李克远、绥州刺史李克宪率领蕃汉联军渡过黄河，向太原进攻，以配合宋军作战。

公元980年十月，李继筠去世，那时他的儿子还小不能继位，便让他的弟弟李继捧继位。但是，李继捧的继位令族内多有不服。李克远与其弟克顺率兵进攻夏州，继捧提前侦知，在夏州城外设下伏兵，克远兄弟入伏被杀。克远兄弟死后，李氏宗族更是人心浮动。

定难军节度使李继捧成为夏州地方政权的继承人，但其从父李克文却不支持。公元982年二月，作为绥州刺史、西京作坊使的李克文向朝廷上表，说明继捧不应当承袭，怕引起宗族内乱。太宗接到上表后，让李克文掌管夏州，并召继捧来京。继捧犹豫不决，李克文和诏使都不停催促他，继捧在无奈之下，要率家属入朝。太宗听闻继捧答应入朝，十分高兴，在崇德殿亲自召见继捧，赐白金千两、帛千匹、钱百万。此外，还授予李继捧彰德军节度使，并且把李继捧一家迁到开封居住。继捧将祖母独孤氏的玉盘一个、金盘三个献给太宗，以表示感谢。

此后，李克文与尹宪共同治理夏州，安抚蕃族。公元982年九月，太宗遣使诏李克文入朝，于是克文应诏携家属入京。唐太宗在崇德殿设宴款待，对其大加褒奖，赏赐财物极多，并授予澧州刺史。太宗又下诏令绥州刺史李克宪来朝，克宪却不想献地入朝，李克文请太宗令尹宪派兵征讨，太宗不想动武，于是派遣袁继忠持诏前往招降。

李克宪对李继忠说："我们李家并没有对不起朝廷，就不能自己独立生活吗？"继忠劝解引诱道："天子想要你们归顺，不仅给钱给物，还赏赐高贵的身份和荣宠。如今这形势，一旦朝廷出兵攻打你们，肯定没有什么好结果。"

李克宪犹豫良久,终于答应随同继忠一同入京。太宗授予单州刺史,并赏赐宅地与克宪、克文,打算让他们留居京师。

克文入京后,夏州党项诸部大乱,尹宪发兵前往镇压,斩首数百级,并趁机抢掠牛羊上万,而后将内乱情况上报朝廷。太宗令克文重为权知夏州,前往安抚党项族人。

宋太宗以上种种举措,表明他决心要将夏州地方政权收归中央政府。而夏州地方政权也屡次为朝廷建功立业,并没做出反叛之举。但宋太宗利用党项人内部的矛盾而半强迫性的将夏州少数民族政权解散,这激化了宋朝与党项民族之间的矛盾。使得党项内部不愿归附、有野心的党项豪酋开始叛宋自立,其中的领导者就是李继迁。从此,在宋西北边境,李继迁在"恢复祖业"的宗旨下发起了对宋旷日持久的斗争。

李继迁此人生于公元963年,银州(今陕西省榆林县南)人。他的父亲是银州防御使李克俨,党项族平夏部人。李继迁的出生地被称为李继迁寨。在镇压黄巢起义中战死的拓跋思忠是其高祖。幼年的李继迁就十分出色,是个"擅骑射,饶智数"的有为青年,史称其"勇悍有智谋"。在他年仅12岁时,一次带领十几个随从去打猎,突然窜出一只猛虎,他镇定地让其他人躲藏起来,自己爬上一棵树引弓正中虎眼,老虎旋即死去,李继迁因此成为族里有名的小英雄。

公元974年(开宝七年),定难军节度使李光睿(李继迁的叔叔)欣赏李继迁的勇敢,授其为管内都知蕃落使(主管境内的少数民族部落事务)。

李继捧献地入朝一事,在党项内部激起巨大反响,有很多人都不愿入朝,其中尤以继捧的族弟李继迁为甚,在宋朝派使者前往夏州发遣李氏族人赴京时,李继迁就激烈反对献地入京。

李继迁与汉族谋士张浦及其弟李继冲商量对策。李继迁说:"我们祖辈在这里生活了三百多年,父兄子弟列居州郡,雄视一方。今日宗族都入住京师了,生死大权被别人束缚着,这样一来,李氏将逐渐被消亡,如何是好?"

血气方刚的继冲则建议："虎不可离于山，鱼不可脱于渊。"表示宁死不屈。

但是，张浦反对这样做，他说："我不同意思鱼死网破的做法，如今夏州受制于人，我们没有什么资本抵御外来侵犯者。不如隐忍些时日，往北迁居，韬光养晦，安立室家，联络豪右，为日后卷甲重来而做准备。"

李继迁最终采纳了张浦的建议，他诈称自己乳母去世，要葬于城外，利用出丧的机会，把兵器藏于丧车中，数十家人亲信扮作送葬队伍，瞒过宋兵检查，逃出银州，来到了"善水草，便畜牧"的地斤泽（今内蒙古自治区伊克昭蒙鄂托克旗东北的巴颜卓尔湖）。以此为根据地，从此开始了漫长的独立复业的征程。

第五节　身经百战的"游击大师"

势单力孤的李继迁开始思索如何统一党项羌诸部，当时的党项诸部处于"虽各有鞍甲，而无魁首统摄"的无统一领导的分散状态。李继迁利用拓跋李氏在党项部落中的威望和影响，聚集当地党项民众，通过宣传祖宗功德，争取各部落首领的支持。李继迁还令人拿出其高祖思忠的画像，讲其祖宗对中原朝廷的忠心和所立的战功，以及世居夏州的李家政权无故被朝廷夺去，讲到动情处，听者都感动得流泪，信服者每日剧增。李继迁的势力得以慢慢加强。

公元982年（宋太平兴国七年）十二月，李继迁率领刚刚聚集的有限力量进攻夏州，结果宋军根本没有把他看在眼里，直接当作小股叛乱分子给镇压了，李继迁带领余众退回地斤泽。经此一败，李继迁大受打击，开始反思，认识到以自己的实力还远远不能和宋廷对抗，目前最重要的是争取时间，积蓄力量。公元983年（宋太平兴国八年）三月，李继迁趁着朝廷封李继捧彰德军节度使的时节，遣使上贡马、驼等物，并上表说要做不侵不叛之臣。太宗派秦翰假意前往诏谕，劝李继迁祸福只在他的一念之间。会见后，李继迁留秦翰睡在自己的帐中，秦翰预乘其不备，将其杀掉，结果计划没有得逞，只好偷偷返回。

而假意归降的李继迁虽遣使上贡宋朝廷，但实质并没有真正按兵不动，他的部下不时率众侵扰银、夏两州。宋朝只得派都巡检使田钦祚、副使袁继忠等带兵巡护银、夏。李继迁得知宋军屯兵在葭芦川（今陕西佳县）和三岔口等地，此地扼守夏州要害，遂率众突袭，但被守军击败。田钦祚出兵追击，李继迁回军迎战，被宋军团团围住，继忠派人前往救援，才得以突围成功。宋军依山为营，李继迁也将营寨安在山下。钦祚派精卒五十人乘夜放火突袭李继迁的军营，使其部众大乱，仓皇而逃，被斩杀了一千多人。

李继迁的屡战屡败，也让宋朝愈加不把他放在眼里，认为他成不了气候。正因为宋朝的轻敌和错估，给了李继迁一次又一次重新积聚力量的机会。渐渐地，他身边已积聚到两万兵马了。这时宋朝开始令绥、银、夏的官员招引外逃的党项部民归业，并向内迁的部民许诺可以免除三年的徭役。很多流散各处没有着落的部民归业，李继迁的一些部众也开始动摇。他感到深深的忧虑，觉得必须发动一场战争来重新积聚人心，于是，他和张浦盘算起来。

李继迁说："照这样下去，亲离众散，过不了多久部队就散没了。"

张浦建议道："朝廷在银、夏重兵把守，确实无法攻打，但是宥州有横山作为屏障，我们可以聚集诸部攻打，再据险坚守，作为兴复祖业的基地。"

于是，李继迁集结两万兵马攻打宥州，但宋巡检使李询率蕃、汉联军再次将其击败。李继迁率残部再次逃回地斤泽。

虽然李继迁屡次用兵，鲜有胜机，但他有散落在西北各地的党项部落做后盾，得以不断积聚力量卷土重来。李继迁一面利用地斤泽善水草、便牧畜的有利条件积蓄力量，一面让他的弟弟李继冲煽诱招降其他党项部落，他想反正闲着也是没事，不如让他弟弟出去碰碰运气吧。

效果还真不错！公元984年（宋雍熙元年），咩嵬部酋长率领南山诸部来投靠李继迁。这力量得到壮大，李继迁立马就闲不住了，马上集结数万骑向王庭镇发起突然袭击，当地守军猝不及防，夏州的尹宪也来不及反应。王庭镇最终为李继迁所破。李继迁终于在屡败屡战后迎来了对宋作战的第一次胜利。史书记载此战李继迁"俘掳万计"，此战的胜利极大地鼓舞了追随李继迁的党项部落的士气，同时也引起了宋朝守将尹宪和曹光实对李继迁的重视，他们认为应该及时将其铲除，于是派人侦得其确切行踪，并针对地斤泽的特殊地貌制定了一整套作战方案。而此时的李继迁却毫无察觉，正在继续率众四处侵扰。

李继迁为自己的大意和疏于防范付出了沉重的代价。九月，侦得李继迁确切位置后，尹宪和曹光实令数千精骑突袭地斤泽，李继迁遭受重创，部队士兵被斩首五百余级，四百多个营帐被焚烧，所损失的羊、马、兵器在万数以上。李继迁和其弟弃众逃脱，但他的母亲罔氏和妻子被宋军俘虏，这一战，是李继迁遭受的最惨痛的一次失败。

地斤泽一战惨败后，李继迁害怕宋军的追袭，聚拢败众后，一边躲避宋军的追击，一边开展游击战。后来，他终于在夏州北部的黄羊坪寻得安身之地。此后，继续征召兵马，兵力渐渐得到恢复。

由于自夏州李家割据以来，其长期掌管夏州，使得李家在夏州党项各部中享有极高的威望。李继迁利用此点以"兴复夏业"来激励部众，大家又纷纷投奔依附于他。为了争取一些大族的支持，李继迁甚至和他们结成反宋同盟。在雍熙元年，他向野利氏等大族主动求婚，请求这些大族首领把他们的女儿嫁给他。有记载称："羌豪野利等族皆以女妻之"。就这样，通过和大族们的联姻，整合了各部落势力，李继迁迅速地从失利中恢复了元气。此次联姻的另一个重要而长远的影响就是，使野利氏家族进入到了夏州李氏统治集团的核心。

一方面通过与豪酋联姻以扩大自己的势力，另一方面对不愿归顺的党项部落进行野蛮残酷的征讨，越挫越勇的李继迁将原本像流沙一样散落各处的党项部众重新聚集成一支强大的力量。

李继迁渐渐统一了以夏州为中心，东北到府州（今陕西府谷）、麟州（今陕西神木县北）一带，西南到环州（今甘肃环县）、镇戎军（今宁夏原州区）一带，西到黄河两岸的贺兰山下，北到黄河河套北端的绝大部分党项羌部落。

通过与宋的屡次交兵，冲动好战的李继迁渐渐地成熟起来。他从地斤泽的大败中走了出来，开始总结经验教训，并真正认识到自己目前还不具备和宋朝正规军进行大规模正面对抗的实力。但是作为有仇必报的党项人，上次地斤泽一战，李继迁的老母和妻子都被宋军俘获，这成了李继迁心中永远的痛，每天都想着怎么复仇。此时正好银州城内有一党项部落以本地赋税太重为由，请求内迁，遭到太宗拒绝，于是起兵作乱。

夏州巡检派兵将其击败，这个部落首领就逃到城外的山谷中，派人约李继迁进攻银州。李继迁见机会来了，与众人商议，弟弟李延信也认为机会来了。张浦更是表明机不可失，时不再来。虽大家都主张攻银州，但李继迁深知曹光实善于用兵，不好对付，如果不想办法将其诱出城的话，胜算无几。于是，李继迁令李继忠纠集各部落，自己与豪酋破丑重遇贵及张浦、李大信等赶赴银州，给曹光实写信道："我数奔北，势窘不能自存，公许我降乎？"意思是说我多年在北边生活，那里条件不好难以生存，我可以受降于您吗？信中还约下日期请曹光实来葭芦川纳降。

曹光实本来就有点轻视这股叛匪，再加上想独吞这份功劳，也不与人商量一下，就自己带着一百多骑兵急匆匆的前往葭芦川受降了。李继迁设好伏兵，领数十人迎接曹光实。曹光实令其从子克明护辎重在后，自己领着百名骑兵先跟李继迁前往纳降。李继迁将其领到自己的包围圈内，扬手挥鞭，顿时伏兵四起，将曹光实及其随从全部杀死。

李继迁指挥部下换上被杀的曹光实及其随从的衣甲，回到银州城，用曹光实的旗号诱开城门，借助内应，巧妙地占领了银州，得到大批军资器械。

占领银州是李继迁起事三年来取得的一次重大胜利，极大地鼓舞了追随李氏的党项众部的士气，吸引了更多的部落前来归附。部属李大信等建议李继迁自称西平王（当年赵匡胤给李彝兴的封号），以号令蕃部。但深谋远虑的张浦并不赞同，他向李继迁建言："我们现在虽然已经取得不小的成绩，但离成就大业还相差甚很远，现在我们要走稳脚步，在这个地方先设官授职，以定尊卑，慢慢壮大力量。"

李继迁接受了他的建议，自称都知蕃落使，封张浦、刘仁谦分别为左、右都押牙，李大信、破丑重遇贵为蕃部指挥使，李光祐、李光允等人为团练使，弟李延信为行军司马。并分别预先许封了党项豪酋折八军为并州(今山西太原)刺史、折罗遇为代州(今山西代县)刺史、嵬悉咩为麟州(今陕西神木县北)刺史、折御乜为丰州(今内蒙古自治区河套东部)刺史。

《长编》记载："迁贼包藏凶逆，招纳叛亡，建立州城，创置军额，有归明、归顺之号，且耕且战之基，仍闻潜设中官，全异羌夷之体。曲延儒士，渐行中国之风。"这番话说明了李继迁并非仅仅是为了恢复祖宗基业，而是在此基础上进一步扩疆开土，为创建西夏国家打下基础。至此，李继迁初步建立了蕃汉联合统治，勾画出了一个国家的雏形。

第六节　附辽抗宋

在银州稍做休整后，李继迁乘胜率兵攻占了西北要塞——会州（今甘肃靖远县），然后纵火焚毁城郭，吏民死伤数千。占银州，毁要塞，引起了宋朝的高度重视，太宗遣田仁朗、王侁等派重兵前来围剿。李继迁率军攻三族寨，杀监军使，乘势围攻抚宁。田仁朗行军到绥州，得知李继迁围攻抚宁，高兴地说："李继迁以全部力量进攻抚宁，抚宁虽小但极其坚固，非一月半月根本攻不破，等他攻城疲惫的时候，我再率大军进击，另派三百强弩手断其归路，一定能一战将他擒获。"一切部署妥当后，他故意饮酒装作若无其事。

部将王侁密报太宗，说他延误军机，只知饮酒作乐。太宗闻三族寨丢失，将田仁朗召回，责问仁朗为何不及时出兵救援。仁朗解释说打算用怀柔的政策彻底解决蕃部叛乱。但是太宗没有认可，将他贬职，让王侁做主将，领军讨伐李继迁。

王侁以阴谋夺得主帅之位后，立即率兵向李继迁发起攻击，两军在浊轮川（今陕西神木县北）相遇大战，李继迁大败，损失五千余人。李继迁被迫放弃银州，率残众逃亡。王侁收银州，接着向银州北进军，折罗遇与弟埋乞率军迎战，战败被杀。很快，宋军击破了数十个党项部族，银、麟等州诸部一百二十五族内附，三族寨酋豪折御乜又弃李继迁而投降了宋军。

李继迁遭到镇压惨败后，部众死的死降的降，所剩无几，严峻的形势令他不得不重新审视自己与宋朝的关系，认识到单凭自己的力量是根本无法和宋相对抗的，必须依附一个更强大的政权才能与宋朝对抗，他把目光投向了辽。李继迁与部众商议道："我们不能总是走老路，导致不断失败，因为我们势单力薄，为形势所迫，北方耶律氏实力较强，我们可以先向他们提出援助，以便为日后做打算。"

公元987年（宋太宗雍熙三年）二月，李继迁派遣张浦携带重金赴辽，向契丹主表示愿意归附。由于历史上拓跋李氏长期追随中原王朝与辽为敌，现在却被宋逼得走投无路前来投靠，所以辽国萧太后及辽国皇帝辽圣宗耶律隆绪犹豫不决。但当时负责西部防务的西南面招讨使韩德威建议道："如今李氏前来归降，正有利于我们对抗外敌。所以应该接纳。"

萧太后和辽圣宗接受了他的建议，于是授李继迁为定难军节度使、银夏五州观察使、特进检校太师，都督夏州诸军事，李继迁的弟弟李继冲被任命为副将。

为了进一步获得辽的支持，李继迁不久又向辽请婚，说："愿婚大国，永作藩辅。"以表诚意。当时，辽正与宋在泰州交战，形势不利，想让李继迁出兵牵制宋军。于是，辽圣宗答应了李继迁的求婚，将王子账耶律襄的女儿封为义成公主，嫁给了李继迁，并赠马三千匹。李继迁与辽结盟联姻，对双方都有好处。对辽来说，"得到了李继迁，其他藩国均可降服"，同时也起到利用李继迁在西北方向牵制宋朝的作用。而对李继迁来说，与强辽的结盟联姻，提高了他在党项部落的威慑力量。

公元986年（宋雍熙三年、契丹统和四年）春天，宋太宗赵光义开始了他人生中的第二次北伐，史称"雍熙北伐"。依附辽后，实力不断增强的李继迁，积极配合辽与宋的战争。当北宋雍熙三路伐辽，宋辽在正面战场激烈厮杀之时，李继迁不断派兵骚扰宋朝西部诸州，并在王庭镇大败知夏州安守忠，接着围攻夏州两月有余，直到韩崇训率军来援才撤退，雍熙三路北伐最终以宋军的先胜后败结束。

李继迁在得到辽的支持后势力逐渐壮大，更是频繁地出兵滋扰夏、麟等州。由于他行踪飘忽不定，打一下就跑，并不和宋军硬碰，所以让宋军极其头疼。宋廷最后采取宰相赵普的"以夷制夷"之策，恢复李继捧的地位，让他去招安李继迁。李继捧先被封为感德军节度使，后又重封定难节度使，赐名"赵保忠"，并破例将五州的财政大权交给他。

李继捧献地归宋后，虽然被封官进爵，但这并不是他的本意，所以当他重新回到夏州后就派人暗中与李继迁相勾结。表面上各为其主，实则左右逢源。无意间，两个大国将原本掀不起什么风浪的党项拓跋势力重新变得强大起来。

李继捧上任不到半年，就上书宋廷说李继迁已经被招降。宋主大悦，不加怀疑就封李继迁做了银州刺史、洛苑使。不知道怎么回事的李继迁，并不领情，也不接受所赐官职。后来李继捧又不断上书朝廷说有多少多少部落前来归附，其实没有的事，只不过是其想向宋廷邀功请赏，宋太宗稀里糊涂地就封了李继捧特进、同中书门下平章事的最高宰职。更有意思的是，李继捧都没和李继迁交战，就上书朝廷说："我已经遣使去招降了，李继迁不听，所以我已经派兵前去征讨了。李继迁负隅顽抗，最终被击败，身中一箭逃走了。"

而李继迁此时正谋划着进攻夏州，就派破丑重遇贵等去夏州诈降，对李继捧说，李继迁病重已经不能领军了。继捧竟然相信了，于是不加防备。李继迁却秘密联络诸豪酋，突然攻城，李继捧领兵出城迎战，全军覆没，仅他一人逃回城里。李继迁围攻夏州一个月时间都没有攻下，于是派张浦到契丹，报告说大败宋军，契丹大悦，封李继迁为"夏国王"。

公元990年（淳化元年）十月，李继迁连续进攻夏州两个月，扔没攻下，恰在此时李继迁帐下指挥使阿吉等人面对宋朝的招降利诱，带领部落背离了李继迁。第二年，宋朝利用李继迁内部不稳之机，派商州团练使瞿守素率重兵来援夏州。李继迁内忧外困，深知不能硬敌，经由李继捧降宋。但是对宋来说这是一场毫无意义的名义上的投降，并不能改变什么，投降仍然不过是李继迁的缓兵之计。李继迁被赐授为银州观察使，赐名"赵保吉"；他的弟弟李继冲授绥州团练使，赐名"赵保宁"；连他当年被宋军俘虏的母亲罔氏，也被封为西河郡太夫人，留居京师。李继迁投降后仍不安分，瞿守素带兵进攻银州，李继迁弃城逃回地斤泽，瞿守素趁机收服附近许多党项部落。

而李继捧当初献地入朝，也并非本意。李继迁为达到与继捧联合反宋的目的，再次派人联络上继捧，以投靠契丹可以得到厚禄和永镇夏州为诱饵，鼓动继捧叛宋附辽。继捧心动，遣使表附契丹。契丹主授他为推忠效顺启圣定难功臣，开府仪同三司、检校太师兼侍中，封西平王，复本姓名，并许诺将夏州给他镇守。在继捧的暗中支持下，李继迁顺利的攻占了绥、银、庆、原诸州。这些州城的攻占，使李继迁的声势得到了进一步的增强。

李继迁占据银州后，遣使由继捧请命向宋朝进贡。被利用的契丹得知李继迁并不是真心真意归附自己，便派西南招讨使韩德威率兵前去责问，德威率军到银州后，李继迁让人告诉他自己正在西征途中，并不见他。德威大怒，纵兵抢掠一番才离去。

李继迁利用契丹反叛以后，宋朝为了断绝他的经济来源，迫使其放弃与宋朝对抗，在边境实行经济封锁措施。因为当时的党项人以畜牧业为主，他们主要以马、羊等畜产品和当地天然生产的池盐（多数呈青色，通称"青盐"）来和边境居民交换他们急需的粮食和茶叶等。西夏境内的盐州和灵州一带，盛产青盐，由于口感上优于宋朝的解盐，因此与西夏交界的陕西边境居民争相购买。宋朝为了从经济上制裁李继迁，下令"绝青盐使不入汉界，禁粒食使不入羌夷"，就这样禁盐数月，很多人都吃不上盐。李继迁为了迫使宋朝开禁，鼓动蕃族四十二族首领，引骑一万三千人，大举袭扰环州石昌镇，环州知州程德元企图利用武力将他们赶走，但没能成功。太宗下诏令废除了盐禁，以抚慰这些藩国。李继迁带领党项部民成功取得反经济封锁的胜利，对改善当地的人民生活有一定的作用，进一步增强了他在该地区的威望。

李继捧叛附契丹最终还是被朝廷知道了，他的牙内指挥使李光嗣将他囚禁起来，交给了李继隆带回朝廷。太宗在崇政殿对其大骂，继捧无言以对，不停地磕头连说死罪。仁厚的太宗网开一面，不但没杀他，还赐了些金银器物给他，赐爵"宥罪侯"。李继迁得知李继捧被抓，于是放弃弃银州，再次遁入沙漠之中。

第七节　历史性一战，雄鹰折翼

李继迁好几次进攻夏州，曾与神卫指挥使许均一天内大战十二次，还是不能攻克，于是想与宋讲和。公元995年（至道元年）正月，李继迁派张浦等去宋进贡。太宗带着张浦来到皇宫侍卫的练功厅，让他观看宋朝武士的演练。之前，太宗曾赐李继迁三张劲弓，力量均为一石六斗，但李继迁的部下都拉不动。而宋朝的这些侍卫却能轻松地拉动两石的劲弓，张浦大惊。太宗笑道："羌人敢敌否"？张浦连连摇头。李继迁的这次讲和也以失败告终，太宗以张浦是李继迁的谋主，授予他银青光实禄大夫等职，将他扣在了京师。

而前后经过十几年与宋朝极其艰难地作战的李继迁，逐步夺回了定难五州，同时也在统一诸蕃的战争中连连得胜，基本上完成了对诸蕃部的统一，实力不断增强的他把矛头对准了灵州。

灵州（今宁夏灵武），有"塞上江南"的美誉。位于夏州的西侧，倚附贺兰山，带引黄河，地位要冲。灵州为宋朝的咽喉，是唐、宋时代西北边疆上的重镇。在灵州的西面，是中国古代通往西域的要道河西走廊，当时这一地区主要散居着回鹘部落。灵州的西南，则是吐蕃部落分布地区。从自然环境来看，灵州土地肥沃，地饶五谷，尤宜稻麦，水草肥美，农牧两宜，且有汉延、唐徕诸渠水利之便，宜屯宜垦。因而，灵州成为汉、回鹘、吐蕃和党项各族争夺的焦点。

唐宋五代以来，西北地区经历了长期的战乱，社会生产力遭受重大破坏，人力物力都大为衰耗。而西北的灵州地区，不但农牧业发达，文化也很发达，这个地方也诞生了很多文臣武将。所以灵州对李继迁和宋朝都有十分重要的意义。

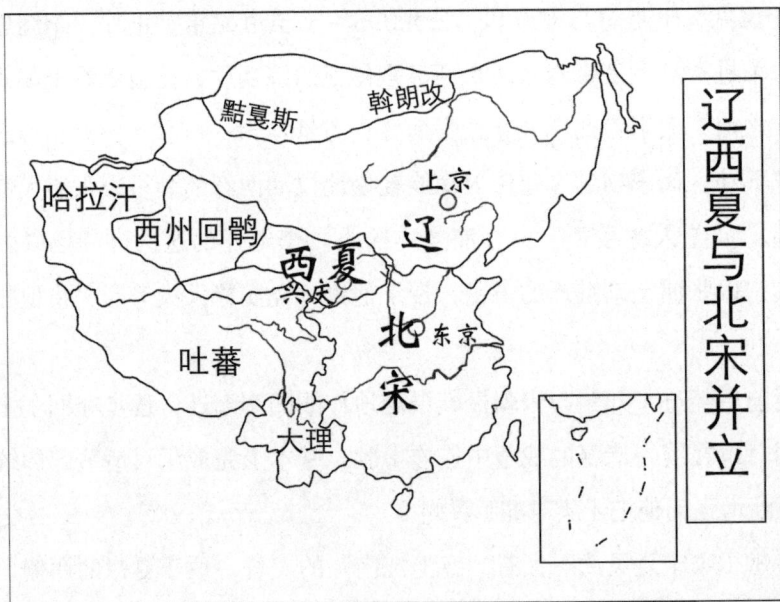

宋、辽、西夏版图示意图

对于宋朝来说，保有灵州这样一个据点，就能张大国之威，如果失去灵州，则缘边诸郡偶不能保。但是宋朝要想守住灵州，就必须先解决粮饷给养问题。对于李继迁来说，占据灵州，则可独霸西北，在与宋辽抗衡中占有重要的地理位置。李继迁必取灵州，而宋朝也是非保不可。

灵州军粮马料一向都依赖于关中诸州供给，由于路途遥远，粮草的补给极其困难。宋朝为守住灵州，任命名将裴济为灵州知州兼都部署，裴济到任后，积极开展屯田练兵，准备长期固守。李继迁为了夺取灵州，则采取"以逸待劳，断宋粮运，长期围困，利则战，不利则退"的战略，对灵州长期不断地进行骚扰围困。

公元995年（至道元年），李继迁率数万兵马围攻灵州，并借机向宋朝索要张浦。他还同时派兵袭击了宋朝粮运上的军事据点清远城，阻断了宋朝的粮运。经过几个月的围攻，灵州城中的粮草渐空，军民多有饿死，大宋朝廷上下震怒。

宋太宗为救援灵州，命令白守荣、马绍忠等率兵护送四十万石粮草到灵州。李继迁在浦洛河埋下伏兵，白守荣大败后逃走，当时士兵和民夫死者有数万人，粮草全部被李继迁夺取，灵州守军顿时陷入绝境。不久，宋太宗派五路大军进剿，李继迁采用灵活机动的游击战术，充分利用地形，在广阔的沙漠里往来奔波，把五路来攻的宋朝大军拖得疲惫不堪，相继无功而返。

公元997年（至道三年）十二月，李继迁再次上表宋朝请降，并索要张浦。宋真宗以为李继迁真心臣服，就将张浦放了回去。

宋朝五路攻夏虽然暂时解了灵州之围，但灵州依然处于往来飘忽不定的李氏兵马的严重威胁之下。对此宋朝内部对灵州是守是弃，形成了两派，杨亿、王旦、张齐贤、李沆等一部分大臣认为死守灵州是件劳民伤财的事，主张干脆予以放弃。张齐贤上言放弃灵州，才能保护六、七万军民。但是这一建议遭到了大多数人的反对，例如通判永兴军何亮在这时给宋真宗上的《安边书》就很有代表性。

何亮认为有三大理由不能放弃灵州：第一，农牧两宜的灵州一旦落入李继迁之手，将使他得地坐大，增强他的战争实力。第二，放弃灵州，就等于撤销一向起着隔离作用的藩篱，就会造成诸藩"合二为一"的严重形势。第三，契丹雄居北方，成为宋朝的重大威胁，宋朝所需战马，向来是主要依赖河西地区的供应，如果李继迁占据灵州，威胁着西北各族，进一步控制了这项交易，势必又将使宋朝发生战马缺乏的恐慌。在宋朝内部激烈争论，举棋不定的时候，李继迁再次集结重兵，做好了进攻灵州的准备。

公元1001年（宋咸平四年），受到李继迁威胁的西州回鹘、吐蕃均主动向宋廷申请讨伐李继迁。宋廷诏令西州回鹘和吐蕃六谷部配合宋军，但仍敌不过李继迁。李继迁乘势袭破定州，围怀远镇，守将李赞只有一百兵卒，经过很多天的苦战，最后自焚而死。李继迁接着攻破保静、永州，向清远军进攻，知军刘隐等分兵拒守，同时派人向庆州请援，清远城抵抗七天后终于力竭，也没有等到援兵支援，最终城陷。自此，号称灵州城肩背的五城全被李继迁攻占，此时灵州真正成为一座孤城了。

公元1002年（宋咸平五年），"澶渊之役"爆发。宋军的主力几乎全部投入与辽作战的北方战场上，李继迁乘机下令"大集蕃部"，集中全部兵力包围灵州，并派兵切断了灵州粮道。此时灵州城内只有不到一万的兵力，名将裴济组织军民坚守城池拼死抵抗，并写血书派人求援。李继迁分兵扼守瀚海要道，来援的王超大军也不敌对方。宋将张熙率军出镇戎军，进入夏境，由白豹镇抵柔远川，经过激战将阻击的夏军击败，又星夜兼程前往灵州支援，但张熙还没赶到，灵州城就已经被攻破，裴济以身殉职。

灵州一战，无疑是李继迁无数次的战斗中最辉煌的一次胜利，标志着他已经由弱变强，这在西夏史上也具有重大意义。占据灵州，李继迁"西取秦界之群蕃，北掠回鹘之健马，长驱南牧"的梦想终于有了实现的希望。宋朝失去灵州这个西北堡垒后，国防线不得不退到环州、庆州一带，这样关中直接暴露在西夏的威胁下，宋朝不得不在关中一带集结重兵进行被动防御。更关键的一点是，宋王朝从此面临北方大辽和来自河西夏氏政权的双重威胁，从此开始了二百年双线作战的历史。

得城后，李继迁将改灵州为西平府。考虑到平夏地方偏僻，不如西平府前途广大，于是李继迁让弟弟李继冲和牙校李知白等，督领民众建造宫室、宗庙，暂定都于西平。

攻占灵州后的第二年，李继迁率兵东攻鄜州，但不能攻克，还扬言攻打环庆二州，当宋朝正在调兵加强防备准备迎击时，李继迁突然转而向西进军，越过黄河和贺兰山区，深入吐蕃部族居住区域，矛头直指西凉府。西凉（今甘肃省武威县）素称河西重镇，有"畜牧甲天下"之称，唐朝中叶被吐蕃占据。盘踞于此的吐蕃部大首领潘罗支率众仓皇而逃，李继迁占领西凉府。

出逃的潘罗支选择了归附宋朝，他被宋廷授为朔方节度使，兼灵州西面都巡检使。之后潘罗支向李继迁伪降。张浦见其有诈，劝李继迁慎重，希望他能够看清敌情再做打算。李继迁连克灵州、西凉后，信心空前膨胀，根本不听张浦的劝阻，他说道："我已经得了凉州，势力大增，他们又能有什么诈呢？何况杀掉投降的人也不吉利，所以你不要多疑了。"而后李继迁欣然前往受降，潘罗支率领部众排列于校场，接受李继迁的检阅，检阅结束时，潘罗支乘其不备突射冷箭，正中李继迁左眼，吐蕃兵顿时纷纷拔出短刀一拥而上。李继迁在护卫的保护下，杀出一条血路，逃回了灵州。宋景德元年（公元1004年）正月二日，李继迁伤重身亡。

夺取灵州、西凉后，李继迁已经夺回了自唐代以来被占的夏州的全部领土。他作为"光复夏业"的第一代反叛首领，经过二十二年的艰苦血战，建立起了白色帝国的雏形，被认为是西夏帝国的实际开国者。李继迁于其孙李元昊称帝后，被追尊为太祖，谥号神武皇帝。

第二章
韬光养晦，奠定西夏立国基础

　　经过帝国开拓者李继迁二十几年的置之死地而后生的艰难作战，从大宋手里夺回了所有失地，为帝国的最终建立奠定了基础。其子德明在此基础上，果断罢战求和，对内保境息民，这个政策贯穿其整个执政时期，为西夏国的建立打下了良好的基础。

第一节　临危受命，党项少主初展锋芒

公元1004年（真宗景德元年）一月，李继迁之子李德明继为定难军留后（代理节度使）。德明为李继迁妻野利氏所生，史书上说他"深沉有器度，多权谋"，"精天文，通兵法"。现在很多人称其为"李德明"，并称其子为"李元昊"，其实这是错误的，他们家当时已被赐姓赵，元昊之后才再次改回姓李。李继迁临死之际给儿子留下了"倾心归附，一表不听则再请，虽累百表，不得请，勿止也"的遗言，同时嘱托重臣张浦、李继冲等人，希望大家能够尽心辅佐阿移，阿移是李德明的小名。。

李继迁死亡的这一年，是宋朝和契丹关系的转折点。起初，契丹铁骑屡次进犯南宋，到后来宋真宗御驾亲征，主动北上回击，长期战争的结果让双方都不堪重负，于是最终达成和谈。根据和约规定，宋每年给辽十万两银、二十万匹绢的"岁币"，双方各守领土，互不攻击，宋真宗赵恒与辽圣宗耶律隆绪互称兄弟，宋辽两国皆为兄弟之邦，这就是中国历史上有名的"澶渊之盟"。

和约的签订，使宋辽暂时结束了长期的直接军事对抗局势，特别是宋朝可以从宋辽战争中解脱出来，专门应付西北党项部落，这使得李继迁时代执行的"附辽抗宋"的政策面临必然的转变。外部环境的改变是一方面，这时党项内部也极不稳定。李继迁时期，靠夏州李家历史上的威望以及与部族首领联姻的方式，扩展和巩固自己的势力。同时对不肯归附的部落进行残酷的清洗和镇压，统一了一直处于散乱状态的党项诸部。现在李德明刚上位，和宋辽关系未定，党项内部人心不稳，对于刚上位的少主，不少人处于观望状态。

此时，宋朝政府又在双方边境大肆招附党项部，使得许多立场不坚定的党项部落归附宋朝。外部战略环境的改变加上内部的动荡，使得新生的李德明政权处于风雨飘摇的险境。

以上的这些困境对刚刚袭位的李德明来说还不是最重要的。自从李继迁起事以来，战争持续二十几年，使得本来就皆是贫瘠之地的定难五州的经济更是雪上加霜，人民生活疾苦，整个经济处于崩溃的边缘。综合内外因素，李德明决定与宋和谈。

李德明首先做的是赴辽奔丧，借此维护和辽的依附关系。李继冲向李德明建议，"国家疆宇虽然辽阔，但西凉扰乱导致先王被害，各蕃众都感到惊疑。若不利用北朝的威令震慑他们，恐怕他们心存不轨。"

自从李继迁附辽抗宋以来，定难五州算是契丹的"附属国"。要想稳定党项内部，李德明必须重新获得辽的支持，才能假北朝的威令震慑他们，稳定处于观望状态的党项部落。于是李德明派李继冲亲自赴辽，成功争取到辽国的支持。其实宋辽虽然达成了合谈，但对辽来说只是权宜之计，以后战争还会不可避免，它也考虑在西北培植一个和自己亲近的势力以便牵制宋朝。公元1005年（真宗景德二年）正月，辽国册封德明为定难军节度使、西平王。

李德明重新依附辽国并获得册封后，立即对自己的杀父仇人、党项的世敌吐蕃部潘罗支下手了。说到吐蕃，党项的祖先就是被吐蕃和吐谷浑从水草丰美的青藏高原赶到了贫瘠的黄土高坡上。在早期，党项部落一直受到吐蕃部的压制和侵扰，只是到李继迁叛宋自立后，党项人才频频侵犯已经日益衰落的吐蕃部。

潘罗支知道一旦李德明缓过劲来，第一个要对付的肯定就是他，于是他一面派自己的哥哥邦逋支觐见宋真宗，请求宋朝出兵联手进攻平夏部，另一方面整集兵马，加强防备。潘罗支为了增强自己的力量，他趁李继迁刚死，党项内部一片混乱之际，招降拉拢党项异族。投奔到潘罗支的两个党项部落迷般嘱和日逦吉罗丹都是李继迁的旧党。他们故意投降其实是为寻机会替李继迁复仇，在他们的运作下，者龙族十三族有六族投靠了他们，这两族秘密派人联络李德明共同举兵暗杀潘罗支，同时派人向潘罗支报告说李德明要派兵前来袭击。

潘罗支急率百余骑前来赴援，两族首领将潘罗支迎入内帐商议，突然拔刀将其杀死。潘罗支死后，西凉大乱，六谷诸部共同推举潘罗支的弟弟厮铎督为首领，继续与李德明对抗，可是此时吐蕃六谷部的实力已经大大受损。李德明乘西凉乱作一团、人心未稳之机，率兵将凉州又重新夺了回来。

李德明刚刚上台，就成功地与辽维持依附关系，又诛杀世敌。一方面震慑了党项内部不安分势力；另一方面也使得西北其他诸部落不敢轻举妄动。这就为接下来与宋的和谈赢得了砝码。此时，在宋朝招降的政策下，宋夏边境诸蕃族多有内附者，禁止不绝。李德明与张浦商议解决之道，张浦认为与宋议和时机已经到了。

公元1005年（宋真宗景德二年），李德明接连上表宋朝廷愿意称臣议和，宋真宗接表后召集众大臣商议。知镇戎军曹玮表示："李继迁占据河南之地二十年，兵不解甲，使我们一直有西顾之忧。如今他们国危子弱，部族离心，若不在这个时候将他们灭掉，等到日后他们强盛起来，就制止不住了。"

此外，大多数大臣都认为现在是消灭西夏的最好时机。可是自从宋、辽"澶渊之盟"签订后，宋真宗奉行保守的政策，决定对西夏实行"姑务羁縻，以缓战争"的方针，打算花钱买太平，并主动向德明提出了一些封官赐物，开放盐禁的议和条件。后来经过双方的反复磋商，艰苦努力，宋廷采取灵活务实的政策，把谈判的底线亮了出来，即只要夏方称臣，承认宋廷的中央政权，并不再侵扰边境，原先提出来的其他一切条件，都可以再商量。

公元1006年（景德三年）九月，宋、夏正式签订了和约。宋廷授李德明被封为检校太尉、兼侍中，夏州刺史，充定难节度使，夏、银、绥、宥、静等州管内观察处置押蕃落等使，上柱国，封西平王。并赐银万两、绢万匹、钱三万贯、茶二万斤。李德明本人还享受朝廷按内地同级官员标准发给他奉禄。以后夏对宋进贡频繁，宋对德明也经常有所封赏。

李德明采取"倚辽和宋"的策略，给夏州地方政权带来了一个相对和平的环境，使夏州地区的经济得以恢复和发展，人民生活得到改善。另外与宋缔结和约，接受宋的册封，可以通过朝贡贸易等途经，从宋朝获得大量经济上的好处。在与宋和好后，德明把主要军事力量放在了西部，开始了李继迁曾提出的"西掠吐蕃健马，北收回鹘锐兵"的行动。

德明在成功获得辽的政治支援和与宋修好后，为了稳定内部统治，重新调整加强了他的统治机构。他以左都押牙张浦为行军左司马、绥州刺史，赵保宁兼右司马指挥使，贺承珍兼左都押牙，刘仁昂为右都押牙，破丑重遇贵为者知落蕃使，自文寿、贺守文为都知兵马使，何宪、白文赞为孔目官，郝贵、王曼为牙校，复以李继瑗为夏州防御使，李延信为银州防御使，其余升赏有差。

从上述人员名单上看，任命的十一人中汉姓占了八人，说明德明对汉族知识分子的重视，使西夏的蕃汉联合统治得到了进一步的发展。

第二节　一手经济，一手军事

李德明与宋达成和谈后，集中力量向河西走廊开拓，掠吐蕃骏马，收回鹘精兵。当时在河西地区有两大势力：一是盘踞西凉的吐蕃六谷浑部，另一大势力是甘州回鹘部。

回鹘，又称回纥，也就是今天新疆维吾尔人的祖先。回鹘在唐时实力最为强大，到五代时期，逐渐衰落。宋朝时期，回鹘主要分为甘、沙、瓜、西州四部，其中以盘踞在甘州地区的回鹘势力最为强大，其族分布范围广，并有一支精锐的军队。同时甘州回鹘也最靠近夏州，对夏州地方政权造成严重威胁。甘州（今甘肃张掖），史书上说甘州本国东至黄河，西至雪山，有小郡数百，甲马甚精习，境内水草丰美，宜农宜牧，物产丰富，尤其盛产良马。此外，甘州回鹘还是西域诸国和大宋之间往来贸易的必经之路。早在李继迁时代，就对其垂涎已久，不停地发动对回鹘的入侵。甘州势力较弱，所以一直向宋朝示好，意图拉拢宋朝共同对抗党项部，曾多次配合宋朝出兵攻打党项部。

鉴于甘州地理位置的重要性，为夺取甘州，李德明先后多次对回鹘用兵。公元1008年（大中祥符元年）三月，李德明派张浦率数千骑兵对甘州做了一次试探性进攻，以便摸清对手的实力。甘州可汗夜落纥率兵抵御，击败了张浦的进攻。同年三月，李德明召集了党项万子等四君主以其全族兵力进攻六谷部吐蕃势力，命他先取西凉的六谷部，然后进攻甘州。

万子等诸部军抵达西凉，见六谷兵势强盛，不敢进攻。万子率兵转而向甘州进攻，回鹘提前侦查到情况，在路上埋下伏兵，故意示弱不与斗，引万子军入伏，等万子部军进入伏击圈，回鹘兵四面冲过来掩杀，万子诸部兵被斩杀殆尽，只有首领万子一人侥幸逃回。战后，回鹘首领将被俘的万子部首领带到山后，指着俘获的粮草说："你们这些狐鼠，只看重眼前小利，我可不是这样的人。"于是命人将所获粮草全部烧掉，并将所有俘虏全部斩杀。

八月，李德明亲自带兵攻打甘州，回鹘坚守，德明见攻不下，便率军退却，回鹘兵出城追击，德明部阻挡不住，越过沙漠才得以逃命，再次惨败而归。

九月，绥、银大旱，灵、夏等州发生大面积饥荒。德明遣使赴宋上表求粟百万斛。宋朝廷内部进行议论，有的说德明刚与宋讲和竟敢违背和约，主张降诏责之。宰相王旦表示他们狮子大开口，不能轻易给他们，如果他们想要，可以让他们自己率兵来取。德明得诏后，惭愧不已，于是向宋朝要粮之事就此打住。后人评论此事说，救灾本常事，但要粮百万就少见了，没有要到就主动不要了更是少见。看样子，初生的少数民族政权，还不晓得怎么与宋朝打交道。

党项习俗以不报仇为耻，而党项与回鹘又是世仇，德明更是愤恨数次出兵都没有取胜。公元1009年（大中祥符二年）四月，李德明再次派张浦率两万骑兵进攻回鹘，回鹘可汗夜落纥集结兵马迎战，两军对垒半月，夜落纥派甘州守将翟符守荣乘夜突袭张浦军营，张浦再次败还。张浦是一名出色的谋臣，但亲临战场指挥杀敌似乎不是他的强项，少有的几次带兵出战均以失败告终。不甘心失败的德明，于同年12月，再次率三万大军亲征，行军路上，突然在白日里看到恒星。史书说德明"精天文，通历法"。如今行军路上见此异象，以为大不吉，于是半路退兵。

在此插一段，占卜术在党项社会生活中占有重要地位。占卜的目的是问吉凶、决疑难。方法有四种："炙勃焦"，即用艾草烧羊胛骨，以胛骨上被灼裂的纹路来判断吉凶祸福；"擗算"，擗竹于地以求数，计算数目以定吉凶，类似汉族的折蓍草占卜；"咒羊"，即夜里牵来一只羊，焚香祷告，于野外焚烧谷火，次日晨屠羊，视其肠胃通则吉，羊心有血则不吉；"矢击弦"，用箭杆敲击弓弦，听其声而占算战争胜负和敌至之期。占卜辞中用地支计日，可能是受汉族文化的影响。党项人作战忌晦日，重单日。打了败仗后，隔三已复至其处，捉人马或缚草人埋于地，众人以箭射之，表示对亡灵的超度，称之为"杀鬼招魂"。

李德明连续五次出兵进攻回鹘均以失败告终，且损失惨重。德明与部下商议，张浦认为回鹘可汗善于用兵，而且回鹘兵精将强，加上当地的复杂地势，不宜一味强攻。德明决定放弃对回鹘强攻，改为利用自己占据灵州的有利位置，掐断甘州和宋朝的联系。于是他令凉州守将苏守信截断甘州回鹘向宋朝进贡的路线，抢掠回鹘派往宋朝的贡使。公元1016年（宋大中祥符九年）冬天，苏守信死，他的儿子罗麻未经李德明的任命就继承了父亲的职位，部下不服。甘州可汗夜落隔乘凉州内乱派兵攻取了凉州。李德明屡次进攻甘州不得，现在凉州又被甘州回鹘袭取，回鹘成为夏州地方政权最大的威胁。此后，德明多次图谋夺回都未成功。

直到公元1028年，李德明派儿子李元昊率三万精兵发动突袭，才攻取了甘州。

甘州东据黄河，西阻弱水，南跨青海，北控居延，地势十分险要。李德明占据甘州后，凭借其地理位置，达到了制约西北诸部的目的。瓜州（今甘肃瓜州县东）的王贤顺，深感西夏势力强大，便主动率众投降了德明。

公元1014年（宋大中祥符七年）七月，张浦去世了。张浦的死对夏州地方政权来说是一个巨大的损失，德明悲痛不已。后来元昊称帝建国后，追封张浦为银州伯。

自从李德明计杀潘罗支，并顺势攻下凉州后。潘罗支的儿子厮铎督重新集结吐蕃诸部，又夺回了凉州。公元1007年（宋景德四年），就在刚与宋签订合约不久，李德明迫不及待的调集兵力攻打吐蕃六谷部。厮铎督急忙派人向回鹘部求援。在厮铎督严阵以待，回鹘兵强势来援的不利形势下，德明见不能胜，遂引兵而退。

公元1011年（宋大中祥符四年），李德明派大将苏守信率兵三万攻打西蕃祥丹族，目的是孤立吐蕃六谷部。厮铎督联合吐蕃各部共同抵御来袭，结果打败了苏守信带领的军队。

公元1115年（宋大中祥符八年）三月，德明以西盐不通，西夏境内困顿为由，上表宋朝廷请求开通盐禁。宋朝廷议回复西夏惟有遣子弟到宋朝当质子，否则绝不解除盐禁。德明不答应遣子弟到宋朝当质子，于是宋继续禁盐。

公元1032年（明道元年）九月，李德明采取声东击西的战术，命元昊攻打凉州，此时的回鹘势力衰退，又无外援，元昊顺利攻占凉州。凉州终于重回德明手中。凉州的取得对夏州地方政权来说意义重大。

德明对甘、凉二州前后用兵25年，付出了巨大的代价，终于实现了其父李继迁提出的"西掠吐蕃健马，北收回鹘锐兵"战略构想，为以后的长驱南牧，对宋的入侵打下了基础。夺取甘、凉二州，使得夏州地方政权的军事实力得到进一步的增强，扩大了其统治区域，初步征服了河西，也为西夏国家的建立奠定了基础。

德明在位期间，由于把主要精力放在对内发展经济上，对外主要进攻吐蕃、回鹘了，所以除了与宋、契丹偶尔有点小摩擦外，基本上与两国都处于和平状态。天禧二年七月，吐蕃别种可汗并里尊向契丹朝贡，由于必须要经过夏境，契丹令借道夏州，并令里尊派人前来请求德明让其通过，但德明拒绝了。天禧四年五月，契丹以借道被德明拒绝，且夏不向其朝贡为由，亲自率大军五十万，以打猎为掩护，直扑夏境内凉甸，德明率兵将契丹军击退。德明击退契丹军队后，点集兵马，做好了更加严密的防备。次年七月，契丹见夏的进奉使一直没来，怕引起边患，于是下诏谕意与夏讲和，德明也正在担心契丹的再次入侵，于是亦向契丹称臣纳贡如初。契丹特意遣使册封德明为尚书令，晋大夏国王。两国的关系再次修好。

宋与夏在此期间保持了良好的贸易往来关系，并发生了一件比较有趣的故事。阿遇是西夏的观察使，因为与其子不合，他的儿子投奔到了宋朝的麟州。公元1029年（天圣七年）五月，阿遇率领所属军队大肆掠夺麟州境内的宋朝民户，以胁迫宋朝交出自己的儿子。麟州官员被迫放回了他的儿子，但阿遇违背协议，拒不交出所掳财物。麟州安抚使令牙将张岊前去诘问，阿遇理屈词穷，但就是不交还财物。张岊完不成任务也不走，阿遇留张岊用餐，席间阿遇用佩刀挑起一块羊肉递给张岊，张岊张嘴就咬住了刀上的肉，阿遇复取出弓箭，搭箭引弓对准张岊作势要射杀他。张岊神情自若，照吃不误。阿遇将箭一扔抚其背说："真男儿也！"第二天，阿遇约张岊一起去狩猎，两只野兔在马前蹿出，张岊瞬间连发两箭将之击毙，阿遇彻底惊服。将所掳掠的财物全部归还。时年张岊年仅18岁，由此名传军中。

第三节　韬光养晦，筹建帝国

　　自与宋议和，在德明的整个统治时期，基本与宋保持了和平的局面。在一个相对和平的外部环境下，再加上德明对经济发展的重视，实行保境息民、发展经济的措施，使得西夏的社会经济获得了长足的发展，国力得到了增强，人民生活得到了改善。西夏境内出现了"大约三十年有耕无战"的太平日子。当时国家欣欣向荣，西北农业有了长足的发展，经济重心由绥、银地区半农半牧区转移到了以兴、灵地区的全面农耕区。由于宋夏和谈完成，双方往来频繁，中原先进的农业技术传播到了西部诸州，提高了当地的生产技术水平和劳动经验。

　　除在境内休养生息，大力发展生产外，李德明更重要的是通过采取多种多样的手段，从宋朝取得优厚的经济利益，大大的积累了物质财富。

　　公元1007年，德明上表请求在保安军（今陕西省志安县）设置榷场，听许蕃、汉贸易。开始被宋朝拒绝，后来李德明又请求在麟州设置榷场，又被宋朝拒绝。再后来，双方经过反复谈判，在天圣年间，宋朝同意在镇戎军（今宁夏固原）开辟榷场。此外，在某些特殊情况下，比如西夏出现灾荒时，特许西夏在榷场采购粮食。榷场的设立，除了方便双方交易、互通有无外，还有一个更重要的作用是获取丰厚的税收。虽然榷场设在宋朝境内，由大宋直接派军队严格管理，但是税收却是各收各的。宋政府收内地汉族的，李德明收各蕃部的。

　　德明总是不间断地往宋朝派使人。他大力开展对宋朝的朝贡贸易，一方面可以得到宋朝的大量回赐，同时利用朝贡之便大搞贸易活动。自公元1005年（宋真宗景德二年）至公元1029年（宋仁宗天圣七年）间，进贡十次。贡品主要是马、骆驼，宋朝的回赐主要为器币、袭衣、金带等最高统治者的生活用品。德明所派的这些贡使在道途中和宋朝人民私下进行交易，最后卖不掉的商品还要宋朝官府代为收购。

本来按照规定，贡使到中原后，必须要先同官方交易，然后才能与民间交易，但由于宋政府管理较松，对此只是采用睁一只眼闭一只眼的方式，甚至对西夏贡使购买违禁物品、逃避关税的行为也格外照顾，不予追求。在这种政策的纵容之下，李德明胆子越来越大，甚至在内地打造成批武器带回西夏。李德明为了从增加的贸易额中多获得利益，常在边境私设榷场，或派人在沿边一带贩卖违禁物品，进行走私活动。

由西域各国东来的贡使和商人，在通过西夏途中，有时还要遭遇洗劫和勒索。契丹之处，往来必由西夏界。西夏国将吏率十中取一，择其上品，贾人苦之，以至引起商旅减少和西方贡使的裹足不前。公元1022年，德明请求宋朝谕令大食贡使取道西夏，明白暴露出抱有榨取掠夺的不良意图，宋朝廷对李德明的过分要求感到愤怒不已，下令以后大食贡使改行海道，货船到达广州后，便登陆北上，直赴汴京。北宋以后，东西陆上贸易日趋衰落，海上贸易随之兴盛起来，这与西夏占据河西走廊有着一定的关系。

而李德明这边通过大力发展农业和利用同宋朝的贡使贸易，积聚了大量的财富，为西夏的立国奠定了一定的物质基础。通过与宋朝的贸易，双方物质文化交流日益频繁，使得中原文化得以更快地传入西夏，提高了党项人民的物质和精神文化生活，对于加速西夏社会的封建化进程起到了一定的促进作用。

随着西夏经济的好转和内外部环境的相对稳定，和历代统治者一样，李德明越来越讲究排场、注重享受，把自己装扮成一个最高统治者的形象。虽然为了敷衍宋朝政府以便从宋朝得到经济上的利益，西夏一直没有正式建国，但实际上已经与一个独立王国并没有什么区别。

李德明早年就已经在绥、夏二州建立驿馆，修治桥梁道路，用来迎接安置宋朝的使者。公元1010年（大忠祥符三年），辽国册封德明为夏国王的时候，他又役数万民夫在傲子山（今延川西），大起宫室，绵延二十余里，颇为壮丽。

此山在陕西延州西北，德明在此驻军，也有窥探宋朝之意。公元1013年（大忠祥符六年），他由夏州前往傲子山巡游的时候，俨然是中原汉族皇帝派场。公元1017年（天禧元年），有人报告德明说，在怀远镇以北的温泉山上看见了龙，德明认为这是祥瑞之兆，派遣官员到那里祭祀，经过反复考察后，德明认为怀远镇形势险要，西北有贺兰之固，黄河绕其东南，西平（灵州）为其障蔽，形势利便。于是在公元1019年（天禧二年）派大臣贺随珍负责在此筑城徒居，大建门阙、宫殿、宗庙、官署等，改称兴州，作为西夏的新都。

李德除了大修宫殿，营建新都外，还任命官吏和建立有关宫室、旌旗等制度方面，也俨然独立王国的排场。

公元1028年（天圣六年），在元昊取得对甘州回鹘的决定性胜利后，李德明认为元昊气势英迈，有勇有谋，所以册立他为太子，同时"大赦国中"。并为元昊向辽请婚，辽兴宗以宗室之女封为公主下嫁元昊。公元1030年（天圣八年）九月，西州流传"火星入南斗，天子下堂走"的谣言。可见，李德明俨然以"天子"自居，后来，又给他的父亲李继迁上尊号曰太祖应运法天神智仁至道广德光孝皇帝，庙号武宗。以上这些都表明，李德明实际上与皇帝一样，只差名义上还没称帝而已。

公元1032（明道元年）年五月，宋朝以李德明"恭顺"，遣使册封李德明为夏王，车服旌旗稍微低天子一个等级，意在抵消辽朝同德明的姻亲关系，并限制他称帝的野心。当西夏立国一切准备就绪之时，同年十月，李德明去世，时年五十一岁，他的儿子元昊继位，追谥"光圣皇帝"，庙号太宗，墓号嘉陵。

李德明在位期间正处于西夏封建经济蓬勃发展之时，李德明顺应这一趋势，在李继迁通过连年战争初步建立根据地后，对外实行和平的外交政策，对内大力发展经济，并通过与宋朝的贸易积聚了大量的物质财富，不但提高了境内各族人民的生活水平，而且为西夏国家的最终建立奠定了物质基础。同时，又出兵夺取甘州、凉州，初步统一了河西走廊，稳固了后方，使统治区域得到进一步的扩大，使夏州地方政权的实力得到了极大的增强，这也为西夏建国后的对外扩张解除了后顾之忧。

第三章

白色战舰启航，席卷大西北的党项旋风

　　当西夏国的建立一切准备就绪后，一个铁血人物便登上前台，驾驭这部打造完备的战车。他就是嵬明元昊，一个雄才大略，文治武功的党项英雄，率领一群虎狼之师，北收回鹘精兵，西掠吐蕃骏马，连败宋辽，将我国的西北部搅的天翻地覆。

第一节　少年英杰，志在王霸

元昊生于公元1004年（宋真宗景德元年）五月五日。其母为惠慈敦爱皇后卫慕氏。元昊小字嵬理，西夏语"惜为嵬，富贵为理"，小名的意思是"珍惜富贵"。史书载："性雄毅，多大略，能创物始。"在元昊尚且年幼时，有一次李德明遣使臣到宋用马匹换取物品，因得到的东西不合他的心意，盛怒之下就把使臣给斩首了。元昊对父亲的这种举动十分不满，劝诫父亲说："我们戎人本来就对一些宋朝的物品不了解，如今换到了不着急用的东西也不是他的错，你将他杀掉，以后谁还会愿意帮我们去做这件事？"

李德明见年仅10余岁的儿子就有这种见识，十分器重。

少年元昊，身高五尺有余，面圆鼻高，豪气逼人。平常喜欢穿白色长袖衣，头戴黑冠，身佩弓矢。出入带百余骑兵护卫，自乘骏马，前有两名旗手开道，后有侍卫步卒张青色伞盖相随，耀武扬威。他幼读诗书，精通佛学，通晓蕃汉语言，尤喜读兵书，对当时流行的《野战歌》、《太乙金鉴诀》一类兵书，更是手不释卷，专心研读，精于其蕴。宋朝边防名将曹玮听闻其事迹，想一睹真容，听说元昊经常在榷场出现，暗中前去几次却没有遇见。后来派人偷画了元昊的图影，曹玮见其状貌不由惊叹："真英勇也！"断定此人日后必为大宋劲敌。

元昊成人后，对先辈称臣于宋，特别是依赖宋朝的恩赐而改变本民族的生活习惯十分不满。屡次向父亲进谏不要向宋称臣，李德明语重心长地对他说："我们用兵已久，已经疲惫不堪，我们族大约有三十年过安稳生活，这要得益于宋朝给的恩德，我们不能辜负宋。"

但元昊并不这样想，他自小就表现出了与他父亲不同的志向。

　　李元昊崭露头角是1028年进攻甘州（今甘肃张掖）回鹘政权的战争，这年元昊二十四岁。以甘州为中心的回鹘政权和占据西凉的吐蕃都是宋朝得以联络而挟制党项的盟友，李德明继位之初为了巩固初生的西夏政权，决定先取河西走廊以稳固后方的策略。曾数次出兵，都无功而返，于是决定采取隔绝其和宋朝联系的措施，以限制回鹘的发展。

　　经过对回鹘部二十年的围困，回鹘政权的势力得到极大削弱。李德明再次派儿子元昊西攻回鹘。元昊接受了西攻回鹘的重任后，认真研究了前六次进攻回鹘失败的原因，决定采取率精兵发动突袭、重兵攻城的战术，使回鹘可汗还没来得及集合兵力，甘州城即被攻破。甘州回鹘可汗夜落隔通顺王仓猝出逃，留在城中的后妃子女家属都被元昊掳获。

李元昊彩塑人像

甘州之战后，凭借卓越的战功，李德明册立元昊为太子，同时为元昊向辽求婚。辽兴宗以宗室之女封为公主，下嫁元昊，并封元昊为附马都尉，爵西夏国公，派兵护送公主至兴州。元昊亲率数万骑兵迎亲，驻屯在府州境内，宋朝知府惟忠深知元昊的谋略，便下令部众严加防范，不准妄动。元昊以受惊的马匹奔入宋营，试控对方的虚实。惟忠命兵士将马擒住，不为元昊的试探所动。元昊知道对方防备严密，便引兵绕过宋营去迎亲。

公元1032年，元昊率军进攻凉州。采取声东击西的战术，一开始扬言进攻宋朝边境的环庆二州，吸引宋军西北边防力量向这一带集中，以此麻痹吐蕃的防备，然后出奇兵突袭凉州，一举成功。同年十月，李德明卒，葬于嘉陵。元昊称帝后，追谥其为光圣皇帝，庙号太宗。元昊于十一月嗣位，宋朝政府封他为特进、检校太师兼侍中、定难军节度使、夏银绥宥静等州观察处置押蕃落使、西平王等。至此，鹰派好战分子元昊完全掌管了党项部的军政大权。

元昊攻破吐蕃六谷部盘踞的凉州后，六谷部所属一部分吐蕃部落退居到青海的湟水流域，投奔于另一个吐蕃部族角厮啰。角厮啰，吐蕃语"佛子"的意思，为吐蕃赞普之后。宋朝想利用角厮啰的势力牵制元昊，于是授角厮啰为宁远大将军、爱州团练使。授温逋奇为归化将军。第二年，又进封角厮啰为保顺军节度观察留后。

公元1032年七月，元昊为了巩固后方，派大将苏奴儿率兵进攻猫耳城（今青海西宁东北，大通河东南），被吐蕃兵击败，苏奴儿被俘。同年九月，元昊亲自率兵围攻猫耳城，攻城一月不克。元昊派人向吐蕃守将诈称和谈，然后令士兵隐藏城门两旁，待吐蕃派人出城谈和时，元昊率士兵蜂拥而入，迅速攻占了猫耳城，并下令屠城。

公元1035年，角厮啰发生内乱，国相温逋哥囚禁角厮啰，角厮啰设法逃出邈川，然后集结士兵杀死温逋哥，并徙居青唐城（今青海省西宁市）。元昊乘角厮啰发生内乱之机，出兵围攻青唐城，角厮啰命大将安子罗率十万吐蕃军队断绝元昊退路，元昊率军苦战二百余日终于打败了安子罗。但由于元昊军深入敌后，粮草补给困难，致使士兵因饥饿冻死者过半，而不得不撤军。大军回撤渡宗哥河时，安子罗暗中派人决水，西夏士兵被淹死者甚众，幸存者大溃而逃。

宗哥河之败使元昊感到十分恼怒。同年十二月，又亲率大军进至河湟。角厮啰自知寡不敌众，屯兵于鄯州（今青海西宁境），坚守不出。元昊主动进攻，在渡湟水时，在河水浅的地方插标识为记，以便撤军时渡河。但被角厮啰侦知，于是便暗中派人把渡河标识移植到河水深险之处。元昊对角厮啰的进攻被击败，士兵在仓皇撤退之时，寻找标识过河，结果溺水而死者大半，失去辎重无数，仅留得残兵剩卒保护元昊逃回。

李元昊又一次遭受惨败，角厮啰数次以奇计打败元昊，此后，元昊再不敢轻易涉足其境。

后来，角厮啰因妻妾争宠而再次发生内乱。角厮啰初娶李立遵的女儿李氏，生有二子名叫瞎毡和磨角毡。后来又娶乔氏，生子董毡。李立遵死后，李氏逐渐失宠，后被贬斥为尼，囚禁在廓州。瞎毡暗中结连母党李巴全策划携带其母逃奔宗哥城，瞎毡盘踞在河州，磨角毡占据邈川，集众形成一支独立势力，不受角厮啰制约。元昊闻知角厮啰父子不和，乘机派人用重金贿赂磨角毡的谋主、首领郢城俞龙，郢城俞龙带领万余人归附元昊。从此，角厮啰一蹶不振，势力逐渐衰落。

元昊和角厮啰的几次较量中，他发现对方士兵所穿铠甲的锻造技术非常高超，自己所带领的士兵有时连续射好几箭都不能将对方的士兵射死，于是他就想法引进了这种先进的锻造技术。宋代科学家沈括在他的《梦溪笔谈》里有对这种铠甲的描写是这样的："青堂羌善锻甲，铁色青黑，莹彻可鉴毛发，以麝皮为䋌旅之，柔薄而韧。"当时在镇戎军官府保存了一副这样的铠甲，用柜子珍藏着，把它作为宝物相传。名将韩琦作泾原路统帅时，曾经取出来试验过。在距离铁甲五十步远的地方，用强弩来射它，不能射进去。曾有一支箭射穿了铠甲的甲片，原来是射中了它穿带子的小孔，箭头被钻孔刮削，铁都被反卷起来了。当时，这种先进的冷锻法制造铠甲的技术传入西夏后，极大地促进了当地的冶炼技术水平。

宋咸平初年，瓜州（今甘肃安西）、沙州（今甘肃敦煌）归义军政权发生内部叛乱，节度使曹延禄被其族子曹宗寿杀害。曹宗寿当权后，面对战乱的险恶处境，派人将瓜、沙二州各处佛教寺院中收藏的佛教经典，佛家度谍，寺院契约、账目，善男信女施主朝拜佛事的状、疏、发愿文、写经、佛画、档案文书，以及各类书籍统统收集起来（约四五万件），运送到莫高窟，藏在了一个洞窟中封存起来，并在洞口绘制了壁画，以保护这些珍贵的文献不被战火损毁。从西夏占领瓜、沙二百余年，下至元、明、清历时近千年，到清末的光绪二十六年（1900），被一个无知而又贪婪的小道士在清理流沙时无意中发现了，这才使得埋藏在洞窟中近千年的数万件珍贵文书重见天日，这就是震动世界学坛的敦煌藏经洞的发现。伴随着藏经洞在无意中被发现，在国外探险家的疯狂盗窃掠夺下，里面的绝大部分文物不幸流散到世界各地，仅剩下少部分留存于国内，造成中国文化史上的空前浩劫。

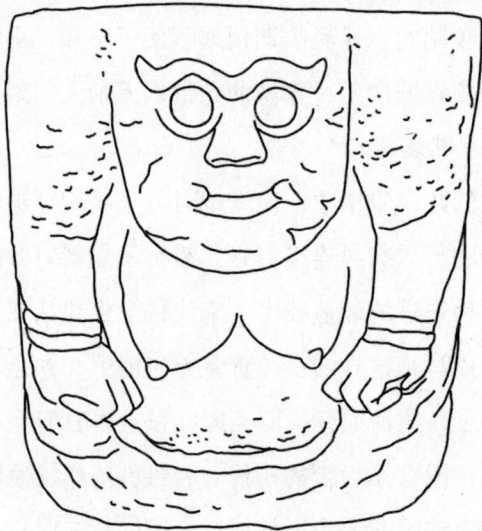

西夏文物：石雕力士志文支座

在元昊攻占甘州时，当时隶属甘州回鹘的沙州回鹘分部瓜州王曹贤顺（曹宗寿之子），率兵前往甘州救援，曹贤顺看到甘州城已陷，且元昊军势正盛，便表示愿意归附。在李德明同意接受归附后，曹贤顺率兵重回瓜州。公元1036年，元昊率军攻取瓜、沙两州，又回师占领肃州（今甘肃酒泉），使得党项的统治领域"东据黄河，西界玉门，南接萧关，北控大漠"，拥有三十多州，号称"万里之国"。

第二节　嵬名元昊，白色战舰启航

元昊成年后，一直对父亲李德明依附宋朝的策略不以为然，主张背宋自立。野利部的野利仁荣是元昊的重要谋臣和支持者，他提出"商鞅峻法而国霸，赵武胡服而兵强"，主张按照党项本民族自身的特点行事，建议元昊以兵马为先，反对讲礼乐诗书，培养党项族的"虎狼之心"。依据这个方针，元昊在袭位后抛弃了父亲的亲宋政策，主张"尚武重法"。为达到"为帝图皇"的目的，他采取了一系列的措施，以加强党项族的民族意识。

首先是改姓立号。公元991年，宋朝赐封李继迁姓赵，而契丹人则沿用唐朝时赐给党项首领的李姓姓氏。元昊废除了唐、宋的赐姓，下令将党项皇室李姓改为党项姓"嵬名"，并且让党项统治氏族中的所有内亲都采用"嵬名"，元昊改名为曩霄，自称巫卒。"巫卒"为党项语译音，意思为"青天子"。

公元1032年，元昊的谋臣杨守素建议改了国号，元昊以宋明道年号犯了其父李德明的讳为借口，下令改年号为"开运"。不久后发现"开运"年号为后晋同帝石重贵亡国之前用过的年号，于是又改年号为"广运"。从此，西夏开始使用自己的年号，在独立建国的道路上又向前迈进了一步。

元昊建国以前，由于统辖范围较小，西夏的官制相对简单，模仿宋朝的官职仅设有蕃落使、防御使、都押牙、指挥使、团练使、刺史等职。随着元昊统一了整个河西，疆域得到扩大，为了适应新的统治要求和为建国做准备，元昊开始参照宋朝的政治体制，改革党项的官制，彻底废除世袭制，建立新的官制体系。皇帝之下设有中书、枢密、三司、御史台、开封府等，它们的具体职责如下：中书管理行政；枢密管理军事，三司（户部、度支、盐铁）管理财政；御使台管理监察弹劾；开封府借用宋朝首都开封地方政府之名，实指管理西夏首都兴庆府的衙门。其他如翊卫司、官计司、受纳司、农田司、群牧司、飞龙苑、磨勘司、文思院，这些衙门的职掌大多与宋朝相同。中央官职，自中书、枢密、御史大夫、侍中、太尉以下的官职分别委派蕃人和汉人充任，但也有由皇帝专门委任的一些职务，它们的名称分别有宁令、谟宁令、丁卢、丁弩、素赍、祖儒、吕则、枢铭，这些官名都是以各少数民族的称谓而命名的。这样，就使西夏国的行政管理体制形成了蕃汉合一、两制并存的格局，适应了新的统治要求，提高了行政效率。

公元1036年，元昊开始完善改革各项军事制度。除了组织由党项羌组成的"族内兵"之外，还增加了"族外兵"。所谓"族外兵"，指的是在被俘虏的汉人中挑选勇敢善战者组成军队，取名为"撞令郎"，让他们在前面冲锋陷阵，这样可以减少党项军队的伤亡。

西夏主要有以下兵种：一、"铁鹞子"，是西夏最精悍的骑兵。这种骑兵约有三千人，分为十队，每队三百人，队有队长。这支骑兵装备精良，乘善马、重甲、刺斫不入。是一支战斗力极强的军队。元昊除了用它作为自己的贴身护卫外，还用它作为冲锋陷阵的"前军"。二、"擒生军"，计十万人，装备精良，是西夏军队的精锐。主要职责是在作战中掳掠牲口和奴隶。擒生军有三万正军，七万"负担"，每一正军平均有"负担"两人以上。三、"侍卫军"。在党项贵族子弟中挑选能骑善射者组成的轮番宿卫的军队，大约五千人，号"御国内六班直"，分三番宿卫，每月给米二石，作为给养。这是一支侍卫军，又是一支质子军。它用来保卫夏国奴隶主的统治，又可用以控制各部落豪强。四、炮兵部队。只有二百人，称"泼喜迭"，立旋风炮于骆驼鞍上，发拳头大的石弹攻击敌人。

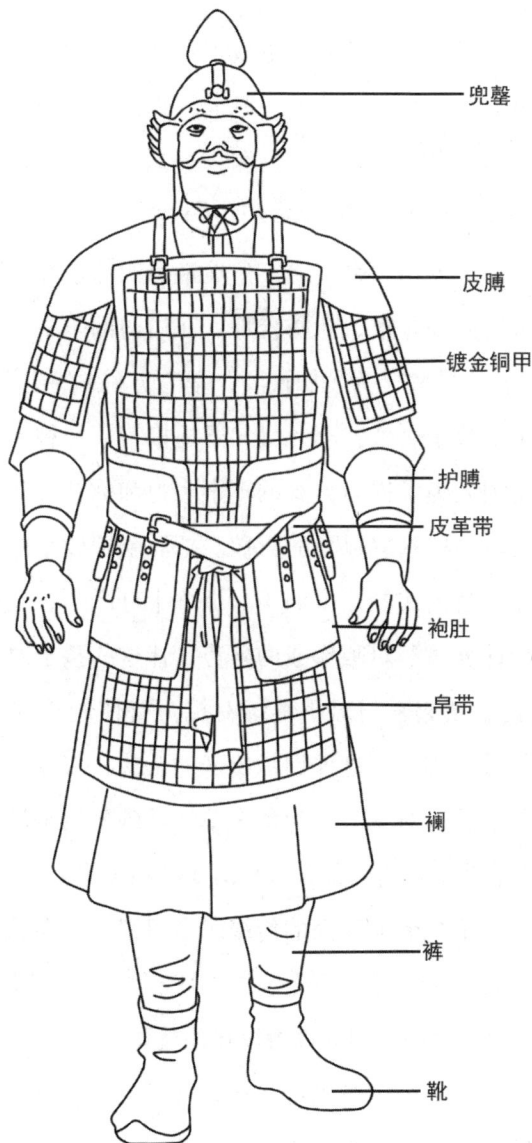

兜鍪

皮膊

镀金铜甲

护膊

皮革带

袍肚

帛带

襕

裤

靴

西夏武士铠甲

西夏实行征兵制，成年壮丁二丁抽一，并编入军籍。全民皆兵，西夏军队除了"铁鹞子"、"擒生军"、"卫戍军"、"侍卫军"、"泼喜"等为常备军队之外，还有大量召之即来的军队。这种军队平时从事生产、训练，战时由部落首领点集出征。

西夏军队训练有素，军容整肃。史载："西贼首领各将种落之兵，谓之'一溜'，少长服习，盖如臂之使指，既成行列，举手掩口，然后敢食，虑酋长遥见，疑其语言，其整肃如此。"

西夏军队总数为五十余万人，在全国设十二个军区（监军司），分区防守，重点放在贺兰山、灵州、兴庆府三角地带和四邻边界。既捍卫了首都，又加强了边防，可谓内外并重，布防合理。在边防部队中，几乎都配备了战斗力很强的横山羌兵，被称之为"山讹"，是边防军中的主力部队。

除了以上的军事政策之外，李元昊父子还推行了一种新的军事政策——"血夫"政策。党项人为了提高自身的军事实力和弥补自身人员的短缺，经常会在宋夏边境去抢一些八岁以下的男孩。把后脑勺较平的留下来集中在一起，然后进行残酷的封闭式的军事训练。训练十分严酷，让孩子们从小搏斗厮杀，稍大一点的话就仿照对敌作战的阵势，让这些孩子对打，被打倒的一方只要有一口气就会站起来与对手继续对抗。待他们长到十四岁至十五岁后，就被派出去与敌人作战。这样训练出来的士兵，战斗力极强，作战中不顾生死，勇往直前。后人对党项人为什么单选后脑勺较平的进行培训的猜测是，可能这种人在战斗中躲避刀剑枭首相对要容易一些。

元昊为了彻底改革统治地区内的传统风俗习惯，颁布秃发令，他以身作则，先把自己的头发剃了，然后下令境内的所有党项人一律在三日内秃发，对于不愿秃发者，允许其他任何人都可以将他处死。

公元1033年，元昊下令改革服饰式样，文官的穿戴是"幞头、靴、笏、紫衣"，武将的穿戴是"金帖起云镂冠、银帖间金镂冠、黑漆冠，衣紫旋襕、金涂银束带、垂蹀躞，佩解结锥、短刀、弓矢韣，马乘鲵皮鞍、垂红缨、打跨钹拂，便服则紫皂地绣盘球子花旋襕，束带"。一般老百姓只能穿青色、绿色的服装，以区分高低贵贱。

西夏服饰

公元1033年，元昊将兴州城改名为兴庆府，并仿照唐宋都城的建筑风格，大兴土木，修建宫城、殿宇。

公元1037年，元昊命大臣野利仁荣搜集、整理西夏文字。野利仁荣根据汉字与藏文的若干特点，专心研修，不分昼夜，终于在短短几年时间里，演绎出西夏文字十二卷，共约六千字。西夏文字模仿汉字，字形方正，结构复杂，笔画较多，但没有一个字和汉字一样，正如清代学者张澍所说："乍一看，每个字都认识；再仔细看，无一字可识。"

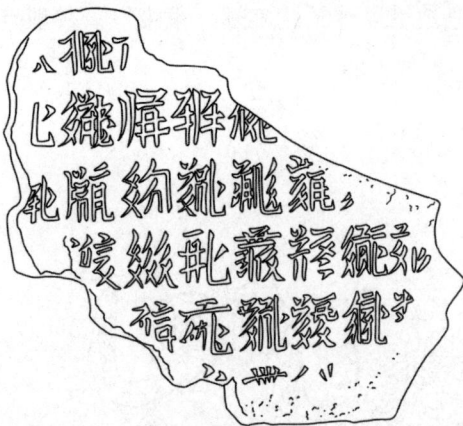

西夏文字

　　创制出西夏文字后，元昊下令尊为"国字"。颁布之时，举国庆贺。这就是史书上说的"蕃书"，即西夏文字。为了推广新文字，元昊规定西夏国内所有的文字诰牒一律用西夏文字书写。同年元昊设立蕃字院和汉学院，蕃字主要用于吐蕃、回鹘、张掖、交河，由蕃字院官员负责撰写。汉字主要用于同宋朝往来的文书，由汉学院官员负责撰写。同时又令野利仁荣负责主持建立"蕃学"，把《孝经》、《尔雅》、《四言杂学》等书翻译成西夏文，选拔优秀的官僚子弟进入蕃字院学习，等他们学业有成时，根据他们的考试成绩来安排官职的大小。

　　在礼乐方面，元昊下令废除宋朝的五音，改为一音。改定朝仪，每六日，官员朝见皇帝，称"常参"。九日朝见，称"起居"（问候皇帝起居）。凡吉凶、嘉宾、宗祀、燕享等，改宋九拜礼为三拜。不遵行者就要族诛。元昊实行的以上这些改革，主要是为了提高民族意识，加强党项内部的联合与团结，借此摆脱宋朝对党项的控制和影响。

　　当一切准备就绪后，公元1038年（西夏大庆三年，宋宝元元年）十月十一日，在兴庆府的南郊，祭坛高筑，元昊在众大臣的拥戴下，正式登上了皇帝宝座，宣布西夏国家正式成立。国号大夏，西夏语称"邦泥定国"，意为

"大白高国"或"大白上国"。改元天授礼法延祚元年，这年元昊三十四岁。

西夏王国的出现，是我国多民族统一国家历史发展中的重大事件，以党项羌为主的西夏人民在政治、军事、经济、文化及生产等各方面都做出了卓越的贡献，对祖国历史的发展进程有着不可磨灭的贡献。

第三节　立国之时，强邻环伺

西夏立国前后，与西夏政权并存的周边民族政权，主要有位于西夏东南地区的宋、东北地区的辽、南部地区有吐蕃和大理、北方的蒙古诸部落、西部地区的高昌等小国。其中主要是以夏、宋、辽这三国的关系为主，与其他少数民族政权之间的关系为次要关系。后来辽被金所灭，又演变为夏、金、宋三国之间的关系，西夏末期，蒙古以强势姿态闯入三国关系之中，又变为"四国演义"。

处于强国夹缝状态下的西夏在其政权存续期间，面对复杂的周边环境，巧于利用国与国之间的矛盾，时战时和，不断的攀强弃弱，使得相对弱小的西夏政权得以长时期存在和发展。下面主要介绍一下西夏立国后，西夏所面临的周边局势。

宋朝（960～1279年），分为北宋（960～1127年）和南宋（1127～1279年），合称两宋。公元960年，后周殿前都点检赵匡胤发动"陈桥兵变"，夺取了后周政权，建立宋朝，定都开封，史称北宋。赵匡胤自公元963年起采取"先南后北"的统一战略方针，用了将近二十年的时间，先后平定后蜀、南汉、南唐、北汉等地方政权，初步完成了国家的统一，结束了自唐中期以来的地方割据混战局面。鉴于一些将领和节度使手握重兵，会危及皇权的统治，宋太祖赵匡胤听取宰相赵普的建议，以杯酒释兵权，削夺禁军宿将及藩镇兵权，使兵、将分离，并以文臣出任州县长官。这些措施确保了皇权的稳固，但同时也削弱了军队的战斗力。

宋朝在统一了中国大部分地区之后，采取了一系列恢复和发展社会经济的措施。重视经济的思想一直贯穿于宋朝历代统治时期。这些优先发展经济的措施，使宋朝的社会经济文化与唐代相比有了巨大的发展。北宋时期已经大量开采金、银、铜、铁、煤等矿藏，出现了世界史上最早的制造工厂。此外，宋朝的矿冶、造纸业、制瓷业、纺织业、航海也高度发达，中国古代四大发明中的活字印刷、指南针和火药三大发明都出现在宋朝。

随着社会物质财富的极大增强，宋朝辉煌的文化也是百花齐放。诗词歌赋、杂技曲艺，书法绘画等都得到了飞速发展。宋朝更是出现了一批灿若星辰、大家耳熟能详的文人骚客，如苏轼、欧阳修、范仲淹、陆游、岳飞、文天祥、沈括、辛弃疾、李清照等。著名的唐宋八大家，宋朝就占了六位。词是宋朝文化的代表之一，著名词人更是不胜枚举，最具代表性的就是苏轼，他的《明月几时有》更是达到了此词只应天上有的高度。而四大书法家苏轼（东坡）、黄庭坚、米芾、蔡襄，其书法作品之登峰造极，更是令后人难以望其项背，就连大奸臣秦桧也能习得一手妙笔。宋代的山水画更是代表了中国画的最高艺术成就，著名画家有范宽、许道宁、米芾、夏圭、马远、李唐、赵佶等。其中张择端的《清明上河图》最是为人所知。宋朝的理学（新儒学）也发展达到了一个新的高度，代表人物是著名的北宋二程：程颐、程颢。

宋朝灿烂的物质文化，开明的社会环境，令无数的古今中外学者对其充满了崇敬和向往。著名学者陈寅恪曾说："华夏民族之文化，历数千载之演进，造极于赵宋之世。"英国著名史学家汤因比曾说："如果让我选择，我愿意生活在中国的宋朝。"表达了对宋朝极大的向往。余秋雨先生也曾说过："我最向往的朝代就是宋朝！"

如历代封建统治王朝一样，随着经济的繁荣，各种社会矛盾也越来越突出。除了社会发展过程中不断积累的阶级矛盾，还有不断激化的民族矛盾。西夏建国后，与辽结成联盟，使宋腹背受敌，在与辽、夏的长期对抗中，由于军事上的连续失利，使得宋朝的经济大受打击，以至于民力殚竭，国用乏匮。在严重的内忧外患侵袭下，为了改变国家积贫积弱的困境，宋神宗时期，曾起用王安石推行新法，但在保守势力的阻挠下，最终失败。北宋末期，统治极度腐朽，宦官乱政，一面对内大肆剥削，一面疯狂的对外用兵，更加速了宋王朝的覆灭。公元1127年，金军攻入开封，宋徽宗、宋钦宗被俘，北宋灭亡。

西夏东北方向的辽是以契丹族为主体建立的国家。公元916年，契丹族首领耶律阿保机正式称帝建国，都城上京（今内蒙古巴林左旗南）。其统治区域东至于海，西至金山（今阿尔泰山）、流沙（今新疆白龙堆沙漠），北至胪朐河，南至白沟，幅员万里。

辽的经济与西夏类似，以畜牧业为主，境内经济发展不平衡。辽太宗时期，辽国从石敬瑭的手中取得了燕云十六州的统治权。燕云十六州的失去，对宋朝影响极大，不但使宋朝北边门户大开，更重要的是宋失去了北方天然的牧马基地，失去了优良战马的供给，宋的骑兵部队发展受到很大局限，直接导致了最后被草原铁骑所灭。辽国占领燕云十六州后，则以此为基础，开始了不断的南侵。辽圣宗时期，圣宗即位之初年幼，掌握实权的萧太后不断发动对宋的入侵。公元987年，辽军攻至澶州城下，宋真宗被迫与其签订了影响深远的"澶渊之盟"，按照约定，宋朝每年要向辽国进贡绢十万匹，银十万两。辽国依靠宋朝大量的"岁赐"，社会经济得到了快速的改善和发展，迅速达到了辽国历史上的鼎盛时期。

经过辽圣宗和兴宗（1031~1055年）的盛世之后，辽国开始迈入衰退。公元12世纪前后，辽国统治日益腐朽，对统治区域内的各族人民残酷压迫和奴役，随着女真族的逐渐兴起，辽国的统治受到严重威胁。女真族的武力抗争，迅速地将辽帝国推向了历史的深渊。公元1125年，辽天祚帝被金军俘虏，辽国灭亡。

吐蕃在其赞普松赞干布时期崛起，唐安史之乱后，吐蕃乘机占领唐朝的大片土地。八世纪后期，吐蕃逐渐达到鼎盛。九世纪中叶，吐蕃发生内乱，实力衰落，国家处于四分五裂状态，接着又爆发奴隶起义，沉重打击了吐蕃奴隶主的统治，开始进入封建农奴制时期。十世纪时，在甘青地区逐渐兴起了两个吐蕃族地方政权，一个是六谷地区的潘罗支统治的吐谷浑部落，西夏建国后不久就将其吞并；另一个是河湟吐蕃之一部腒末人角厮啰，在宋初兴起，建立了以青唐城（今青海西宁角厮啰）为统治中心的地方政权，后来又建设临谷、宣威、宗哥和邈川四城。

角厮啰系吐蕃赞普之后。他统治时期，经济繁荣。农业也有了相当程度的发展，青塘城北的湟水流域，土地肥沃，灌溉便利，粮食产量较高，部族富庶。他们的畜牧业更是发达，角厮啰人饲养的名马驰名华夏，是与宋贸易和向宋进贡的主要品种。手工业也有一定的发展，如冶铁器、雕银器、织毛毯、酿酒业和采盐业等，特别是以冷锻工艺锻造的甲胄，更是"强弩射之不能入"。

角厮啰时，丝绸南路青海古道重新兴旺，对过往使者和商人加以保护。角厮啰还继承吐蕃传统文化并有发展，崇尚佛教并大建佛寺，佛教僧侣的地位很高。

此外，角厮啰还拥有一支强大的军队，角厮啰本人更是一位优秀的军事统帅，通过联宋抗夏，数次以奇计大败西夏元昊，使其声威大震，河陇诸部纷纷归附，强盛一时。据一些专家考评，被列为世界名著的伟大史诗《格萨尔王传》的主人公格萨尔王的原型就有角厮啰影子。

再来说说回鹘人。回鹘人迁徙到高昌城后，在此建国，史籍称为高昌回鹘。他们的国王名为亦都护，是幸福之主的意思。国势最盛时，统治区域北达阿尔泰山，南越罗布泊，西南至喀什。境内除汉人和回鹘人之外，还有南突厥、北突厥、大众熨、小众熨、样磨等民族。民众大多信奉佛教。高昌地处天山南路的北道沿线，为东西交通往来要冲，是中原地区与波斯、阿拉伯等地区的交通中转站。高昌回鹘与宋、辽来往密切。

大理位于西夏南部，是以白族为主体建立的一个封建制政权。公元937

年，通海节度使段思平灭南诏建国，国号大理。大理佛教盛行，国内寺庙林立，有"妙香国"之称。大理政治上与宋朝保持友好关系，与宋朝贸易频繁，大理盛产良马，是宋朝军马的主要来源之一，也是与宋贸易的主要物品。大理的手工业很兴盛，冶铁业水平甚高，生产的刀剑、甲胄也非常有名。公元1253年，大理为元所灭，元在其故地设立云南行省。

在以上各地民族政权林立的状况下，宋朝无疑是疆域最大，人口最多，封建经济文化最发达的国家。但是由于各种各样的原因，在中华民族大统一的趋势下，宋王朝并没有完成一统天下这个历史使命，反而在数百年的时间里形成了宋、夏、辽、金的对峙割据。而处于强邻环抱中的新生西夏国将会演绎出什么样的精彩故事呢？

第四节　宋夏决裂，战火燃起

元昊建国称帝的目的是为了摆脱宋朝的控制，实现党项政权的独立自主。但是，等元昊真正建国后，初生的西夏政权又想获得宋朝的承认。元昊于建国后不久，就向宋朝上表，表文主要是阐述其称帝的合法性，请求宋朝皇帝将西郊之地给自己，同时册为南面之君。

西夏建国，宋朝大为震惊。以宰相张士逊为首的官员主张出兵讨伐。但谏官吴育却提出："元昊已经称帝，不可能自己再改回原先的称号，而且他一定做好充足的战争准备。当今之计，应暂且答应他的要求，让他没有口实兴兵，同时严命边将抓紧战备，争取时间，待其发兵来攻，兵祸还可能不会太深。"

十二月，宋仁宗命知永兴军夏竦兼泾原、秦凤路安抚使，知延州范雍兼鄜延、环庆路安抚使，准备出兵夏州。第二年正月，元昊再次向宋朝进表，说明已建国号，称帝改元。但名义上仍向宋称臣，请求宋朝承认夏国，册封帝号。六月，宋朝下诏削去元昊的爵号，并在边境张贴告示，募人擒捕元昊，称有斩杀元昊者即授予定难军节度使，赏钱二百万。同时停止互市，断绝双方贸易往来。

当宋朝还未出兵之时，元昊就开始了试探性进攻。他先是在边境地区不断挑起事端，掳掠边民的牲畜、粮食等，还不时地向宋边境城寨发动袭击，宋边境地区许多土地落入西夏之手。为了进一步深入宋境作战，元昊还不断派出奸细探路。为了进一步提高国威，逼迫宋朝承认西夏的地位，开始对宋朝边境大举进攻。

公元1040年（天授礼法延祚三年），元昊集结十万大军进攻宋朝的延州。他选择范雍镇守的延州为攻击目标，是经过深思熟虑做出的精心布置。宋夏两国以横山为界，自东北向西南方向延伸，东起麟州（今陕西神木），西到原州（今甘肃镇原）、渭州（今甘肃平凉），绵延一千多公里，形成了一条宋夏天然分界线。元昊称帝后，宋朝在这条边界线积极布防。元昊经过数次进兵侵扰及试探性进攻，终于摸清了宋夏交界处宋军的配置防御情况：环庆路则堡寨密布，每三、五十里就设有堡寨，而且地势险要，西夏兵对其道路不熟，此路又有刘平等悍将镇守。泾原路则有镇戎军、渭州两座坚城，且宋军守卫众多，甲骑精强，另外还有西蕃瞎毡据河州为其策应。最终元昊选定延州（今延安）为攻击目标，这是因为延州道路通畅，便于进攻，又无宿将精卒。

金明寨（今陕西安塞南部）系延州北部门户，周围有36寨互为依托，镇守金明寨的将领为党项族首领金明都巡检使李士彬。士彬能征善战，勇猛过人，手下有羌兵近十万人，延州人称其为"铁壁相公"。元昊深知这是一个只能智取，不能硬拼的劲敌。元昊开始使用了反间计，他派人把写给李士彬的一封信和锦袍、金带故意丢在金明县境内，信里的内容是约李士彬叛宋降夏。宋朝边防诸将多有怀疑，但是延州官员夏随识破了元昊的诡计，并召来士彬共饮安慰之，士彬感动不已，发誓要立功以证清白。一计不成，元昊秘密遣使进入金明诱降李士彬，使者劝诱士彬道："你若归降，我们富贵与共。"李士彬不为高官厚实禄所动，并将前来劝降的刘重信斩首。

反间计和诱降都失败后，元昊又采取诈降，派党项部众主动投降李士彬。李士彬面对越来越多请求内附的党项部落，颇为棘手，便将这一情况上报延州知州范雍，并建议将这些来降的党项人迁徙到南方。但是怯懦无能的范雍对元昊实施的"诈降"信以为真，不但厚赐前来归降的党项人金帛，而且还将他们安置在李士彬的各个堡寨中。于是前来"投降"的党项士兵越来越多，元昊又派衙校贺真到延州诈降，同样取得成功。贺真联络到诈降到李士彬的党项部众，做好了内应的准备。

"诈降计"顺利实施的同时，元昊又使用"骄兵计"。元昊命手下将士，凡是遇到李士彬就不战而退。并扬言道："我听说铁壁相公的名号，所以不敢放肆。"李士彬闻之，以为党项人真的怕他，愈发骄横，不可一世。遇到部下偶有过失，李士彬就严刑拷打，导致部下心生怨恨。

公元1040年正月，在一切准备妥当之后，元昊一面率军佯攻金明寨，一面送信给宋朝延州（今陕西延安）知州范雍，表示愿意与宋和谈，制造假象，以麻痹范雍。范雍却信以为真，立即上书朝廷，对延州防御也松懈了。一日，元昊突然率大军自保安军土门路向宋境发动进攻，扬言攻打金明寨。士彬整顿兵马，严阵以待，一直到凌晨时分夏军还是没来，士彬于是解甲就寝。士彬刚睡，元昊大军突然攻城，金明寨顿时乱作一团，士彬和他的儿子还没来得及与夏军作战，就被提前投降来的党项人擒获献与元昊。

元昊轻易攻下要寨金明后，得到士彬帐下蕃兵数万，实力大为增强的夏军乘胜进攻延州。延州城依山而建，易守难攻，由于当时副都部署石元孙领兵在外，守城士兵仅剩数百人。延州知州范雍恐慌不已，一面下令紧闭城门，一面派人召环庆路副都部署刘平、鄜延副都部署石元孙率军前来救援。刘平和石元孙紧急调集五万兵马，星夜兼程赶往延州，行至三川口以西10里处安营扎寨，当晚，刘平和石元孙带领骑兵先行进城，给留下的黄德交代，让步兵也夜行军跟进，随后进城。到了天亮，二人发现黄德和并没率步兵及时跟进，已经到了城下的刘平和石元孙又带了部分骑兵回去找黄德和，在三川口（今陕西省延安市枣园附近）会合后，继续率军东进去延州。在距延州仅五里处的五龙川，遇到元昊早已设伏在此的主力兵团，宋军完全陷入元昊的包围。元昊列好阵势包围攻击宋军，刘平指挥宋军奋力迎战，元昊令步骑渡水向宋军发起攻击，被宋军击退。接着又令骁将扬言单挑宋军大将郭遵，郭遵拍马赶到，只一回合，就挥铁杵将夏将脑袋击碎。两军混战在一起，刘平右颈左耳皆被流矢击伤。元昊见宋军主将受伤，指挥轻骑冲击宋军，宋军渐渐抵挡不住，开始向西南后退，殿后的黄德和见宋军抵挡不住，便带领手下人马向西南逃窜，加速了宋军的溃败。

在黄昏时分，刘平率残部退到西南方向的一个山坡上，设七道栅寨坚守。入夜，元昊的部队包围了刘平、石元孙的临时营寨，并派兵向西侧迂回。一切安排妥当之后，又派人招降刘平等将，被刘平斩杀。元昊又令西夏士兵绕宋营大喊道："你们这些残兵，不投降还在等什么？"

天亮后叫使人威胁道："你们降不降？不降，都要死！"宋军没有回应。完成合围的西夏军发起总攻，从侧、后两个方向突破宋阵，刘平、石元孙被俘。郭遵战死，宋军全军覆没。

元昊取得三川口大捷后，集中主力挥师东进，包围延州，范雍见援军被歼，举止失措。沈括《梦溪笔谈》中记载了这一次延州守卫战中的一个典故，说是元昊围城七日，范雍忧形于色，将佐皆无退敌良策，唯有一位担任指挥使的老将说："我在边关镇守多年，遭围城已有数次，其势有近于今日。虏人不善攻城，我可以担保今日万万无虞，若有不测，请斩我头。"

后来，元昊果然撤围而去，有人对那位老将说，"你胆子真大，万一城失，不怕砍了你的头。"

那老将回答："如果城真破了，我们的脑袋还轮得到自己人来砍吗？我说那话，只是为了稳定军心而已。"

元昊率军围攻延州七天七夜，天降大雪，夏军缺乏御寒衣物，士气逐渐低落。加上宋军在其他战场不断击败西夏军队，增援延州的宋军正在赶来的情况下，元昊下令撤军。

三川口战败，令宋廷大为震惊，认识到了西夏对宋朝的严重威胁，并采取了一系列的应急措施。首先追究此次战败的责任，罢主战派张士逊的相位，以吕夷简接任。撤掉了无能的范雍，将其贬知安州，对临阵脱逃的黄德和处以腰斩。宋廷当时认为刘平、石元孙等已经战死，追赠刘平为忠武军节度使兼侍中，石元孙为忠正军节度使兼太傅。其实二人并没阵亡，而是被西夏俘虏。后来西夏放回了石元孙，宋朝才知道两人没死。

第五节　大战好水川，让宋军胆寒

三川口大战后，元昊将主力驻扎在金明，伺机再次进攻大宋。公元1040年五月，元昊率军围攻金明以北的塞门砦，塞门砦主内殿承制高延德、兵马总监王继元，在坚守五个月后，因粮草断绝，率众弃城突围，途中遭到夏军截击，王继元战死，高延德被俘。元昊乘胜又占领其他几处要塞，使得宋西北的防御因失去重要屏障而变得更加被动。

三川口战败后，宋朝对边帅人选做了大调整。以户部尚书夏竦为陕西都部署兼经略安抚史，启用著名文学家范仲淹和韩琦为陕西都部署兼经略安抚副史。三人明确分工，夏竦负责全面指挥。夏竦将门之后，进士出身，知识渊博，极富文采，深受宋仁宗赏识。但此人贪财好色，指使家人在自己管辖内做生意，家资巨万，而且在巡边时还带着美婢随军，差点引起兵变。

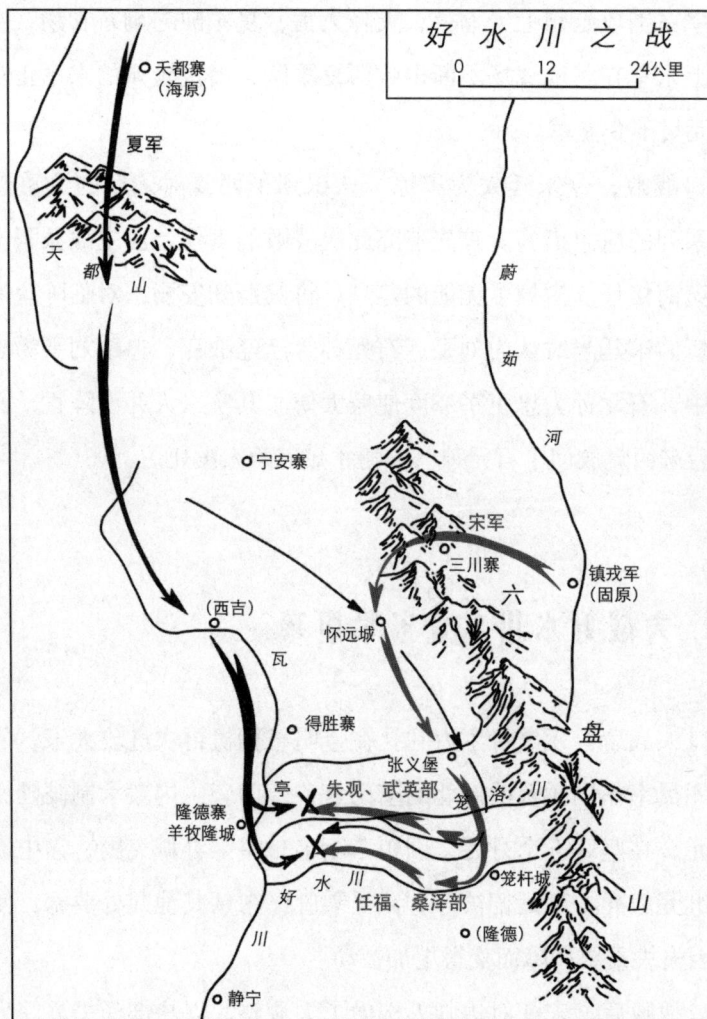

好 水 川 之 战

0   12   24公里

天都寨
(海原)

夏军

天都山

宁安寨

(西吉)

瓦

得胜寨

隆德寨
羊牧隆城

亭

朱观、武英部

好水川

任福、桑泽部

(隆德)

静宁

蔚茹河

宋军

三川寨

镇戎军
(固原)

六

怀远城

张义堡

笼洛川

笼

笼杆城

盘

山

好水川之战

  名满天下，敢言人所不敢言的范仲淹负责鄜延路。韩琦负责泾原路。韩琦进士出身，当年的榜眼，此人性格刚烈，在朝中以正直敢言出名。在对西夏的战略问题上，范仲淹主张积极做好防御，然后再图进取，而韩琦则主张集中兵力，寻找西夏主力与之决战。圆滑的总指挥夏竦对此不做表态，而是将两人的观点都上报朝廷，让朝廷抉择。宋仁宗最终采纳了韩琦的主张。

当时的范雍、夏竦、韩琦、范仲淹等，皆是儒臣出身。宋朝的国策就是重文轻武，武将的权力受到压制。使得宋军的战斗力受到极大限制。

范仲淹到任后，奉行积极防御的策略，大力修建堡寨，以加强防卫，同时精选一万八千锐兵，分六将带领，日夜训练，逢西夏兵来袭，轮流派出作战。达到了以战练兵练将的目的，使得宋军的战斗力得到很大提升。夏军甲胄精良，范仲淹派葛怀敏、朱观等将兵分六路深入夏州，试图摧毁西夏的冶铁基地，但没有成功。又令人于边境险要之地筑城修堡，以扼制夏军。元昊多次率军来袭，均被击败。

元昊打仗善用计谋，且每战之前都派出间谍刺探敌军虚实，对数百里之内的军情了如指掌，还重金贿赂收买敌人，又阴养死士，专门行刺宋军的高级军官。夏竦曾议定五路进军西夏的秘密作战方案，将之封存，后来竟不翼而飞。韩琦驻守泾原时，夜半有刺客潜入，韩琦问"谁派来的？"

刺客说："西夏张相公。"

韩琦镇定自若道："过来将我的头取去吧。"

刺客不忍，将其金带取走。

公元1041年二月，元昊亲自率领十万大军自天都山出发，深入宋境打算与韩琦的泾原路主力决战，又派人伪称与宋军议和。韩琦说："无故请和，诈也。"下令诸堡寨做好防备，自己亲自带兵巡边。元昊派一支数千人的部队突然进攻宋军要塞怀远城（今宁夏西吉县偏城），正在高平（今宁夏固原北）巡边的韩琦得到消息后，急忙赶回镇戎军，集结起一万八千人的部队，交由行营主管任福率领，泾原路驻泊都监桑怿为先锋。钤辖朱观、都监武英、泾州都监王珪等人为副将，任命耿傅为参谋。由镇戎军（今宁夏固原）出发，解怀远城之围。韩琦安排任福解怀远城之围后，继续向西南方向的得胜寨（今宁夏西吉县硝河）和羊牧隆城（今宁夏西吉县将台堡乡火家集村）进发，迂回敌后，以逸待劳据险伺机伏击，断其归路。行军前，韩琦再三嘱咐道："苟违节度，虽有功，亦斩！"

韩琦画像

任福按原计划，从镇戎军（今宁夏固原）出发，翻过六盘山，直逼怀远城。一到怀远城后，发现敌人已经改变了作战计划，南下进攻宋军在六盘山东麓的另一个要塞张义堡。任福只好率军尾随其后，追到张家堡（今宁夏固原原州区张易镇），遇到这伙夏兵正和守寨的宋军常昆、刘肃部激战，任福立即率部投入战斗，夏军溃败，被斩首数百级。夏军丢弃马、羊、骆驼假装败北，分两路南逃，一路沿着笼洛川（今宁夏隆德县什字路河）西进，另一路继续南下，在离笼洛川口以南十公里左右的好水川川口西进。任福也相应地把自己的部队分作两股，一股由朱观率领追击逃入笼洛川（好水川的支流）的敌军；另一股由他本人率领追击逃入好水川的敌军。傍晚时分，任福与桑怿合军，在好水川（今宁夏隆德）屯军。朱观、武英也屯军于五里以外的笼络川（今宁夏西吉东南），相约第二天再川口会兵，一定要使夏人有去无回。此时，元昊已率十万大军在好水川、姚家川西侧的谷口设下埋伏，专等宋军前来。

当任福的部队发现被追击的敌军不见了，便继续西行追踪敌人，在距羊牧隆城五里的地方，忽然发现已经列阵严待的夏军。士兵们发现路边有很多密封的泥盒子，内中有跳动的声音，不知是什么东西。任福命令士兵将盒子打开后，数百只信鸽腾空而起，盘旋于宋军上空。元昊见宋军中计，对宋军采取分割包围的战术。一路五万人的军队包围住进入好水川的宋军朱观部，并阻击来自西面王珪部和东面瓦亭寨赵津部的增援宋军。对朱观部采取围而不打的战术，对王珪、赵津部采取坚守不出的战术。元昊自己亲率五万大军迅速从四面八方向任福的八千人马杀来。

宋军虽知中伏，但并没慌乱，前锋桑怪立即率部向夏军冲去，早有准备的元昊以精锐铁骑轮番攻打宋军。由于宋军轻装连续追击了几天，以致人困马乏，与以逸待劳的西夏优势精锐短兵相接，双方自辰时交战到午时。元昊忽然令阵中树长达二丈余的鲍老旗，大旗左挥，夏军左边伏兵突起，右挥右边伏兵又起，宋军渐渐支撑不住，相互践踏坠崖而死者甚多。桑怪、刘肃力竭战死。任福手挥四刃铁简奋勇杀敌，身中十余箭，血流如注，其属下小校劝他突围，任福表示："我身为大将，打了败仗，就要以死报国！"直至左脸中枪无法再战时，他自己扼住咽喉而死。他的儿子怀亮也战死了。至此，任福所率人马全军覆没。

元昊灭掉任福部后，回师笼洛川，从后面包围了宋军增援的王珪部和赵津部，宋军顿时腹背受敌，宋将武英、赵津、耿傅等人相继英勇战死。王珪作战时三次换马，击杀数十成百的西夏兵，最后眼睛中箭而死。武英、王珪、赵津、耿傅均英勇战死，只有副将朱观率领一千余人，退守一处围墙之内，射箭坚守到深夜，直到夏军退去，才得以逃命。

好水川之战，是元昊军事指挥史上的经典之战，体现了他卓越的军事指挥才能。战后他十分得意，令张元在界上寺壁题诗以庆大胜："夏竦何曾耸，韩琦未足奇。满川龙虎辇，犹自说兵机。"诗的下面写着"太师、尚书令、兼中书令张元随大驾至此"。字里行间充满了对宋朝的嘲弄和蔑视，反映了西夏君臣得胜后的踌躇满志和得意扬扬。户部尚书夏竦曾张榜得元昊之首者赏钱五百万贯。元昊令人扮作卖箔者进入宋境，将其箱子故意丢在市井，有人将其交给夏竦，内有榜文："得夏竦首者，与钱三千文。"借此来戏弄宋军统帅。

主战派韩琦在回京师的路上，阵亡将士的家属数千人，拦住马头，哀号招魂，大哭说："你们随韩招讨出征，平安而去。今天韩招讨回来，你们何在？愿你们孤魂，也随韩招讨返家。"哭声震动天地，韩琦又惧又惭。此战使宋廷颜面扫地，宋仁宗也因此食不下咽。

宋仁宗下诏罢免夏竦陕西经略、安抚、招讨使的职务，降为永兴军通判。同时免去韩琦、范仲淹的陕西经略、安抚、招讨副使的职务，韩琦改知延州，范仲淹改知耀州，赠任福为武胜军节度使兼侍中，桑怿、武英、王珪、赵津、耿傅等均赠官职。

虽然宋军在好水川之战中惨败，但宋军士兵的战斗力、耐力、勇气在此战中完全不逊色于元昊的精锐。他们在兵力以1：5且中伏的极端被动局面下，自辰至申，英勇顽强作战，上至将校下至士卒，基本上全部战死。西夏军队在宋军将士的英勇抗击下，虽然死伤惨重，但他们打死了几乎所有泾原路的宋军中高级军官，消灭掉了宋军最精锐的部队。

第六节　握手言和，西夏"俯首称臣"

好水川之战虽使夏军大获全胜，所谓"杀敌一千，自损八百"。在宋军的英勇顽强抵抗下，夏军自身也遭到极大伤亡。战后元昊率夏军驻扎在天都山，经过近半年的休整，元昊又集结军队进攻麟州（今陕西神木县），都监王凯据城坚守，夏军攻城十几天不退。知并州高继宣率兵来援，并重金募集勇士偷袭夏军大营，不胜。又募集黥配于此的厢军两千人，号"清远军"，令王凯率领冲击夏军阵营。元昊挥兵数万围攻，清远军暴发出惊人的战斗力，奇迹般将夏军击溃，夏军被迫解围而退。

元昊兵败麟州后，诈称损失数万兵卒，以麻痹宋军边防守将。突然率军袭破宁远寨，接着转攻府州，府州守将折继闵率军死战，元昊不能胜。又转攻丰州，州知事王余庆、兵马监押孙吉等皆战死，丰州城破。元昊乘胜又进攻麟州，宋将张岊率九百步兵前来，元昊没有把这区区数百宋军放在眼里，列好阵势等待宋军来攻。张岊勇猛异常，率部众奋力拼杀，夏军溃散。

好水川之战后，由于宋军完全采取守势，特别是范仲淹坚持稳妥的堡垒推进战术，在咽喉要地修筑城堡，随着宋军的逐步推进，局势变得对西夏越来越不利。

公元1042年闰九月，元昊的宰相张元提出宋军精锐都集中在边境，关中空虚，不如直接攻打渭州，宋军必定来救，然后设伏歼灭宋朝援军。元昊采纳了张元的建议，再次集结十万大军，分东西两路，从刘璠堡和彭阳城合围镇戎军。

泾原路都部署王沿得闻夏军主力前来，急遣泾原路招讨经略安抚副使葛怀敏率一万多战士救援镇戎军。葛怀敏是大将葛霸之子，在参谋制定作战方案时显示出极高的军事才华，深受宋仁宗的赏识，曾赐其穿名将曹玮的甲胄。葛怀敏率军到达镇戎军以南的瓦亭砦，与镇戎军统领曹英，泾原路都监李知和，西路都巡检使赵璘等会合。此时宋军侦察到夏军主力在定川砦附近活动。王沿事先部署不要冒敌轻进，要背城列阵，以弱兵诱敌深入。但立功心切的葛怀敏不听，下令兵分四路继续向西。延边都巡检使刘湛、向进出西水口，泾原路都监赵珣出莲华堡，知镇戎军曹英、都监李知和出刘璠堡，葛怀敏领军出定西堡。四路并进，主动寻找夏军主力作战，打算在定川砦会师。

葛怀敏的部署正中元昊下怀，元昊已经集中所有兵力在定川砦做好了埋伏，单等宋军主力前来。元昊首先派军烧毁定川砦后面定川河上的木桥，立营栅断绝宋军各部的退路，然后派人断绝流入定川砦的上游水道，打算困死宋军。

葛怀敏率军出城列阵拒敌，元昊率优势精锐兵力猛攻葛怀敏所率中军，葛怀敏部奋勇抵抗，击退了元昊的第一轮进攻。元昊接着转攻偏军曹英部，曹英率部拼死抵御。正与夏军杀得难分难解之机，突然狂风大作，吹向曹英军，曹英军阵溃败，向砦内逃避，本来岿然不动的葛怀敏部也争相向砦内奔去。顿时宋军出现一片混乱的状态，争相入城，葛怀敏差点被自己的士兵踩死。元昊乘机率军掩杀过来，幸好此时赵珣率骑兵赶到，杀退了夏军。宋军将士才得以进入城内。

元昊率大军驻扎城外，派人向惊魂未定的葛怀敏喊话，葛怀敏连夜召集众将商议如何突围，部将赵珣提出应坚守城池以待援军，但最后葛怀敏还是决定突围去镇戎军。第二日，葛怀敏分前后两军出城，结果刚出城没多远就发现路已被夏军所断，重又陷入夏军团团包围之中。在夏军的四面攻击下，葛怀敏、曹英等数十将校战死，赵珣被俘。九千四百名宋军士兵和六百匹战马被夏军俘虏。

史书对此战记载甚少，疑点重重。作为宋军名将的葛怀敏，屡犯低级错误，实在令人费解。史料对此战的战争过程的记载更是粗略一提，战争结局也令人疑惑：当时战争是怎么打的？到底战场发生了什么？葛怀敏部数十高级将领全部战死，但手下近万士兵被夏军俘获，这些都实在发生得太蹊跷。

元昊在定川砦取得大胜后，接着又挥军直抵渭州城下，破栏马、平泉二城，焚毁庐舍、寨栅。元昊令宰相张元用"诏书"的形式告谕宋朝关中军民："朕今亲临渭水，直据长安。"显示了元昊大胜后膨胀的自信和远大的图谋。知原州景泰率五千骑前来支援，在彭阳城西遭遇夏军主力，手下将领建议退守，景泰不许，令依山为阵，暗中派三百骑为左、右翼，大张旗帜疑惑夏军。夏军故意装作败退，暗中埋下伏兵欲诱杀宋军。被景泰识破，于是派遣士兵将夏伏兵全部搜出杀掉。

当定川砦大败的消息传入宋朝时，宰相吕夷简震惊道："一战不如一战，令人惊骇啊！"三川口、好水川和定川砦之战，是西夏对宋作战中的三次最经典的战役，体现了元昊卓越的军事指挥才能，他能根据战场的客观形势制定正确的作战部署，多次集中优势兵力歼灭宋军，给宋军造成极大的伤亡。但是西夏毕竟国小力弱，虽然也有几十万能征善战的军队，但是在西夏全民皆兵的国策下，对宋进行大规模的连年作战，耗费了西夏大量的国力财力，破坏了当地的农业生产，作战对大量牲畜的征用又严重地影响了畜牧业的发展。随着宋朝关闭榷场，停止与西夏的贡使贸易，使得西夏国内急需的日用品如茶叶、帛、粮食等物价飞涨，老百姓生活困苦，人怨沸腾，国中为"十不如"之谣以怨之。夏国兵力在战后已十分虚弱，西夏已无力再次发动战争。

作为三战三败的宋朝，虽然损失惨重，但毕竟中原地广人多，战争潜力更是西夏所无法比拟的。况且在与西夏的长期作战中，也使得久不经战阵的宋军的军事素养得到了极大的提高，在战争中培养了一批以狄青为代表的优秀军事人才。另外，宋朝在宋夏边境屯集重兵，宋鄜延路屯兵近七万，环庆路驻守五万，泾原路驻兵七万，秦凤路也有近三万兵力，给了西夏以很大的牵制，使得西夏虽然三战三胜，但每次胜后都不敢贸然进兵关中。再加上宋朝启用韩琦、范仲淹等苦心经营陕西边境，通过大力修建堡砦，屯田养兵，招募弓箭手，边耕边战，极大地提高了边防力量。

西夏的盟国辽国在宋夏战争期间乘机向宋提出领土要求，宋朝当时疲于应付与西夏的战事，虽然没有同意割让领土给辽，但答应将给辽的岁币每年增加十万银、十万匹绢。得到好处的辽反过来给西夏施加压力，要求其停止对宋的入侵。

元昊当时的处境并不好，内部兵民厌战情绪漫延，同时元昊也意识到彻底战胜宋朝又绝非易事，再加上与盟国契丹关系恶化，便借三次大胜之机与宋议和。开始宋朝提出的议和条件是西夏必须取消皇帝称号，依旧对宋称臣纳贡，遭到西夏方面的强硬拒绝。

公元1043年，元昊派六宅使伊州刺史贺从勖等到汴京与宋和谈，双方都不肯让步，所以和谈没有取得进展。此后，元昊又派如定、聿舍、张延寿、杨守素到汴京继续谈判。这样，双方你来我往，在"岁赐，割地、不称臣、弛盐禁，至京市易、自立年号、更兀卒称为吾祖，巨细凡十一事"等问题上，经过一年多的讨价还价，最后求同存异，和约终于成立。

宋夏和约议定后，元昊向宋进"誓表"，而宋仁宗也给元昊颁降了"誓诏"。同年十二月，宋朝派尚书祠部员外郎张子奭充册礼使，东头供奉官阁门祗候张士元为副使，前往西夏册封元昊为夏国主，赐"夏国主印"。至此，完成了宋夏和约的全过程。

合约达成以下主要内容：夏主对仁宗称臣，奉正朔；宋帝册封元昊为夏国主，并承认西夏现有领土；宋岁赐夏银七万二千两、绵帛十五万三千匹、茶三万斤；于镇戎军的高平砦和保安军，设置榷场，但不通青盐；双方以前所俘军民各不归还，今后如有边人逃亡，不得越界追逐；两国边境划中为界，界内听筑城堡。

宋夏和约的签订，西夏以对宋称臣的代价从宋朝那里换取了大量的好处，西夏获得的好处是实实在在的，虽然名义上向宋称臣，但实际上照样称帝。和议的签订，有利于双方经济文化的交往和发展。

第七节　夏辽贺兰山之战

西夏建国前，李继迁、李德明两代一直接受辽国册封。西夏也一直实行附辽抗宋的策略，元昊即位前，其父德明为了更进一步获得辽的支持，替元昊向辽提出联姻。公元1031年，辽兴宗将其姐姐兴平公主嫁给元昊，封元昊为附马都尉，晋爵为夏国公、西夏王。

但风流成性，妻妾成群的元昊对这位如花似玉的辽国公主却没什么感觉，两人婚后一直很不和睦。深受冷落，长期忧郁的兴平公主，积郁成疾，元昊非但不去看望，也不向辽兴宗报告。直到后来公主病死，元昊才向辽国汇报此事。辽兴宗闻讯大怒，当时就派人持诏"切责"元昊。自知理亏的元昊当时正与宋打得不可开交，害怕得罪辽国，于是极力讨好辽国，向辽国进献纳贡，以缓和与辽国的关系。

西夏建国后，随着西夏的不断发展壮大，辽与西夏的矛盾也越来越突出。公元1042年（夏天授礼法延祚五年）三月，元昊请辽发兵攻宋，以配合他对宋的军事攻击。但是因姐姐被元昊冷落以致病死的辽兴宗，只是象征性的派兵至幽州(今天津市蓟县），不再前进。元昊对此极为不满。公元1043年八月，辽境内夹山一带的党项部落岱尔族叛乱，辽几次出兵不能平叛，请求西夏出兵相助。西夏出兵帮助辽镇压了夹山部呆儿族的起义，但辽却将全部掳获之物独占，更加激起元昊对辽的怨恨。夏、辽两国之间的裂痕愈来愈大。

同年十一月，元昊煽动、引诱辽统治下的夹山南部地区的党项各部及呆儿族叛辽归夏。同时，又唆使呆儿族降户不断骚扰辽国的边境。公元1044年（天授礼法延祚七年)四月，辽山西五部节度使屈烈等举其五部投靠西夏，辽派遣使者要求西夏归还，元昊不给。五月，辽境内再次发生党项部落叛乱。辽兴宗派兵征讨，元昊出兵救援，杀死了辽招讨使萧普达等。辽兴宗大怒，从各地抽调数十万大军，会于西南边境，准备大举讨伐西夏。元昊由于和宋议和未定，两次遣使至辽入贡请和。兴宗将西夏来使扣押，并发兵屯宁仁、寇静(今山西朔县境)二镇，准备进军征讨。夏、辽之间要发生一场大规模战争已不可避免。

公元1044年十月，做好充分准备的辽兴宗率十六万七千辽兵，分三路攻夏：北院枢密使萧惠领北路军六万，皇太弟耶律重元领南路军七千，辽兴宗统中路军十万，计划一举灭夏。夏、辽两国仅隔一条黄河，再无城堡可守。辽国三路大军渡过黄河，长驱直入西夏境内四百里未遇抵抗，辽兴宗将主力部队驻扎在得胜寺南壁。辽军的前锋部队在贺兰山北麓与夏左厢军相遇，辽军前锋萧惠令殿前副检点萧迭里得、护卫经宿直古迭率骑兵迎击，元昊亲率精骑掩击，将辽军前锋部队团团包围。辽将萧迭里得甚是英勇，左冲右突，势不可挡。夏军阵势被其冲的大乱，辽军乘势掩杀，夏军溃败。元昊见辽军气势旺盛，且增援的辽军源源不断。于是，采取避敌锋芒、主动后撤、诱敌深入、伺机破敌的策略。元昊派遣使者去辽营谢罪请和，并主动提出后退十里，以麻痹拖延辽军的进攻。

辽兴宗令北院枢密副使萧革迓之进军河曲，元昊亲率党项诸部待命请罪，辽兴宗赐之酒，给其自新的机会。萧惠提议趁机将元昊捕获，而辽兴宗犹豫不决。元昊为了拖延时间，消耗辽军粮草，令西夏军三次后撤，每次三十里，每次撤退都烧光沿途的粮草，致使深入西夏境的辽军人马无法得到及时补给。

当深入西夏境的辽国兵马粮草供给日益困难，战马病饿死者将近一半，辽兴宗被迫接受西夏的议和时。元昊知道辽国的粮草也消耗得差不多了，又故意拖延了几天。后，令西夏军秘密向辽军靠近，突然发动反击。

辽军前锋萧惠率军迎战，杀死西夏军数千人，击退了西夏军的进攻，又兵分两路向西夏军掩杀过去，元昊率残兵千余勉强突围而出。辽军正乘胜追击，忽然狂风大作，飞沙走石，天昏地暗。古人迷信，认为这是不祥的预兆。契丹士兵惊惧不已，阵脚大乱。

西夏兵早已熟悉当地的风沙天气，立刻停止后退转而向辽军杀去，辽军溃不成军，人马践踏，死伤惨重。元昊乘胜率主力向辽军的大本营得胜寺南壁发动了猛攻，辽军溃败，包括附马萧胡靓在内的数十辽国贵族大臣被西夏俘虏，连辽兴宗本人的器服乘舆也都被元昊所获靓。辽兴宗本人只带数十骑狼狈逃脱，然后收集余部撤回了云州（今山西大同）。此次大战，发生于河曲（今内蒙古），故称"河曲之战"。

河曲之战，创辽立国以来损失之最，何况又是被自己附属国打败的。辽史中也只有简单几句，并没有说清过程的胜败。可见辽国上下视此战为奇耻大辱，成了心中不愿触及的痛。

此战，元昊战略战术运用得当，在敌强我弱的情况下，以退为进，先挫其锋锐，再伺机给敌以致命一击，最终先败后胜。反观辽国，虽然兵马众多，来势汹汹，但最高统帅辽兴宗优柔寡断，错失战机，又只知一味强攻。此外，从双方军队来看，西夏军队刚刚经历与宋朝的七年血战，连续三次大败宋军，士气高涨，作战经验极其丰富。反观辽国自从与宋朝签订盟约之后，已经长久疏于战阵，参战的辽军都是些不经战事、缺乏临阵经验的新兵，最终导致失败。

西夏军虽然大胜，但元昊深知此战胜得有些侥幸，如果不是一场意外的风，结局难以预料。虽然辽国在此战中损兵折将，但国力毕竟比西夏雄厚，等辽国缓过气的时候，随时有卷土重来的可能。元昊于是乘胜向辽提出议和，为了表示讲和的诚意，对俘获的辽国附马萧胡睨破例免除"劓鼻"之刑，"劓鼻"是西夏对战俘的一种割鼻惩罚和羞辱。不久，在辽兴宗的请求下，元昊将胡睨放回辽国。至于其他的辽军战俘，元昊将一部分用于交换被扣留的夏国使臣，一部分献给了宋朝，意为向宋示威，显示自己战胜了宋的强大对手，而且还有"嫁祸"的意味，把辽国俘虏献给宋朝，好像显得此战的胜利也有宋的功荣似的，以此恶化辽和宋的关系。所以，宋朝只接元昊献表，对战俘坚拒不要。

辽兴宗此战虽然败的有些窝火，但也认识到西夏已不是当初那个对自己唯命是从的小地方政权了，不是说灭就能灭得掉的。于是，顺水推舟，答应与夏议和。至此，宋、辽、西夏正式形成鼎立格局。

这场战争对辽国影响巨大，辽国战败不但激化了辽国内部矛盾，也使得统治区内的渤海、女真等部落开始蠢蠢欲动，刺激了女真部落的武力反抗。

至此，西夏经过先后战胜宋、辽两大强邻，真正建立了三国鼎立的局面。

第四章
开国皇帝元昊，是英雄还是暴君？

    是英雄亦是暴君，元昊率领党项铁骑数次以足以写进战争史的经典之战击败强大的宋、辽，打出了新生帝国的国威，奠定了与两强鼎立的格局。当帝国的开端正蒸蒸日上之时，有多英雄亦有多荒淫残暴的元昊，猜忌功臣，滥杀无辜，沉湎酒色，最终因霸占儿媳而死在最疼爱的儿子手下，国运急转直下。

第一节　效法统治，重用人才

元昊建国后，采取了一系列措施巩固其统治。首先，进一步调整中央官制。元昊建国前曾仿照宋朝官制建立了一套适合西夏国情的官制。建国后，元昊增设尚书省，设尚书令，尚书省下设十六司；其次，确立朝贺仪式，制定符合本国实际的朝廷礼仪。如朝贺，规定群臣"常参"为六日，入见起居为"九日"。朝贺时，宰相（必须由党项人担任此职）领班，文武百官依次排列朝谒、舞蹈、行三拜礼。行为不符合规矩的，要受到处罚。

元昊精通宋朝的典章制度，深知"以夷制夷"的重要性。西夏立国之初，很重视人才的培养和收罗。元昊除了十分重视在其统治境内招揽人才之外，还特别注意招揽重用宋朝投奔过来的失意知识分子、文臣武将。对于这些投奔西夏的宋人，或授以将帅，或任之公卿，对他们很是推崇。对于在战争中被俘的宋朝降官降将，不但不杀，相反，加以礼遇和重用。同时，在使用人才时，注意赏罚分明，量才录用，将被用者放在恰当的位置。《宋史·夏国传》记载元昊的"智囊团"有嵬名守全、张陟、张绛、扬廊、徐敏宗、张文显，除了嵬名守全是党项人，其余皆汉人。尤其是张元、吴昊两个人，元昊的治国方略、入侵宋朝的策略很多出自二人之手。

张、吴二人皆为宋华州华阴县（今陕西华县）人，才华横溢，胸怀坦荡，颇有侠士风度。他们常常夜游山林，一边散步一边吹着铁笛，凄厉尖锐的笛声连强盗听见都怕。年少气盛的他们和当时的许多读书人一样，要想飞黄腾达，经过十年面壁寒窗，一步步地通过秀才、举人、进士等科举考试，走学而优则仕的道路，以此来实现自己的抱负，光耀门庭。但张、吴二人却是累举进士而不第。

由于二人在科举上一再碰壁，时值宋夏边境战乱不断，二人决定投笔从戎。他们雇了几个人拖着一块大石板朝着边关赶去，石板上刻着二人怀才不遇的诗句，二人跟在后面，吟诗大哭，希望以此引起边关统帅的重视。那位边关统帅还真接见了他们，但是接见之后并没对二人重用，而是把他们送了回去。

回到家乡后，不知为什么事，张元被当地的县令打过一顿板子，这次侮辱让他下决心投靠西夏。抑郁不得志的他以诗明志："好著金笼收拾取，莫教飞去别人家。"这诗明确地表示宋朝廷弃人才而不用、他们将为异国效力的心情。在宋朝未获重视，张、吴二人发现西夏帝王李元昊有胆有识，能文善武，有韬略，有气魄，虽是党项羌人，却不拒汉人，对番汉官员一视同仁，爱才若渴，于是二人决定结伴去投奔他。

二人历尽艰辛来到西夏首都兴庆府，为了引起西夏王国统治者的注意，决定将元昊的名字拆开作为自己的名字，分别取名张元、吴昊，再加上两人穿戴着中原书生的服饰，十分惹眼。他们整天在西夏都城的一些酒馆里狂喝豪饮，然后故意在墙壁上书写"张元、吴昊饮此"。巡逻的蕃兵一看"元""昊"二字，不禁吓了一跳，便秘密将他们拘捕，直接带到了元昊那里。

元昊听说原委后，大怒道："胆大狂徒，你们从大宋过来，难道不知道在入国前要问一下避讳吗？"

张、吴二人豪无惧色，反唇相讥道："您连自己的姓氏尚且都不理会，还理会名字做什么？"

这正戳到元昊的痛处，他们本来没姓，自己造了个北魏鲜卑的姓——拓跋；后来归依李唐王朝，皇帝赐姓李；入宋之后，又由赵家皇帝赐姓"赵"，实际上等于无"姓"之人。元昊听出了话外之音，不以为忤，反引将二人引入内室深谈，甚为投机。元昊决定授予他们官职，并加以重用。

张元、吴昊投奔元昊后，屡献攻宋之策，但此时的北宋皇帝宋仁宗并没有缉拿他们的家属，反而赐其钱米，希望他们二人能被感动，回头是岸。但宋朝的这些措施没有收到任何效果，后来就把他们的家人秘密看管了起来。元昊得知后，特派专人乔装打扮，潜入宋境，冒险将他们解救出来，安全护送到兴庆府，使其全家团圆。当二人家属到达时，元昊还派出骏马轻车和官员乐队去迎接。元昊此举不仅令张、吴二人感动万分，解除了后顾之忧，更是吸引到更多的人才来投奔西夏。

西夏侍从像：供养人身后是三身少年侍从像，一位头上挽发髻，两位侍从髡发，这是党项族的传统发型。

张元后来做了西夏的太师、尚书令、国相。和元昊一起指挥了著名的好水川战役。张元曾有一首《咏雪》诗流传后世："五丁仗剑决云霓，直取银河下帝畿。战退玉龙三百万，败鳞残甲满天飞。"此诗极具想象力，气象万千。毛泽东在《念奴娇·昆仑》时有一句"飞起玉龙三百万，搅得周天寒彻"，就是从"战退玉龙三百万，败鳞残甲满天飞"而得。

清人吴广成的《西夏书事》记载：张元屡次建议元昊，联合契丹，攻击宋朝，先取关中之地，然后直挥师南下。《宋史》中只模糊言及，"华阴人张元走夏州，为元昊谋臣"。

在尊重知识、重视引进外来人才的同时，元昊大力兴办"蕃学"，培养了大批人才。缩小了党项与汉族之间的文化差距，提高了党项族的文化水平。

这些措施对完善西夏的蕃汉联合统治政权和加速西夏政权的封建化过程具有重大的促进作用。历代西夏统治者对人才的高度重视，也是其立国长久的重要原因之一。

除了大力引进汉族知识分子和设立蕃学培养党项人自己的人才之外，元昊和中原历代统治者一样，也把佛教作为自己政治统治的重要补充手段。据有关史料记载，元昊本人就通晓佛学。西夏建国前夕，元昊就派人向宋朝乞请佛教大藏经，西夏文字创制后，又组织人员将汉文佛经翻译成西夏文，这样就方便了佛教在西夏境内的流传和发展。

在元昊立国称帝初年，就曾令人广搜佛舍利，造龛立塔，以示供养。当时所建的连云舍利塔，是西夏帝国最早建造的佛舍利塔。元昊的汉族谋臣张陟曾为该塔撰写了一篇铭文，内容大多是称赞元昊的。除了翻译佛经、修建佛舍利塔外，元昊还特别注意招揽重用僧人为其服务，特别是对回鹘高僧尤其重视，组织翻译佛经的人员中大多是回鹘僧人，这些回鹘僧人对西夏佛教事业的发展起到了重要的推进作用。

西夏陵区出土的观音菩萨像

　　元昊在对宋发动大规模作战前，曾借用五台山敬佛的名义以探得攻宋路线，使得佛教掺杂了部分政治和斗争。元昊还下令每年四季之孟朔日为圣节，令西夏官民于该日礼佛，这种强制性的命令手段参佛，使得西夏的佛教信仰在全国范围内掀起了一个高潮。

　　西夏佛教的盛行，首先与统治者的重视和带头信仰是分不开的；其次也受到周边信佛的邻国的影响，如当时的回鹘、吐蕃政权和宋朝佛教都很兴盛。此外，由于西夏存续期间，对外战争频繁，西夏人民饱受战争灾难，为了寻求精神上的寄托，比较容易接受佛教。

　　西夏在注重自己民族传统文化的同时，积极吸收其他民族的文化，特别是对汉族和藏族文化的吸收。西夏境内汉文、藏文、西夏文并行。西夏统治者既提倡儒学，又大力弘扬佛教，这使得独具民族特色的西夏文化成为中国中古时期历史文化灿烂辉煌的组成部分。

第二节　魔鬼天书——西夏文

　　党项族在内迁之前仍处于"逐水草而居，不知庄稼五谷"的较原始社会状态。内迁后，由于长期受到中原先进文明的影响，社会经济和文化都得到了快速的发展。在西夏立国前相当长的时间里就形成了较独立的地方政权，随着对外交流的频繁，它们迫切需要记录本民族语言的文字以便交际。另外，西夏统治者创制文字，也是为了与其他国家平起平坐，在交往过程中不显得低人一等。再次，为了稳固统治和提高党项人的民族意识，西夏文字应运而生。

　　但神秘的西夏文字究竟创于何时、为谁所创，在汉文史书记载中相互抵牾。一类认为是李德明时期创制。《辽史》记李德明"制蕃书十二卷，又制字若符篆。"这里所谓的"蕃书"，即指西夏文。另一类认为是元昊时期所创。《宋史·夏国传》记载："元昊自制蕃书，命野利仁荣演绎之，成书十二卷，字形体方整类八分，而画颇重复。"此外，还有北宋著名政治家沈括所著的《梦溪笔谈》，北宋曾巩所著《隆平集》，南宋李焘所撰北宋九朝编年史《续资治通鉴长编》，都记载是元昊时期所创。

　　综上，在西夏文创制的时间上比较一致的看法是创制于元昊时期。原因是元昊十分重视党项人的本民族特点，为此进行了大量的改革，并把创造文字当作西夏立国的前提条件。元昊称帝后，给宋朝的表章中有"臣偶以狂斐，制小蕃文字，改大汉衣冠"，是西夏文为元昊时期所创的又一有力证明。也就是说，西夏人自己的记载也证明了西夏文字创制于元昊时代。

　　而关于西夏文字为谁所创这个问题，一种观点认为是元昊，另一种观点认为是野利仁荣。忙于征战和立国的元昊不太可能有时间创制繁难的西夏文字，所以应该是在元昊的指示和大力支持下，野利仁荣主持创制的可能性更大。

西夏文字创制后，被元昊尊为"国字"，上至官方下至民间都要用西夏文字。为了推广和应用西夏文字，元昊还设立"蕃学"，由创制西夏文字的野利仁荣主持，教授西夏文。又组织人员把汉族的儒家典籍和大量的佛教经典翻译成西夏文。在元昊的强力推动下，西夏文字在西夏境内迅速流传开来。

在西夏帝国存续期间，西夏文字一直得到广泛的应用。西夏灭亡后，西夏文字的使用并没随帝国的消亡而立即停止。在西北党项故地和党项人流散聚居的地区仍在流行、使用。随着党项人民逐渐与其他民族融合，西夏文字的使用和流传越来越少，直至彻底消亡，成为死书。从西夏文字创制到停止使用，前后大约经历了500年。

然而让这部死书复活的是，有西夏文明标本之称的黑水城的发现。黑水城遗址在内蒙古自治区额济纳旗，是西夏人所筑。黑水城党项语称"额济纳"。传说西夏著名的黑将军在此英勇守城，在蒙古军队破城前，将数十车金银珠宝连同自己的家眷一同埋藏在城中的一座枯井里，以免落入敌手。之后率众破墙打洞突围，在城外的树林里，与敌军相遇，经过英勇搏杀，最终全军覆没。黑将军的藏宝故事在民间流传开来，神秘的传说也吸引了大批西方探险者前来寻宝。

1908年，俄国探险家科兹洛夫受沙皇指派，率领全副武装人员来到中国北部，以考察动植物为名，实为探寻黑水城。他们从甘肃张掖出发，到达了黑水城遗址。在城里的街道、庙宇等地进行了挖掘，很轻松地就挖掘到了大量的文书、经卷、钱币、绘画等文物。他们当时并没有意识到发现的就是传说中的藏宝之城黑水城，只是把发掘的文物寄回了俄国，然后就离开了那里。

当这些珍贵的文物呈献在俄国科学院的专家们面前时，他们震惊了。虽然他们不认识文卷上的西夏文字，也无法确定这些发现属于中国的哪个朝代，但他们意识到这次发现的巨大意义。于是立即发出电报，指令科兹洛夫马上返回黑水城。

黑水城遗址

　　1909年6月，科兹洛夫再次率领考察队进入黑水城遗址，进行了时间更长、范围更广、更为细致的挖掘。在对城内进行地毯式的挖掘后，他们把目光瞄向城外的古塔。令人震撼的奇迹出现了，他们意外地发现了古城外的一座佛塔，整个塔内堆满了大量的文物、文献，俨然一座古代的博物馆或图书馆。科兹洛夫在日记中记录他当时的激动心情："我永远不会忘记那一刻欣喜若狂的心情"，忍不住惊呼"伟大的塔"。发现这座"伟大的塔"之后，科兹洛夫在城外见塔就挖，进行了一阵野蛮性的挖掘后，围绕黑水城近千年的佛塔80%被损毁。经过九天的疯狂盗掘后，科兹洛夫将这些数不清的、无法估量其价值的珍贵文物，分批运到了俄国的圣彼得堡。这些珍宝数量巨大，俄国学者花了数十年的时间，将这些浩繁的文献编了八千多个编号，数千卷册。

西夏供养菩萨像

　　科兹洛夫在圣彼得堡展出了他从中国黑水城带回的文物文献，引起巨大轰动。黑水城文物的发现，开启了西夏学研究的一扇大门。黑水城文献与甲骨文、敦煌文献、汉简并称为20世纪中国历史四大文献发现。

　　科兹洛夫的巨大发现，在奠定了西夏学研究的基础的同时，也刺激和鼓励了更多的西方冒险家前去探宝。1911年，著名的英国探险家斯坦因，也在黑水城掘走了大量的文物，现藏于大英博物馆，斯坦因写的《中国沙漠中的废墟》一书对此做了详细记载。1917年，在宁夏灵武县也发现了大量的西夏佛经，大部分留在了中国国内，有一小部分流入日本，其中有重要的《蕃汉合时掌中珠》和西夏文字典《音同》。

　　黑水城的发现和这些珍贵文物的重见天日，让曾经消亡的有死书之称的西夏文开始被艰难的破译，重又慢慢复活。俄国著名汉学家伊凤阁教授，在成堆的文献中发现了一册《蕃汉合时掌中珠》，这是西夏文、汉文的双解词典。通过这本西夏文词典，他们很快得出，这批珍贵的文献来自于一个古老的王朝——西夏。

　　西夏文字其实并不是在黑水城才首次重见天日，在北京郊外著名的居庸关下，有一座用汉白玉石砌成的精美云台。云台座的门洞宽宽六米多，可通马车。门洞内壁由巨石砌成，上面刻有六种文字，其中有五种文字早已为人所知，分别是梵文、汉文、藏文、八思巴文、回鹘文，还有一种奇怪的文字却不为人知。1870年，英国人伟烈考定认为这种文字是"女真文字"。1882年，法国学者德维利亚判定这种文字不是女真文，并首次提出可能是西夏文，但他不敢确定。直到13年后，他再次撰文论述了这种文字是西夏文，但仍难决断。

　　当英、法学者还在争论不休时，近一个世纪前的清朝著名西北史地学者张澍就已经能识别出西夏文。1804年，张澍在家乡武威养病。在与友人共游清应寺时，见寺内有碑亭，前后砌砖，被严密地封闭了起来。张澍大奇，恳请寺内和尚拆封，但无论他怎样请求，和尚就是不答应。原来当地传闻，此碑不能拆封，否则会有风雹之灾。张澍求知心切，提出如有灾祸，愿意自己承担，和尚这才答应。拆开砌砖后，一个巨大的石碑显露出来，上面刻满了奇怪的文字，乍看之下，似乎都能认识，细看则无一字可识。碑的另一面则刻有汉文，建碑年款是："天祐民安五年岁次甲戌十五年戊子建。"天祐民安是西夏崇宗乾顺的年号，张澍以此断定碑前所刻的奇怪文字就是西夏文字。这个石碑就是有名的"重修凉州护国寺感通塔碑"。

　　张澍的这一重大发现，使得已经死亡的西夏文字又重新为世人所知。张澍也因此成为第一个能明确识别出西夏文字的学者。但是，张澍的重要发现在当时并未引起学术界的注意。法国学者德维利亚直至1898年考证了《凉州碑》后，在《西夏国字研究》一文中才确认这种文字就是西夏文，距张澍发现《凉州碑》已近一个世纪。

随着越来越多的西夏文献被发现，特别是西夏时期编撰的各种字典，包括《文海》、《音同》、《蕃汉合时掌中珠》等公之于世，促进了对西夏文字的破译工作。现存的西夏文字有六千多，大多笔画繁杂，现在百分之九十以上的文字都被认识，西夏文献的解读也变得越来越容易。伴随着大量文献被解读，那个神秘的"大夏"王朝在世人面前变得渐渐清晰。

第三节　蕃汉联合统治，独具一格

蕃汉联合统治是西夏的重要历史特点之一，所谓的蕃汉联合统治，指的是以皇族鲜卑拓跋氏为核心，以党项羌为上层主体，同时联合吐蕃、回鹘上层以及汉族地主阶级，共同治理西夏国家，剥削奴役各族广大劳动人民。

西夏的这种蕃汉联合统治方式，并非自元昊立国开始，早在他的祖父李继迁重建夏州政权之时，就已经初步建立了这种统治方式。李继迁在叛宋之后，自立后即仿照宋朝的官制建立州县，设置汉官，如设指挥使，团练使、刺史、行军司马、兵马使等。此外，还大量吸收汉族地主阶级知识分子如张浦、刘仁谦等参加联合统治。这一统治措施有利于团结各族人民，大大加强了李继迁的实力，对李继迁统一党项诸部，迫使宋朝交还银、夏、绥、宥、静五州，重建夏氏地方政权，起了极为重要的作用。从李继迁的统治机构中的人员构成来看，十一人当中，其中汉姓占了三人，党项姓战四人，属于鲜卑拓跋氏者二人，说明在当时的联合统治中，以蕃为主、以汉为辅。而且汉族人担任的都是些文职，军权则掌握在蕃族手里。

到李德明时期，蕃汉联合统治明显有所发展。他以左都押牙张浦行军左司马、绥州刺史，赵保宁兼右司马指挥使，贺承珍兼左都押牙，刘仁昂为右都押牙，破丑重遇贵为者知落蕃使，自文寿、贺守文为都知兵马使，何宪、白文赞为孔目官，郝贵、王曼为牙校，复以李继瑗为夏州防御使，李延信为银州防御使，其余升赏有差。以上表明李德明对李继迁时期的蕃汉联合统治，做了进一步的完善和补充。但是从人员构成上看，这次的名单上十一个人，其中蕃姓仅占三人，汉姓却占了八人，说明德明时期的统治机构是以汉人为主的，而且取消了李继迁时的预设，均为实授，并新增了孔目官。

经过李继迁、德明两代统治者的发展，西夏的蕃汉联合统治虽然有了一定程度的发展，但相对来说官制还是很简单。到了元昊时，由于统一了河西流域，扩大了疆域，境内民族增多，除党项和汉族外，还有回鹘、吐蕃等族，原来较为简单的官制设置已经不能满足新的统治要求，元昊针对这一情况，决定设立汉官和蕃官两套制度。

汉官：据《宋史·夏国传》记载，汉官分文武两班，中书、枢密、三司、御史台、开封府等。到公元1039年，元昊又进一步改革官制，设尚书令总理庶务，又改宋朝的二十四司为十六司，分理六曹。

蕃官：据《西夏书事》记载，地方官的设置为州县两级，州设刺史、通判，县设县令等官。中央机构中，元昊任命十二人，汉人占其七，蕃人占其五。但是，从中央到地方掌控兵马者均为党项人，说明西夏统治者认识到军权的重要性，只有将军权牢固地掌控在党项人手里，才能有效地行使西夏国家的统治权。

元昊以后的蕃汉联合统治从性质上看变化不大，大体上承袭了元昊所确立的制度。在个别之处做了一些补充和完善。毅宗时期，增设了各部尚书、侍郎、南北宣徽使等职，其蕃号官名也新增了昂摄、昂星、阿尼、芭良等。乾顺亲政以后，仅使用汉官名称，不再使用蕃号官名。仁孝时期，进一步将政府机构分为五品：上品、中品、下品、末品、不入品。西夏的蕃汉联合统治经过多代统治者的补充和完善，日渐成熟和定型。

西夏的官制虽然参考宋朝官制而设，其官制多与宋同，但又非完全照搬。与宋朝相比，主要有以下几点不同：一、西夏两种官制并行，但并不等同。二、宋朝官职除边疆少数民族外，自中央到地方均为汉人担任，而西夏担任汉官者中，既有汉人，也有蕃人，大体上自中书令、宰相、枢密使、御史大夫、侍中、太尉及以下皆命蕃汉人担任。三、一些官职名称与宋名大同小异。四、宋朝的地方官制为州县两级，西夏虽然也实行州县两级制，但在一些州还设有专门管理当地少数民族的郡和府。如元昊以肃州为蕃和郡，以甘州为镇夷郡，置宣化府，以便对当地的回鹘和吐蕃等少数民族进行管理。

西夏之所以产生蕃汉联合统治是由西夏特定的客观历史条件决定的。一是在西夏统治区域内，居住着党项、汉族、吐蕃、回鹘、鞑、吐谷浑等民族。这些族的统治者都占有一定数量的土地，或者拥有一定数量的牧地和牲畜。这些统治阶级为了维护各自的经济利益，镇压农牧民的反抗，都需要直接或间接地参与政治管理，加入到西夏的统治阶层中去，共同行使对压迫阶级的统治权。二是作为西夏国家的主要组织者和领者——鲜卑拓跋氏，无论其统治经验和文化水平都远不及汉族地主阶级，加上在立国前后相当长的一段时间里缺乏各种人才，在这种情况下，要想有效地维护其统治，仅仅让党项、吐蕃、回鹘等族参与政权是远远不够的，必须让汉族地主阶级知识分子为其效力。

蕃汉联合统治是西夏的一大历史特色；西夏境内经济基础薄弱，难以自给自足，对外依赖严重是其又一大历史特色。夏之境土，方两万里，河之内外，州郡凡二十有二，在这广阔的疆域里，各地经济发展差别较大。西夏经济主要以畜牧业为主，农业主要集中在宁夏平原、河套平原、河西走廊。总体上来看，西夏的农田总面积并不大，很多地区不适合耕种。西北少五谷，那时候军粮十分短缺。由此可见，农业生产在西夏社会中尚不能自给自足。农业又受自然环境影响巨大，西夏境内恶劣的气候条件也进一步制约了农业的发展。

西夏立国前，夏州地方政权对外依赖严重，如周世宗时期，府州防御使折德衰入朝，世宗置永安军于府州，折氏晚出，李彝殷恶其职与己埒，派兵阻挠其通过。世宗与宰议论时说："夏州产羊马，日常用品要依仗我们，我们如果断了供给，他们能怎样！"于是遣使持招责问。彝殷听到后十分害怕，赶忙撤兵谢罪。这一事件充分说明夏州地方政权在经济上对中原地区的严重依赖。

西夏立国后，这种依赖有所减轻。但是西夏的经济基础依然十分薄弱，加上西夏立国后，对外战争不断，阻碍了本国的经济发展，其生产的物品根本满足不了国内人民的需要。突出表现在对宋朝的"互市"和"岁赐"上。由于宋朝因战争而停止双方互市，导致西夏境内物价飞涨，急需品匮乏，人民生活穷困。元昊多次对宋取得重大军事胜利后却主动向宋请和，这与其对宋的经济依赖有很大的关系。母党梁氏专政期间，宋朝废和市、岁赐，致使西夏财用困乏，秉常被迫臣服。乾顺初期，由于与宋军事冲突不断，宋朝又采取经济封锁的措施，后来乾顺被迫上表求和。由此可见，西夏经济对宋具有严重的依赖性。

在西夏政权存续期间，对外战争频繁是西夏的又一大历史特点。西夏的建立就是完全依仗武力不断向外扩张的结果，攻占了富饶的兴灵、河套、甘凉等地后，西夏才有立国的基础和与宋、辽对抗的资本。立国后，西夏屡次发动对宋的战争，就是以争夺土地、人口和财富为目的。西夏境内相对贫瘠，富饶的中原无疑对其具有极大的吸引力。西夏后期与金关系破裂的原因也是多方面的，其中的一条重要原因就是想乘蒙古进攻金之时，用武力攻取金国土地。

西夏经济薄弱，人口少，自然环境恶劣，这说明西夏的立国基础并不稳固，但西夏政权存续期间却很长，这也是其一大特点。西夏从元昊正式立国到灭亡，前后长达190年，如果从拓跋思恭被封为夏州节度使正式割据一方算起，西夏政权则有三个半世纪，比整个宋朝时间都长，也远超过金、辽、元的立国时间。

西夏统治时间长的原因应该是多方面的，其中主要的一点是与西夏人的尚武精神和全民皆兵有关，西夏历代统治者对人才的重视也加强了其统治。另外，西夏立国长久也与其自身所处的特殊地理位置有关，西夏四周多为山脉、荒漠，地势险要，易守难攻，构成了天然屏障。险恶的地理环境一方面制约了西夏经济的发展，另一面却又有利于西夏的防务，对延缓西夏的灭亡起到了一定的作用。

第四节　是英雄，更是暴君

雄才大略、文武全才的党项帝国缔造者元昊，文治武功，卓有成效。为了排除异己，防止外戚篡权，元昊实行"峻诛杀"的政策。他生性多疑，猜忌功臣，独断专行，稍有不满非罢即杀。所以，元昊是党项人民心中的英雄，同样也是一个十足的暴君。

卫慕族是银、夏两州一带党项部落中最显赫的一族。早在元昊的祖父李继迁时，就与其联姻，元昊的母亲也是卫慕氏。元昊袭位后，卫慕族的首领卫慕山喜不满元昊的统治，仗着家族的势力和宫中皇太后的显赫地位，密谋图反。

公元1034年，山喜密谋杀害元昊篡权，不料机密泄漏。元昊将山喜一族绑上石头沉入黄河，并连自己的母亲卫慕氏也以毒酒鸩杀。当时元昊的表姐兼妃子卫慕氏劝他不要做杀害自己亲生母亲这样的残忍行为，元昊不听，为了斩草除根，元昊想将其一并除掉，因当时卫慕氏怀有身孕，便将她囚禁了起来。公元1035年，卫慕氏生下一子，元昊听信野利氏诽谤说孩子不像元昊，而残忍地将卫慕式和所生婴儿一并杀害。

在元昊正式称帝建国前，"每举兵，必率部长与猎，有获，则下马环坐饮，割鲜而食，各问所见，择其所长。"这句话说明当时的元昊每逢战前，就与诸部落首领开会商讨，还会听从他们的意见，但是当他称帝建国后，随着封建专制主义制度的逐步建立，大权独揽的元昊开始独断专行，不允许部下有不同意见。

山遇惟亮，是元昊的叔父。与其弟惟永分掌西夏左右厢兵，在西夏位高权重，多次为西夏立下战功。公元1038年（夏大庆二年）七月，元昊召集党项诸豪酋於贺兰山会盟，提出称帝一事。山遇惟亮进言，说中国地大物博，而我们所在的地区物品匮乏，弓马之技奈何不了他们，打起仗来，不出一二年间一定会坐困，与其这样，不如安守藩臣，享受岁贡，这才是国家的福气。

元昊无法容忍军政大臣与自己不一心，密谋将山遇除掉。为了孤立山遇惟亮，元昊利诱惟亮的堂弟惟序道："山遇要造反，我现在将他的官职授予你，你若不接受，就灭了你们一家。"惟序不忍手足相残，暗中将此事告知惟亮。山遇惟亮自觉走投无路，决心投奔宋朝。

惟永对山遇惟亮投奔宋朝的决定提出看法："宋朝人不知元昊的所作所为，肯定也不会相信你，那么你一定会陷入危难之中。"

山遇惟亮叹息着说："事情到了这个地步，已经是不得已的事情。如果宋朝能接纳我就是他们的福气。"

惟亮派心腹持密信同宋金明巡检李士彬取得联系。然后动员家人准备降宋，他的母亲独孤氏说："我都八十多岁了，不能和你一起去了，否则拖累你，你就把我放在家中，将我火化了吧。"

山遇惟亮只得遵从母命，然后强忍悲痛带着妻子野利罗、儿子阿遇连同亲属二十二人，以及随身携带的珍宝、名马，急匆匆地向宋境奔去。

当山遇惟亮一家到达宋保安军（今陕西志丹县）地界时，保安知军朱吉，立即将此消息告知延州知州郭劝。元昊害怕山遇的叛变，会被宋朝利用而进攻西夏，于是亲率军进驻宥州，在做好防御的同时，也给宋朝施加压力。郭劝见西夏屯兵边境，山遇又来降，怀疑是诈降。于是，郭劝就将他逮捕，并派监押韩周率兵押送惟亮等人回西夏。韩周在宥州城外的镊移坡，将山遇惟亮交还西夏。公元1038年夏九月，元昊令人将山遇及他的家人绑在山坡上，用乱箭射死。

　　山遇惟亮死后一个月，元昊正式登基称帝，建立了雄霸西北的西夏王朝。元昊坐上帝位之后，为了巩固自己的统治，对各诸酋豪强的控制越来越严，其中包括势力最庞大的野利家族。野利家族的首领野利兄弟是元昊之妻野利皇后的兄长，野利旺荣统率左厢军，号称"野利王"，野利遇乞统领右厢军，号称"天都王"。两人均是元昊的心腹大臣，各自统领一部战斗力很强的精兵。元昊发动的三川口、好水川之战所采用的诱敌深入和设伏以待的战略战术，均出自野利兄弟。在对宋的多次战争中，野利家族战绩显赫，成为宋朝边防将士的心腹大患，急欲除之而后快。当时元昊与野利氏之间已经存在矛盾，因为元昊宠爱新皇后没移氏，而冷落了野利氏，引起了野利兄弟的不满。宋朝清涧城守将种世衡得知后，决定用反间计，诱使元昊除掉野利兄弟。

　　种世衡，字仲平，河南洛阳人，深受范仲淹赏识。因筑城有功，晋升为内殿承御，镇守清涧城。恰好此时野利旺荣派浪埋、赏乞、媚娘三人前来诈降。被种世衡识破，于是将计就计，巧妙策划了一条连环计。

　　公元1041年（夏天授礼法延祚四年）六月，种世衡找到一个叫王嵩的和尚，王嵩本名王光信，是清涧城的一名僧人，勇武善骑射，熟悉蕃部山川道路。种世衡知清涧城时，曾让其做向导，数次大败蕃部，奏请朝廷给其三班借职，并改名为"嵩"。种世衡派他到野利旺荣处，王嵩呈上种世衡写给野利的书信，然后道："浪埋等已至，朝廷知王早有向汉心，已授阁下为夏州节度使，俸月钱万缗，旌节已至，趣其归服。"说完，又递给旺荣枣子和龟，喻以早日归附之意。旺荣惊惧不已，不知道种世衡葫芦里卖的是什么药，旺荣不敢将此事隐瞒，于是亲自押送王嵩去见元昊，将此事详细地向元昊做了汇报。

　　元昊将王嵩关入大牢。生性多疑的元昊还是对旺荣产生了怀疑，找借口将野利旺荣扣下，并秘密派心腹教练使李文贵冒充是野利旺荣的人去见种世衡，以探虚实。文贵到了延州之后，种世衡刚好去了青涧城。文贵对留守的庞籍说，自西夏用兵以来，国困民乏，两国修和是民心所向。庞籍怀疑有诈，便找借口将李文贵留了下来。

公元1043年（夏天授礼法延祚六年）正月，宋仁宗想要庞籍招纳元昊，庞籍则认为，元昊方胜而骄，若主动遣人说和，和谈会变得很被动。于是庞籍召来李文贵，对他说了一些很有吸引力的招纳的话，文贵表示，如果能够让党项人得到想要的利益，他们一定会愿意休兵。文贵回去后，将庞籍的意思转告元昊。元昊听后大喜，将王嵩放了出来，赐予厚礼，并让他与文贵等人回延州请和，元昊还是不答应削去帝号。庞籍以其言太过放肆，而未敢上报朝廷。夏使称仁荣为"太尉"。

元昊自王嵩离间以来，一直怀疑旺荣有反叛之心。同年九月，元昊因事将旺荣赐死，并杀其全家。

种世衡得知野利旺荣被元昊杀掉后，接着又精心策划，顺势除掉野利遇乞。种世衡得知野利遇乞与元昊的乳母白姬有矛盾，遇乞曾带兵深入宋境数夜未归，白姬得知后添油加醋地报告元昊说野利遇乞欲叛，元昊疑而没发。种世衡知道野利遇乞因屡立战功，元昊曾赐其一口宝刀，于是重金收买党项人西酋苏吃囊，吃囊的父亲是野利遇乞身边的红人，世衡以金带锦袍和高官引诱吃囊将宝刀盗回。接着写了一篇祭文刻在木板上，大意是痛悼野利旺荣，多述野利兄弟有意归附宋朝，却功败垂成，劝野利遇乞早日归附宋朝，免遭元昊毒手。然后派人于夜间在边境上大张旗鼓地祭吊，焚烧的文杂纸币照亮了山谷，被西夏的巡逻兵发现，迅速赶到祭吊的地方，宋兵故意丢下祭文等器具及宝刀。夏国巡逻兵将这些器具和尚未烧掉的木板，还有野利遇乞的宝刀一并交给元昊。元昊见刀大怒，将野利遇乞赐死。

一代西夏名将野利兄弟，其实也并不完全是死在种世衡的反间计下，其根本原因还是元昊对手握重兵的部落豪酋不放心，一面要利用他们为西夏攻城掠地，一面又担心他们对自己的统治造成威胁。种世衡的离间之计，不过是利用了西夏统治集团内部的激烈矛盾。元昊本就对手握重兵、权倾一方的野利兄弟心存芥蒂了，种世衡的反间计起到了一种火上浇油的作用，激怒了元昊痛下杀手。

第五节　元昊之死，暴君陨落

晚年的元昊逐渐从一个令人敬仰的英雄堕落成为沉湎酒色、不问政治的荒淫暴君。

党项人爱酒，酒也是西夏社会活动中的重要内容，党项人以饮酒为乐，常常边喝酒边谈国家大事。酒也是党项人祭祀活动中的必备之品，由于西夏科学文化较为落后，祭祀活动众多，主要有四种：一是祭天，二是祭祇，三是享人鬼，四是祭先圣先师，无论哪种祭祀都要准备大量的酒当祭品。党项民族是一个尚武复仇的民族，仇家和解后，要将猪、狗血掺入酒中，倒入骷髅里，双方共饮，并发誓不复仇。节日岁庆之时，党项人聚会宴饮更是必不可少，按年龄辈分老少相坐而不管地位尊卑，开怀畅饮，毫无顾忌。

元昊如果调集军队，需召集部落首领共同与猎，然后刺血盟誓，以表决心。西夏对将士斩敌首级立功者，也不过赐美酒一杯，酥酪数斤。可见，饮酒对西夏人来说不只是一种物质享受，而且在联系部落间的团结和发扬尚武精神上起着其他财物无法替代的作用。西夏人不但自己爱饮酒，还利用酒来引诱敌人。西部少数民族有"嗜酒"的特点，元昊令部下酿酒引诱宋夏边境的党项、吐蕃人叛宋投奔西夏。元昊也如大多数党项人一样特别喜欢饮酒，在其统治后期，更是嗜酒如命，纵情声色。

元昊的第一位妻子是卫慕氏，因卫慕山喜的谋反而被元昊所杀。第二个妻子是辽国的兴平公主，因为和元昊感情不睦，后来病死，并引发了辽夏之间的一场大战。第四位妻子索氏，也是党项有名的大族，但是婚后和元昊的关系很不好，可能是因爱生恨，不受宠的索氏十分憎恨元昊。元昊带兵征战牦牛城时战败，误传到宫里的消息说元昊战死，索氏听说后，不仅不悲伤，反而喜形于色，天天在府内弹琴、跳舞。后来，元昊安全返回，她因惧怕元昊治罪而自杀，元昊还不解恨，又将她的全家全部杀死。

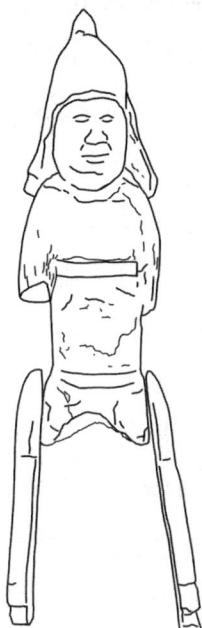

西夏文物：木头人

元昊还有一位妻子咩迷氏，来自于一个党项的小部落，刚嫁给元昊不久就被厌弃，独自搬到夏州的王庭镇居住，生有一子名叫阿哩。不知为何，元昊并不喜欢他们母子。阿哩成年后，深为母亲所受的不公遭遇感到不满，对元昊怀恨在心，于是聚众谋反，图谋杀掉元昊，结果被族人鄂桑格告发。元昊派兵捉住阿哩后将其沉河杀死，并派人去王庭镇赐死了咩迷氏。

元昊的第一任皇后野利氏，是来自党项部的名门望族野利部。野利氏不仅姿色出众，而且有勇有谋，曾随元昊出征，深受元昊喜爱。她喜欢戴"起云冠"，元昊不仅令专人打造，而且下令国内只准野利皇后一个人戴这种冠。野利氏后来被元昊立为宪成皇后。

野利氏生有三子，长子宁明，次子宁令哥，三子薛埋，早夭。元昊称帝建国后，册封长子宁明为太子，宁明聪慧好学，深明大义，宽厚仁慈，喜学儒、道。但元昊嫌其书生气太重，缺少帝王之气。

一天，元昊问宁明，什么是养生之道。宁明答："不嗜杀人。"

元昊又问他，什么是治国之术。宁明答："莫善于寡欲。"

元昊心生厌恶，说："这小子胡言乱语，不是成就霸业的材料。"后来，宁明随定仙山道士路修篁学习辟谷法，而走火入魔。元昊对他更加厌恶，不许他入见。宁明因此而心生恐惧，不多久，因为修道气忤而死。宁令哥外表酷似元昊，性格骄横霸道，但元昊对他十分宠爱。宁明死后，野利皇后请元昊立宁令哥为太子。公元1042年，宁令哥被立为太子，从小被娇纵惯养的宁令哥更是有恃无恐，为所欲为。

野利遇乞的妻子没藏氏，气质高雅，美艳无比，生性放荡，喜欢治游，是党项部落中出名的美女。在野利遇乞被杀后，没藏式躲到三香家寺院出家。野利皇后在元昊面前哭诉旺荣兄弟无罪。元昊也意识到杀错了人，心下亦有悔意，于是下令四处寻找野利后人，加以善待。后来找到了没藏氏，元昊一直垂涎她的美色，便将她接回了宫中，占为己有。

野利皇后本来就对元昊杀死自己的哥哥心存不满，现在又发现元昊和自己以前的嫂嫂有私情，更是气愤难平，但她不忍心将没藏氏杀掉，便逼她到兴庆府戒坛寺出家为尼。元昊便经常以去寺中参佛为借口，继续与没藏氏私通密会，并经常毫无顾忌地带她外出狩猎。

公元1047年，没藏氏在随元昊出猎途中生下一子，因其营帐安扎在两岔河边，故取名为宁令谅祚。"宁令"为党项语欢喜之意，谅祚为两岔之谐音。谅祚出生后，元昊将他寄养在没藏氏的哥哥没藏讹宠家里。讹宠以野利遇乞的部属汉人毛惟昌、高怀正之妻为小谅祚的乳母。没藏讹宠也因为妹妹没藏氏得宠而被元昊提拔为国相，成为一人之下万人之上的百官之首，没藏讹宠趁机将自己的亲属子弟安插到一些要害岗位。

宁令哥长大成人后，公元1047年五月，元昊为宁令哥娶党项大族没移皆山的女儿为妻。他在儿子宁令哥的成婚大典上见儿媳妇年轻貌美，楚楚动人，按捺不住，竟然将儿媳妇强行纳为自己的妃子！宁令哥恼羞成怒，但不敢发作。父子从此反目成仇。野利皇后，先是其兄长被元昊冤杀，接着又发生夫夺子妇的丑事，自己也跟着失宠，于是心生怨言。元昊闻知后，直接废掉了野利皇后，将其贬往别宫，下令不准再见。封没移氏为"新皇后"。元昊为她在天都山大修宫殿，史载："大役丁夫数万，于山之东营离宫数十里，台阁高十余丈，日与诸妃游宴其中。"

离宫建成后，元昊和没移氏在贺兰山的离宫之中，醉生梦死，日夜饮酒作乐，不理朝政，整日过着奢靡的生活。元昊将朝中之事交给国相没藏讹宠处理，老臣杨守素实在看不下去，便告老还乡。

没藏讹宠见元昊对没移氏十分宠爱，便担心自己的权力早晚有一天会失去，便与其妹没藏氏商议对策。太子宁令哥娇妻被父夺走，母亲又被打入冷宫，便对父亲心怀怨恨。没藏讹宠乘机挑唆年轻气盛的宁令哥去刺杀元昊，并保证事成之后就拥立他为王。没藏讹宠之计可谓一箭双雕、稳操胜券。如果宁令哥行刺成功，没藏讹宠可以弑君之罪捕杀宁令哥。如果宁令哥刺杀不成功，则元昊必然会杀掉宁令哥。无论结果如何，都可把太子除掉。没藏讹宠此计也冒了极大的风险，万一太子宁令哥不想杀或不敢杀他的父亲的话，若将此事告诉元昊，则没藏讹宠必死无疑，但骄横而又鲁莽的宁令哥竟然答应了找机会杀掉元昊。

公元1048年（天授礼法延祚十一年）元宵节，宁令哥约野利族人浪烈等潜入皇宫，趁元昊与诸妃饮酒作乐，大醉回宫就寝时，突然挥戈向元昊刺去，元昊躲闪不及，鼻子被削掉。元昊大喊一声："有刺客！"侍卫们立刻蜂拥而至，宁令哥在浪烈的拼死掩护下惊慌出逃，躲到了没藏讹宠的府上。浪烈则被侍卫砍成了肉泥。元昊鼻子被削，血流如注，疼痛难忍，加上又听说是自己最宠爱的太子干的，心中更是气恼。第二天便气绝身亡，年仅46岁。

这位割了无数战俘的鼻子的帝王没想到最终让自己的儿子割了鼻子而身亡。元昊死后，没藏讹宠立即逮捕了宁令哥，连同他的母亲野利氏，以弑君之罪一并处死。

元昊"文武皆备",他主政17年,其中称帝11年,文治武功,均有建树。可惜好色,在政治斗争中死于亲儿子的刀下。野利氏和没藏氏都是夏国有权势的贵族,皇后的废立和夏景宗元昊的被刺并不仅仅是宫廷间的私事,而是反映着党项奴隶主贵族间争夺权力的斗争。

中道而殂的元昊,谥武烈皇帝,庙号景宗,在贺兰山下建起规模宏大的、号为泰陵的墓地,夏国以开国之主的礼仪将元昊葬于其中。巨大的王陵至今还留在原地,成为人们游览观赏、凭吊历史的一处名胜古迹。

第五章
西夏帝国巩固，母党闪亮登台

　　元昊的突然离去令帝国风雨飘摇、危机四伏，最终将西夏带入了一段外戚擅权的黑暗岁月。皇帝幼龄，母后风流成性，国丈乱政，白色帝国处于一片乌烟瘴气之中。夏毅宗李谅祚，这个刚满周岁就继位、十三岁就与有夫之妇私通、十四岁就果断诛杀强臣的少年英才，亲政后果断实施一系列改革，令帝国重又步入正轨。当内忧外患的危局好不容易熬过，年轻的皇帝正雄心勃勃，帝国也重又焕发新机之时，年仅21岁的谅祚却突然去世了。

第一节　新帝年幼，没藏氏擅权

没藏讹庞以阴谋手段谋害元昊，杀死太子宁令哥，又利用自己的国相地位，策划立谅祚为帝。公元1048年正月，元昊伤重去世，临死前立遗嘱由从弟委哥宁令继承帝位。大臣诺移赏都、埋移香热、嵬名浪布、野乜浪罗等都主张遵从元昊遗命。但没藏讹庞坚决反对，要立谅祚为皇帝，众大臣迫于讹庞的权势，只好同意，于是立尚在襁褓之中的谅祚为皇帝，尊没藏氏为宣穆惠文皇太后。没藏讹庞自为国相，总揽全国的军政大权，为了安抚手握重兵的诺移赏都等三人，没藏讹庞请皇上、皇太后下诣请三大将分掌国事。

谅祚年幼，没藏讹庞把持朝政，权倾朝野，一时显赫无比，甚至连出入的仪仗也都按照皇帝的规格。没藏讹庞专权后，安排亲信，排除异己，并册封他的儿子富哥为殿前寺大夫。满朝文武虽然对他的专权不满，但都敢怒不敢言。没藏讹庞令于公元1049年改元称延嗣宁国元年，1049年正月初一，群臣以"幼主改元，元旦日食，天象可畏，请慎政刑"，讹庞不听。讹庞一边对内大权独揽，一边对外拓土扩地，谋取私利。

1053年（福圣承道元年）二月，没藏讹庞想得到宋境内的古渭州地，就上书向宋朝索取，宋仁宗拒绝了他。索地不得的讹庞，于四月间纵兵不断侵扰宋朝沿边堡寨。西夏与宋麟州交界地带，在屈野河西有七十里地没有设置堡垒屏障，为宋境内禁耕闲地。讹庞见此地土地肥沃，便派夏民前来侵耕，并将耕获所得全部据为己有。

宋朝遣使请讹庞归还所占耕地，并更定疆界。讹庞非但不听，而且屯兵河西，在军队的保护下，讹庞变本加厉，更加猖狂的侵耕宋地。讹庞采取"受阻就对抗，不受阻就大肆耕种"的对策，宋朝也难以制止。

宋朝为此禁绝宋夏银星和市，在经济上对西夏加以制裁。宋朝大臣张安世与庞籍移牒宥州诘责西夏失信。没藏太后得知此事后，派遣幸臣李守贵到屈野河巡视以落实情况，李守贵如实向没藏太后做了汇报，证实没藏讹庞侵耕事实，没藏太后责令讹庞归还所侵耕地。但不久后没藏太后死于意外，此事不了了之。

太后死后，没藏讹庞在侵占屈野河耕地上更是有恃无恐。公元1057年，讹宠派数万兵屯驻屈野河，打算将所有禁耕之地全部开垦以据为己有。宋朝派管勾军事郭恩以巡边为名前往按视讹庞，结果被讹宠率军击败。宋朝接着又下令禁绝河东和市。宋朝的经济制裁令西夏与宋麟州交界的境内物资紧缺，人民生活困难，以致怨声四起。迫于压力的讹宠提出愿意把屈野河西田二十里退还给宋朝，但被宋朝拒绝。

谅祚的母亲没藏太后在元昊死后，一度心灰意冷，到戒坛寺出家为尼。在元昊生前，她就曾被当时的野利皇后逼到此寺出家，颇有慧根的她入寺不久，就能开坛讲经，时称"没藏大师"。但再次迈进寺院的没藏太后，尘心未了，身在寺院，心在朝堂。谅祚幼年继位，前途未卜，为了祈求上天保佑年幼的儿子长治久安，公元1050年（天祐垂圣元年），没藏太后开始令人在西夏都城的西南角修建一座寺院，这是西夏历史上第一次大规模的皇家造寺，大约在公元1055年（福圣承道三年）建成，前后历时将近六年。新寺树立建寺石碑一通，名为"夏国皇太后新建承天寺瘗佛顶骨舍利碑"，因碑文中有"承天顾命"一句话，所以此寺称为"承天寺"，塔也被称为"承天寺塔"。因位于城西南角，民间俗称"西塔"。

承天寺竣工后，没藏皇后派遣专使前往宋朝迎请了一部《大藏经》珍藏塔内，并请来了回鹘的高僧前来开坛讲经。没藏皇后经常带着年幼的谅祚来寺中聆听高僧讲经。谅祚亲政后，亦多次向宋朝求赐佛经，并组织人员将汉文佛经翻译成西夏文。

承天寺与西夏后来在其境内修建的凉州护国寺、甘州卧佛寺，并称西夏三大佛教圣寺。后来，承天寺虽然屡遭破坏，但承天寺塔的塔基基本完好，在原基址上重修的塔身，至今仍然耸立在宁夏回族自治区首府银川市内。塔身11层，高64.5米。塔室为方形，宽2.1米，为"厚壁空心式"木板楼层结构，有木梯可以盘旋登至第11层。现在，承天寺塔是宁夏博物馆展出和办公场所，也是自治区重点文物保护单位。

承天寺的佛音并没有抚平美丽的没藏太后的春心，美丽率性的她先是与前夫野利遇乞的财务官李守贵私通，后来又和元昊的侍卫官宝保吃多已偷情。没藏太后的移情遭到李守贵妒恨，公元1056年（福圣承道四年）10月，李守贵密派上百骑兵，在没藏太后与宝保吃多已出猎贺兰山的夜归路途中，将两人击杀。没藏太后死后，没藏讹庞设计将李守贵诛杀，并灭了其族。没藏太后死于情人的三角冲突，结束了西夏没藏母族专政，失去了太后这座靠山的讹宠，担心会失去权力，便加强对年幼的谅祚的控制。同年十一月，没藏讹庞将自己的女儿强行嫁给年仅9岁的小皇帝谅祚，并通过软硬兼施的手段逼谅祚立其女为皇后。这样，没藏讹庞以国舅、国丈、国相的多重身份继续独揽朝政，手中的权力有增无减，更加肆无忌惮、为所欲为。

公元1059年，谅祚12岁，开始参与国事。渐渐长大的谅祚，对没藏讹宠的许多做法表示不满，并且多次提起先帝元昊的功德和前朝的一些英雄虎将，这引起了没藏讹宠的警觉。六宅使（负责管理皇帝诸宅院事务的官员）高怀正、毛惟昌二人因为他们的妻子曾为谅祚幼时的乳母，有养育之恩，因此深受谅祚的宠爱和信任，谅祚让二人参与朝政。

他们也经常将朝堂上下大臣们的一些议论及时转告给谅祚，使谅祚了解了很多情况。没藏讹宠对此极为不满，八月，没藏讹庞借口高怀正放高利贷，毛惟昌穿元昊龙盘服，图谋不轨，将二人逮捕杀害，并诛其全家。谅祚极力阻止，但大权在握的讹宠根本不听。已长大了的谅祚对讹庞专断朝政深怀不满，不过谅祚也十分忌惮讹宠的势力，只好暗中积蓄力量。当时朝中一些大臣对讹宠的倒行逆施也是越来越不满，大多希望恢复皇权。元老重臣漫咩本来位居讹庞之上，但因讹庞的外戚身份，使他在朝中常常屈躬于讹庞之下，心里十分不满。谅祚趁机将这些人笼络到自己身边，加强自己的势力，寻机将讹庞除掉。

在谅祚刚出生之时，就被元昊寄养在了没藏讹庞的家里，谅祚周岁被立为帝之后，没藏讹庞为了加强对谅祚的控制，经常把他带到自己的府中。渐渐长大的谅祚，在频繁出入讹庞府中时，与讹庞的儿媳梁氏有了隐情。

公元1061年四月，谅祚与梁氏私通之事，被讹庞的儿子发现。讹庞父子十分恼怒，开始密谋杀害谅祚，打算趁谅祚再次来府与梁氏私通之时，将其袭杀。不料，机密被梁氏所获，梁氏立即设法向谅祚告了密。谅祚得知这个阴谋后决定先下手为强，与心腹重臣漫咩密谋除掉讹庞，借口召没藏讹庞入宫议事，对此不持任何怀疑的讹庞刚一入宫，就被早已布置好的侍卫擒获，当即被处死。同时大将漫咩率兵包围了国相府，将没藏讹庞的儿子和他的族人全部抓获，谅祚以谋反的罪名将讹庞的子弟及族人共八十余人全部处死。没藏皇后先被废黜打入冷宫，不久也被处死。为谅祚亲政立下大功的梁氏被接入宫中，立为新皇后，她的弟弟梁乙埋也被任命为国相，为西夏后来的外戚擅权埋下了隐患。

至此，西夏外戚专权暂告一段落，14岁的谅祚开始亲政。

第二节　辽军来犯，战端再起

元昊死后，谅祚初立之时，西夏分别派使臣到宋朝、契丹通报情况。宋廷无意干涉夏国内政，于同年四月，宋朝派遣尚书刑部员外郎任颛供、备库副使宋守约为正副册礼使到夏，册封谅祚为夏国主。十二月，夏亦遣使到宋朝谢封册并献马驼各五十匹，宋朝设宴招待夏使臣并赐物。辽国自从河曲之战失败后，两国虽然达成了议和，但对失败耿耿于怀的辽兴宗，时刻不忘复仇，"欲起倾国之兵讨之"。现在西夏元昊新丧，谅祚幼弱，强臣用事，内政不稳。辽兴宗认为报仇雪耻的大好时机到来了，决定再一次派兵进攻西夏，于是辽国借口西夏所遣贺正使迟期，而将西夏的使臣扣留下来，也不给谅祚册封。没藏氏见派往辽的使臣被扣，又闻讯辽将兴兵，便又遣使赴辽以探动静，使臣再次被辽扣留。

辽国自从上次战败，就一直为再次出兵伐夏做着周密的准备。辽兴宗下令普查人口，招募甲兵，日夜操练军队，同时派遣北院枢密副使萧惟信将讨伐西夏的信息告诉宋朝，争取得到宋的政治声援。

公元1049年（夏延嗣宁国元年，契丹重熙十八年）七月，辽兴宗亲帅大军讨伐夏国，仍然兵分三路：以皇太弟耶律重元、北院大王耶律仁先为先锋；以韩国王萧惠为河南道行军都统，赵王萧孝友、汉王耶律斡不辅之，汉王贴不为副都统；以耶律敌鲁古为河北道行军都统，征发阻卜部诸军。

辽兴宗亲自领中军，辽军渡过黄河，向今河套地区推进，并迅速占领西夏的唐隆镇（今陕西神木县），边境吏民皆四散而逃。萧惠率领实力最强的南路军，渡过黄河后，行军数天未遇西夏军队，他以为西夏军队会以辽兴宗所率的中路军为主要攻击目标，所以防备松懈，下令军士将盔甲装车，军士不得乘马，诸将建议加强防备，萧惠下令轻装简行，甚至连营寨之外都没架设必要的营栅。讹庞侦知辽军防备松懈，便派西夏军乘机从高坡之上向其猛攻，辽军均未披甲，伤亡惨重，萧惠差点被俘虏。

辽北道行军都统耶律敌鲁古，率兵进入西夏右厢贺兰山地区。北路军是辽三路联军里最弱的一支，主要由臣服于辽的属国部队组成，是一支杂牌军。北路军在贺兰山与夏军三千精锐守军展开激战，夏军占据优势地形阻击辽军，辽军则以优势兵力反复冲击夏军，最终大败夏军。

公元1050年二月，没藏氏以辽入侵为借口，不再向辽贡献，辽国遣使诘责。西夏则为上次的战败采取报复行动，没藏讹庞遣大将洼普、乙灵纪、猥货率军进攻辽的重镇金肃城（今内蒙古自治区准格尔旗北），辽南面林牙耶律高家奴、西南面招讨使耶律仆里笃、林牙耶律挞不也联合迎击，深入辽境的西夏军队在辽国多路联军的进攻下，惨败而归，乙灵纪、猥货战死，洼普重伤而逃。三月，讹庞又遣观察使讹都移屯兵三角川，准备伺机对辽的威塞堡发起攻击。辽殿前都点检萧迭里得先率轻骑兵突袭，杀掉了夏军的八个侦探，辽军乘机向夏军大营进攻，夏军没有防备，结果惨败，大将讹都移被俘，损失辎重无数。

西夏的两次军事挑衅，都遭到辽国的痛击。辽国接连取得胜利，打算乘胜而进，一举灭掉西夏。五月，辽兴宗派遣西南面招讨使萧蒲奴、北院大王耶律宣新、林牙萧撒抹等为将，以行宫都部署别古得为都监，率军再次大举征讨西夏。面对来势汹汹的辽军，西夏再次采取"坚壁清野"的战术。辽军很快逼近西夏首都兴庆府，没藏氏坚守城池，不敢应战。

深入夏境，战线拉得太长的辽国大军，粮草补给困难，担心西夏军断其后路，于是纵兵在西夏都周围大肆劫掠一番后引兵而退。退兵途中，顺势攻破了西夏贺兰山西北之摊粮城，抢劫夏仓粮储积而去。此战对双方都造成了极大的损失，由于战争发生在夏境，辽军的烧杀掳掠使西夏边境居民饱受战争灾难。

西夏因为辽的大举入侵，内部危机重重。没藏太后为稳定国内局势，遣使赴辽，为谅祚上表请和，并请求向辽称藩、称臣，但辽兴宗不作表态，不说和也不说不和。此后，西夏多次遣使赴辽进呈表章、纳贡、献马驼。公元1054年七月，没藏氏又向辽朝为谅祚请婚，遭到拒绝。辽兴宗以"谅祚幼弱，朝中强臣用事"为借口，在边境屯集重兵，继续给西夏施加军事压力。

河湟地区的吐蕃诸部，在景宗元昊之时曾多次率兵前去征讨，但多被角厮啰以奇计打败。鉴于角厮啰所处河湟地区的重要战略位置，角厮啰部成为宋、西夏争取和打击的目标。公元1058年四月，西蕃捺罗部阿作率部属投奔西夏，没藏讹庞纳之，授以官职，使居边要以控制西蕃。六月，讹宠令阿作为向导，攻掠西蕃，率兵围攻青唐城，被角厮啰击败，六名豪酋被俘，损失马、驼无数。

第三节　谅祚英年早逝，母党再度擅权

毅宗谅祚亲政后，为了稳固西夏的政权和加强自己的统治，采取了一系列的措施。

公元1061年，谅祚亲政当年，就派使臣与宋朝议定，恢复旧界，将讹庞时期所侵宋朝耕地全部归还，并在边界设立寨堡，双方人民都不得在边地耕作。此后于公元1063年（夏拱化元年），上表宋朝请求恢复榷场贸易，宋朝于公元1069年，答应重开榷场，恢复与西夏的贸易往来。

党项民族自唐初内迁西北以后，就与当地的汉族杂居，深受汉族文化影响，而且西夏境内汉族人口也占多数，大量汉族人在西夏各级官僚中任职，因此为了取得汉族地主阶层的支持，谅祚的第一个重大改革措施就是去蕃礼从汉礼。

公元1061年十月，刚刚亲政不久的谅祚下令停止使用蕃礼，改用汉礼，要求国人改穿汉族服饰，并派遣使者去宋朝请求"欲以汉礼迎侍朝廷使人"。公元1062年四月，谅祚遣使向宋朝上表求赐太宗御制诗章、隶书石本，欲建书阁收藏。并献马50匹，求赐《九经》、《唐史》、《册府元龟》。宋仁宗仅允赐《九经》，并发还所献马匹。公元1063年，谅祚改用汉姓，恢复唐朝所赐李氏。

谅祚亲政之初的上述政策，表现了他对汉族文化的亲近和向往，这与谅祚个人经历和生活环境也是分不开的，与谅祚有深厚感情的乳母高怀正、毛惟昌的妻子及后来深受谅祚宠爱和信任的高怀正和毛惟昌都是汉族人，还有辅助谅祚亲政的皇后梁氏也是汉族人。当然这些汉化政策的实施，更重要的还是为了适应和满足当时西夏日益发展的封建经济的需要。这些汉化措施的推行，加速了西夏的封建化进程。

谅祚时期，西夏的中央官制基本上沿袭了元昊时期的制度。谅祚亲政次

年，增设蕃汉官职，汉族官职增设各部尚书侍郎，南北宣徽使及中书学士等官。使得西夏的中央官制，比元昊时期更为完善。在调整完善官制的同时，谅祚还十分重视人才，尤其是汉族知识分子，更是加以重用。对那些在宋朝不得意的和前来投奔西夏的汉族知识分子，量才加以重用。公元1065年，谅祚在宋秦凤路俘虏汉人苏立，授以汉官。陕西文人景询犯罪逃至夏国，谅祚以景询为学士，参与国事。很多史载的记录，都形象地说明了谅祚对汉族知识分子的厚爱和重视。

公元1062年五月，谅祚仿照宋朝制度调整监军司，改监军司为军，以威州（今宁夏同心境）监军司为静塞军，绥州（今陕西绥德）监军司为祥祐军；左厢监军司为神猛军，于西平府（灵州）设监军司，由翔庆军总领。谅祚对监军司的调整，可以使地方军政分立，文武官员互相牵制，对加强中央集权，稳固西夏的边防具有一定的作用。

谅祚在加强国内统治的同时，也开始了对吐蕃诸部和宋边境的虏掠。

公元1062（夏单都六年）年八月，谅诈趁辽与角厮啰不和，乘机引西蕃兵进攻青唐，后惨败而归，因担心角厮啰来侵，派兵在古渭州筑城堡，加强防守。公元1063年（夏拱化二年），宋朝河州刺史王韶进攻熙河，降服了洮河以西的吐蕃各部，西使城（今甘肃定西西南）首领禹藏花麻不愿降宋，又受到宋军攻掠，遂把西使城及兰州一带地区献给夏。为此谅祚出兵支援，并以宗室女嫁禹藏花麻，封他为驸马。同年五月，夏州党项贵族邈奔见吐蕃势盛，屡次击败夏国，就以陇、珠、阿诺等三城叛附角厮啰，后因得不到角厮啰的重用，恼怒之下于九月又逃回夏国，并请谅祚出兵收复归附吐蕃的三城，谅祚出兵又被击败，仅收降丁五百余帐。1066年（夏拱化四年）二月，谅祚升西使城为保泰军，任命附马禹藏花麻为都统军驻守该地。同年，谅祚又招诱了临近西使城的河州吐蕃瞎毡的儿子木征附夏。次年，吐蕃首领拽罗钵等也率部众投附谅祚。

公元1064年（夏拱化二年）正月，宋仁宗死，英宗即位。夏毅宗谅祚遣使臣吴宗到宋朝祭吊宋仁宗，并贺英宗继位，宋朝的引伴使高宜因礼仪的事情和吴宗争吵起来，高宜出言不逊说："应该带领一百万兵进入贺兰巢穴。"而后宋朝下诏给夏毅宗指令，让他以后要对使臣进行精挑细选。

吴宗回去将此事报与谅祚，谅祚认为这是宋朝有意侮辱夏国使者，深以为耻，决定以武力维护自尊。同年七月，谅祚点集兵马，密谋入侵泾原路。泾原路副总管提醒权经略使陈述古加强防备，述古不听。谅祚派兵十万分兵攻掠泾原诸州，俘虏熟户八十余族，杀死宋军弓箭手数千，掳掠人畜万余。

在与宋交战期间，西夏派往宋朝的使节依旧不绝。毅宗力图在三国关系间为夏国寻找一个支撑点，既不与宋朝闹翻，以免宋朝彻底断绝岁赐和贸易，让辽朝有机可乘，同时又必须向宋朝显示夏国的实力和尊严。

公元1066年（夏拱化四年）九月，谅祚亲自率领数万大军进入庆州（今甘肃庆阳），围攻大顺城（今甘肃华池东北），大顺城是范仲淹任庆州知州时修筑的。环庆经略使蔡挺得知西夏军来攻，下令沿边人户坚壁清野，然后进入城堡，坚守不出。又事先令人在城堡周围护城河中布满铁蒺藜，西夏军人马渡水多被铁蒺藜所伤，进攻迟滞。夏军围攻大顺城三日，未能攻下。谅祚身穿银甲，头戴毡帽，亲自率兵督战，同时又分兵围柔远寨（在今甘肃华县）、焚烧屈乞（在今甘肃庆阳北）等村庄，并在段木岭（在今庆阳北）建栅寨。柔远副总管张玉率重兵把守，组织敢死队三千人夜间突袭夏军大营，夏军惊慌而逃。蔡挺命令蕃官赵明率蕃兵会同官军联合抵抗。赵明带领800名弓弩手埋伏在城外，乘谅祚督战攻之时，宋军箭如雨下，夏军死伤不可胜数，谅祚也被流矢射穿铠甲，西夏军见皇帝受伤，无心恋战，纷纷败退。

谅祚在攻宋大顺城时中箭逃回不久，同年十月派遣使向宋朝"请时服"，又请岁赐。受到宋朝谴责之后，于公元1066年（拱化五年）十一月，再次遣使向宋朝纳贡谢罪，保证今后各守封疆，不会点集人马进行侵犯，像以前一样和平相处。

次年正月，宋神宗继位，于三月答应了夏的请和，赐夏银五百两，绢五百匹。

正当谅祚周旋于宋、辽、吐蕃诸部之间，在内政外交上颇有建树，西夏也渐渐度过危机，慢慢走向正轨之时。公元1067年冬天，21岁的谅祚因伤势过重，不治而死，谥为昭英皇帝，庙号毅宗，墓号安陵。夏毅宗谅祚刚满周岁即登位，在位20年，但实际执政只有7年。在他亲政期间采取的一些重要政治改革措施，对巩固西夏政权起了很大的作用。而一些所谓"正统"的史学家们对他的评价并不高，说他"好色灭伦"、"凶忍好淫"、"过酋豪大寨，辄乱其妇女"。这些评论未免偏见过重了些，在当时西夏正在向封建化迈进的过程中，党项族的婚姻性爱习俗还比较原始，没有中原地区那么多禁锢。谅祚尊用汉礼以改蕃俗，求中朝典册用仰华风，却为元昊建国经营时从未有过的新趋向，这是民族融合过程中汉族影响加强的表现。

公元1067年对宋、夏来说，都是一个非常重要的年头。夏毅宗死后，西夏复入母党干政的黑暗历史时期。这一年，宋朝宋神宗即位，当时宋朝统治面临一系列危机，庞大的军队需要大量的军费开支，官僚机构更是臃肿不堪以致政费繁多，加上每年给辽和夏的大量岁币，使得北宋的财政面临崩溃。神宗面对内忧外患乱局，励精图治，想要一雪前耻。上台之初，即重用王安石，推行新法，希望通过锐意变革达到富国强兵的目的，随着变法的推行，宋朝经济的恢复和发展，对外态度也转为强硬。

第四节　母党擅权乱政，埋下战争火种

毅宗谅祚英年早逝，由其年仅七岁的儿子秉常即位，是为惠宗，是西夏开国后的第三代皇帝。秉常年幼，由其母梁太后摄政，梁太后之弟梁乙埋任国相。西夏帝国再一次进入太后干政，外戚擅权的历史时期。

梁氏姐弟专权期间，大力发展母党势力，安排自己的子弟和亲戚担任要职。梁氏姐弟与他们的亲信党项贵族都罗尾、梁太后的侍卫罔萌讹等组成了

以梁太后为首的母党集团，他们牢牢地控制了西夏的军政大权。夏景宗元昊的弟弟嵬名浪遇，精通兵法，熟谙边事，毅宗时曾一度担任过国相。秉常继位后，他在外领兵，任都统军。公元1069年（夏乾道二年），以浪遇为首的皇族血统的党项贵族因坚决不向梁氏集团屈服，结果浪遇被罢官，并其与家属迁徙外地，浪遇于次年忧愤而死。梁氏对浪遇的排挤和打击，反映了梁氏集团与皇族之间激烈的矛盾和斗争。梁氏一边打击皇族势力，一边大力提拔梁乙埋的子弟担任要职，进一步加强梁氏集团的力量。

因为梁氏是汉人，在西夏皇族中显得格外特别。梁太后为了巩固自己的地位，进一步获得党项贵族的支持，于公元1069年八月，上表宋朝廷，请求废除汉礼，恢复党项的蕃礼，得到宋神宗的许可。但是她的这一做法，虽然赢得了一些保守贵族势力的好感，但却招致更多的不满，不仅遭到了西夏汉族地主阶层的反对，就连西夏皇室中的党项贵族也表示不满。

梁太后恢复蕃礼，没想到会适得其反，不仅没有为她赢得更多的支持，相反却增加了更多反对她的人。从乾道元年到大安二年（1068~1076）的近十年中，梁太后开始穷兵黩武，大举进犯宋朝边境地区，企图用战争的手段来转移日益激烈的内部矛盾，妄想通过战胜宋朝来提高自己的威信，并以此向宋朝索取厚赐。

公元1069年（夏乾道二年）三月，梁太后向宋朝上表，请求以塞门、安远两寨换回绥州。绥州原为西夏属地，地处宋夏边界，无定河下流西岸，扼守宋夏通道要害，地理位置十分重要。公元1067年十月，宋朝青涧城知事种谔用计取之。梁太后的请求遭到宋神宗的拒绝。梁太后以此为借口，派兵进攻宋秦州（今甘肃天水），杀死宋朝将领范愿和数千士卒。宋朝为了报复西夏的进犯，下令禁绝边境居民与夏民的贸易往来。九月，梁太后以宋朝断绝互市，致使夏国物资紧缺为由，再次派兵进攻庆州，大掠宋朝人畜而还。闰十二月，西夏国相梁乙埋亲自率兵进攻绥州境内的顺安、绥平、黑水等寨，接着又围攻绥德城（宋收复绥州，筑城后改名绥德）十余天。由于绥德守将郭逵守城有方，梁乙埋最终无功而返。

宋神宗坐像

公元1070年（夏天赐礼盛国庆元年）八月，梁太后点集国内七十以下、十五以上的国民全部为兵，倾巢出动，分数路大举入侵宋朝边境，多者号称三十万，少者号称二十万。夏军进攻宋大顺城，副都总管杨遂率军拒守大义寨，挡住了夏军的进攻。夏军转围柔远寨，守将固守，梁乙埋令人在城下焚烧柴禾以扰乱宋军的防守，但是宋军的防守依然井然有序。梁乙埋又分兵进攻荔原堡和淮安镇，俘虏守烽火台军卒张吉，胁持他到城下，令他向城中劝降。但张吉宁死不屈，告诉身边的人一定要坚守，还说夏军在粮尽后自会退去，所以千万不要投降。没多久，夏军就将他杀死。

梁乙埋将军屯驻榆林，距宋庆州（今甘肃庆阳）40余里，夏军游骑直逼庆州城下。巡检姚兕等率宋军与夏军大战九天，郭庆与卜门祗候高敏、三班

119

借职魏庆宗、秦勃等五员大将皆战死，依然没有击退夏军的进攻，造成了宋朝"陕右大震"的局面。此时，西蕃保顺节度使董毡乘夏国国内空虚，率兵深入夏国西境大肆掳掠，梁乙埋担心兴、灵有失，匆忙撤军。

公元1071年元月，梁乙埋下令在绥德北修筑罗兀城，以扼守横山要冲。宋朝以知青涧城种谔为鄜延钤辖，命诸将皆受种谔节制。种谔是屡施奇计除掉野利兄弟的名将种世衡之子。种谔为了夺取夏人赖以生存的横山地区，率兵两万出无定河，种谔令河东兵先向银州进发，乙埋调集夏军于铁冶沟大败河东军，宁州团练使刘阗亲自殿后，率锐骑与夏军激战，身中数矢依然左突右杀，宋军大部队才得以逃脱。种谔的两万大军兵临罗兀城下，守将哕腊派兵三千驻守城北马户川，种谔令前锋高永能率六千精骑进攻，哕腊五次出战均被击败，最后弃城逃走。种谔占领罗兀城后，率部众继续筑城。

宋军占领罗兀城等于在西夏的战略腹地打进了一个楔子。随后种谔又派兵攻取永乐川、尝遍岭二寨，并派人在此筑城，又遣都监燕达等冒雪筑抚宁故城。种谔在横山地区的一连串进攻筑城之举，引起了西夏的恐慌和不安。公元1071年三月，梁氏集团决定反击，但因为罗兀丢失，点兵不集。只得遣使向辽乞援，辽道宗发兵三十万助战，夏军士气复振。二月，夏军攻占了宋军刚刚筑好的抚宁城，接着夏军万余骑兵围攻顺宁寨，夏军一半攻城，一半隐藏在壕沟外。知保安军景思立不知夏军虚实，迫使部将出城迎战，结果都遇伏失败。就在顺宁寨危在旦夕之机，城中有一李姓娼妓，她知道许多梁氏的花边新闻，请命退敌，李氏登上城楼掀开衣服，大揭梁氏私密之事，夏军令弓箭手射击，但没射中。李氏骂的更欢，夏军士兵以听国母的丑事为羞，皆捂耳不听，借口说粮草用尽退兵走了。三月，夏军围攻罗兀城，罗兀城地势虽险要，但远离宋朝腹地，粮草给养供给困难。宋军一时无法击退夏军的围攻，神宗下诏弃守罗兀，城中辎重全为夏军所获。

早在毅宗谅祚去世之前，就多次遣使向宋请和，保证今后谨守封疆，不再侵扰宋境。宋神宗也向西夏赐银、绢以示和平之意。但梁氏集团专权后，为了转移国内统治阶级的矛盾，屡次对宋用兵，连年的征战非但没有缓和西夏国内的矛盾，反而使西夏的经济遭到严重破坏，更加激化了国内人民的不满，统治阶级内部的矛盾也进一步激化。

公元1067年，时任建昌军司理参军的王韶向朝廷呈《平戎策》，交代了如果想要拿下西夏的战略方针。他的战略主张得到宋神宗的赞许，宰相王安石亦十分支持。

公元1072年，由王韶主持熙河开边，采取招抚和围剿的政策。一面大力招抚归顺的部落，改革体制，设立州县，以增强吐蕃地区的实力，加强宋朝对吐蕃地区的控制，以形成从南部对西夏的威胁；另一方面对于不归附的吐蕃势力，则武力征讨。经过王韵的经营，吐蕃腹地熙河、青唐落入宋朝手中，羌人俞龙珂率部属十二万内附，为了表示忠心，俞龙阿主动提出："平生闻包中丞朝廷忠臣，乞赐姓包氏。"神宗答应了他的请求，赐姓包，赐名顺。王韶和吐蕃势力的修好起到牵制西夏的作用，但也为夏、宋大规模战争的重燃埋下了火种。

第六章
战争女狂人，掌舵西夏帝国

　　尚武好战的党项民族，女人亦强悍好斗。当谅祚英年早逝，帝国的重担落在了年仅七岁的儿子秉常身上时，帝国重又进入时间更长的母党专政时刻。掌控帝国大权的母党集团，疯狂地将战火在宋夏边境点燃。生性懦弱而又从小生活在母党阴影里的秉常皇帝，注定是夏国历史上最郁闷不得志的一位帝王。

第一节　宋军来势汹汹，铩羽而归

公元1076（夏大安二年），惠宗秉常已年满16岁了，依照祖制，他应成婚亲政。梁太后为继续掌控大权，将她的亲侄女即国相梁乙埋的女儿嫁给秉常，并册封为皇后。秉常名义上虽然亲了政，但实权仍牢牢把控在梁氏集团手里。秉常自幼喜爱中原文化，熟读儒家经典，向往宋朝礼仪。公元1080年，秉常在皇族和一些党项贵族的支持下，下令在国内取消蕃礼，恢复汉礼，但因遭到梁太后和梁乙埋母党势力的劝阻和竭力反对，而最终不了了之。

公元1081年三月，为了寻求支持和依靠以削弱梁氏母党集团势力，秉常接受宋朝降将李清的建议，打算将黄河以南贫瘠之地划归宋朝，用结好的办法，借助宋朝的势力对付梁氏母党势力。不过还没等李清动身到宋朝联系，提前获知消息的梁太后，气急败坏，她召集幸臣罔萌讹等密谋，诱来李清饮酒，即捕而杀之。杀害李清后，梁太后又与梁乙埋、罔萌讹密谋设计将秉常囚禁于兴庆府南五里处的木砦行宫。行宫为元昊时期所建，后来元昊在贺兰山大建离宫，此处逐渐荒废。所谓行宫不过是在湖心修建了几座小木屋，只有一条木桥与外界相连，梁太后将秉常囚禁在这里后，就令人斩断桥梁，断绝了行宫和外界的一切联系。

秉常被囚禁的消息终于传了出去，一时朝廷上下震惊，秉常的皇族亲党、左右亲信和各地部族首领纷纷拥兵固守所属城池堡寨，与梁氏母党势力对抗。梁乙埋多次派亲信持银牌招谕，晓以利害，但也无人听命。夏国国内大乱，西夏统治集团面临分裂。

与西夏皇室通婚的夏保泰监军司统军吐蕃族禹藏花麻，一向对诸梁的专权不满，当他听到秉常被囚禁的消息后，于公元1081年（大安七年）五月，以夏国主失位为借口，向宋熙州发文照会宋朝，照会简单交代了夏国内部的状况。宋神宗据此诏熙州知州苗授，派人认真核实后上报朝廷。六月，宋保安军以经略司命令，移文宥州向西夏通牒称："你们夏国世世称藩，朝廷每年都给你们岁赐，恩义至今。如今听说国主被强臣所限制，不能专命国事，更不知道是生是死。现在，我们朝廷将差信使入界，了解如今何人主领夏国，你们要如实禀报。"梁太后见牒后无法作出答复。

对待夏国内乱的问题上，在宋朝内部有主战与反战两派。主战派以鄜延路总管种谔为代表，守旧势力以孙固为代表，结果是宋神宗决定趁机伐夏。

公元1081年（夏大安七年）六月，宋神宗以秉常被幽囚，及梁氏背信弃义、侵宋边疆为由，下令兴师大举伐夏。从西至甘肃临洮，东到山西西北部的上千里地方，分兵五路，攻打西夏，史称"五路伐夏"。宋神宗以熙河经制李宪为主帅，他统领熙秦七军加上吐蕃部董毡兵共三万出熙河；王中正领兵六万出麟州（陕西神木）；种谔率九万多军队出绥德；高太后的叔父高遵裕领兵九万兵出环庆；刘昌祚率五万出泾原。另备河东十二将数万人为预备军。

宋朝的五路大军，几乎是齐头并进，东、西两线直逼西夏国都，战争爆发后，宋军势如破竹，各路大军均有斩获。其中作战欲望最强的种谔部，在八月就提前出兵了，在绥德大败夏军，斩首两千余级。不过朝廷对种谔的提前行动非常不满，下令种锷军受王中正节制不得擅自行动。种锷的率先出击，让西夏军加强了戒备。九月，种锷率军沿无定河西进，深入横山要冲，兵临米脂城，攻城三日不破，全军皆有疲色。

此时梁太后派遣梁永能率八万精锐骑兵增援米脂，其中包括西夏最著名的骑兵铁鹞子。种谔率宋军采取围城打援的战术，在无定川痛歼西夏骑兵，西夏精锐损失惨重，被杀及自相践踏而死者甚至阻断了无定河的流水。

米脂城守将遂不战而降。种谔继续向石州、夏州、银州等地进攻，石州守将投降，夏州守将弃城逃跑，银州守将也在种谔派人前去游说之下投降。种谔的一连串胜利，使得宋朝上下一片欢腾。但是宋朝的欢喜并没持续太久，接下来的是宋军的接连溃败。种谔虽然一路西进，攻取了西夏的一些城池，但是随着战事的进行，宋军后勤补给越来越困难，加上恶劣的大雪天气，士兵饥寒交迫，冻饿死甚多。

西夏面对宋朝的多路来攻，梁太后以大帅梁永能为总领。永能将兵分作三溜：一以当战；一以旁伏；一以俟汉兵营垒示定，伺隙突出。这种全面防御的策略，造成夏军兵力分散，结果各个战线均被宋军击破。梁太后面对被动战局，召集众将商议，众将皆主张主动带兵出击，只有一位老将提出了不同建议。梁太后听从了他的建议，决定收缩防线，坚壁清野，并调集十二监军司的精锐十余万进驻兴州以保护西夏要害腹地，另派出机动兵力不断袭击宋军的粮道补给线。

北路高遵裕部从环州出发，但行进缓慢，受高遵裕节制的泾原路副总管刘昌祚部先攻入夏境，在达堪哥平磨哆隘口，与梁乙埋所率十万精锐激战，大败夏军，追击夏军二十余里，斩杀大首领没罗卧、监军使梁格嵬等，俘获梁乙埋的侄子讫多埋等二十二名首领。随后挥攻取了有西夏"御仓"之称的鸣沙州，获粮食百万石，兵锋直至灵州城下，种锷前锋抵达时，甚至灵州城门都没来得及关闭。高遵裕唯恐昌祚独立大功，命令他暂时不要攻城，等他的大军赶来再一起进攻，使得宋军失去了进攻灵州的绝好时机。等进军迟缓的高遵裕率军赶到灵州城下时，西夏军队已经做好了防御的准备。

由于灵州城外全是灌溉好的冬田，围城的宋军只好将营安扎在田埂上。不久从南部战线退却下来的西夏军和其他地方赶来的西夏援军抵达灵州，梁太后又派兵绕道宋军背后，在清远军、鸣沙州等地阴截宋军泾原路的后勤部队，宋军损失惨重。此时围攻灵州的宋朝大军，粮道被夏军切断，后勤补给不继，加之冬季到来，宋军饥寒交迫，恰逢此时夏军决黄河七级渠水淹灌宋军，宋军冻死溺死者甚多，伤亡惨重。

宋军补给路线被抄截，大军又泡在黄河大水中，非战斗减员越来越多，于是开始撤兵。由于宋军各路人马在撤退时无序，西夏军队乘势掩杀，宋军死伤无数。高遵裕的八万七千人，回到宋境者只有一万三千人；原有九万三千人的种谔一路，最后只剩下三万；河东王中正一路也损失了两万人。五路大军唯有统帅李宪部得以全师回朝，并且颇有战果，李宪部先是于九月攻取古兰州，并在当地筑城，接着向东攻占了西夏的粮食储备库龛台，获取大量的粮食和武器，十月，又率军攻至天都山下，将西夏金碧辉煌的南牟离宫付之一炬，最后在其他几路宋军接连溃败的情况下，于十一月间班师撤回。

宋朝五路伐夏，是宋夏两国历史上最大规模的一次战役，双入投入兵力之巨在古代军事史上是罕见的。这一战役令双方都损失惨重，宋朝损兵折将，劳民伤财，死伤兵民达三四十万。西夏虽然最终取胜，却也付出了极大的代价，宋朝占领了西夏的银、夏、石、宥等州，并控制了横山北侧的一部分地区。由于战争，宋朝罢岁赐，停和市，使西夏境内物资紧缺，物价飞涨，人民生活极端困苦。此外归附宋朝的部落达数万帐，被俘阵亡损失数万人。失去的米脂城里外良田不下一、二万顷。

宋军之所以先胜后败，一个重大的原因是用人不当、行动不一致、缺乏统一指挥。首先，宋军缺乏一个能总揽全局的卓越军事统帅，本战宋神宗是以李宪为统帅，但整个战争过程，也没显示出李宪对整个战局的协调和指挥，只看出他自己的一部人马在自顾自地冲杀。其次，各路大军行动不一致，缺乏有效的配合。五路大军中只有东北的种锷部、西北的李宪部、北部的刘昌祚部全力进攻，而北路的高遵裕部和东北的王中正部则进军迟缓，而刘昌祚和种锷又分别受高遵裕和王中正节制，前者的军事行动反受后者制约，致使刘昌祚兵临灵州，因高遵裕的贪功而错失最佳攻城良机，最终导致五路联军的溃败。至于王中正部则在战场乱窜，根本不知所踪，以至给其补充粮草的后勤部队都找不到他，直至粮草将尽，也是损失惨重而回。

从本场战争的性质上来讲，宋朝也显得师出无名，宋朝发动这场战争的目的无非是杀人夺地。对西夏人来说，这场战争是一场反侵略、保卫家园的战争，所以即使因梁氏囚禁秉常而国内大乱，但当面对外敌时，还是能团结起来将枪口一致对外，使得西夏在抵抗宋朝的入侵中取得了最终的胜利。

公元1082年正月，宋神宗下令追究战争失败的责任。高遵裕责授郢团练副使，本州安置，种谔、王中正、刘昌祚并降官，五人中唯有李宪非但没有受到责罚反而升了官。

"五路伐夏"的失败，使宋朝君臣认识到，迅速消灭西夏已无可能，打持久战成了必然。宋朝开始调整自己的战略部署，采取步步为营，层层推进的战略。具体做法是在宋夏边境地区修筑军事城堡要塞，并将城堡逐步推进至西夏境内，蚕食西夏领土。接下来，宋夏两军就这些堡垒展开了一系列血雨腥风般的拉锯式争夺战，虽然没有进行大规模的战争，但双方为此也付出了沉重的代价，庞大的帝国家底支撑着宋朝在这场持久战中的耐力，国小民少的西夏能支撑到何时？

第二节　永乐之战，秉常复位

五路伐夏的最终无功而返，使得宋朝君臣一直耿耿于怀。大战过后，双方一时都无力再发动大规模作战，宋、夏围绕边境城寨展开了你来我往的厮杀争夺。公元1082（夏大安八年）五月，梁氏点集大军，令都统军妹精嵬、副统军讹勃遇领军数万入侵环庆，攻掠淮安镇。守将张守约同各路兵马掩击，大败夏军，杀死夏正副统军，并俘获大量夏军铜印，器械等。七月，梁氏对淮安之败怀恨在心，集十二监军司大军出没烟峡，兵至镇戎，故意装作犹豫不前。三川寨巡检王贵以为夏军胆怯，便率军过壕沟主动进攻夏军，夏军兵分两路掩杀，王贵大败而逃。

李宪总结上次伐夏失败的原因，针对分兵造成的失败教训，李宪上书宋神宗，建议集合各路人马，集中攻击西夏要害，边攻击边筑城、逐步推进直捣兴、灵。种谔则主张经营横山地区，向宋神宗面奏："横山绵延千里，有很多马，适合种庄稼，不如在那里做一个防御点，休养生息，待日后讨伐之用。"沈括同样建议经营横山，他的建议是直接在夏西八十里筑古乌延城。神宗最终同意了沈括的建议，并派徐禧、内侍押班李舜举前往与沈括相议。徐禧到达延鄜与沈括会晤后，改变了沈括原先提出的在古乌延城筑城，提出在永乐筑城的战略构想，后来，徐禧执意在永筑城，并把种谔调往延州。

公元1082年（夏大安八年）八月，徐禧发蕃汉军民二十多万人，仅用十四天就筑好了永乐城，城池三面阻崖，表里山河，气象雄壮，宋神宗赐名"银川寨"。鉴于永乐城的险要，西夏派统军叶悖麻、咩讹埋等率三十万大军驻扎在泾原以北，伺机夺取永乐。闻知永乐城修好，夏军出动数千士卒渡无定河前来攻城，但渡河后不战而退。徐禧以为夏军胆怯不敢攻城，遂不加防备，徐禧令大将曲珍、景思宜等领兵万余镇守，自行带中军，右虞侯军，右军返回米脂。

横山对西夏极其重要，宋朝称之为西夏的右臂，永乐地处险要，严重威胁了西夏的横山地区。宋军保护筑城的大部队刚刚撤离，西夏屯驻泾原北的30万大军就倾巢出动，前来夺城。徐禧闻讯，刚开始还不信，以为筑城之时夏军尚不敢来攻，现在城修好了，夏军更不敢来。等到大将曲珍一再急报徐禧才信以为真，于是留沈括守米脂，自己同李舜举等率领仓促拼凑起来的一万余士兵前往永乐城，并列阵于永乐城外。

九月九日，西夏大军在大将叶悖麻和咩讹埋的率领下抵达。老将曲珍建议，先将军队撤入城内，以避敌锋，徐禧不听。西夏军十数倍于宋军，徐禧却令宋军列阵城下，去和西夏军队野战。大将高永能见西夏军队尚未齐集，便提出乘西夏军队列好阵势前向其发起攻击，徐禧又不听。

西夏以精锐铁鹞子抢渡无定河，曲珍和高永能又建议乘敌半渡攻击才有机会取胜，否则西夏铁鹞子过了河恐怕难以对抗，徐禧又加以拒绝。西夏精锐渡过河，列好阵势向宋军发起猛烈攻击，徐禧令宋军王牌骑兵选锋骑兵队数千人迎战，很快被优势夏军击溃。宋军被迫退守城内，永乐城被夏军团团包围。

接着夏军又攻下水寨（宋军在此打了水井，专门给永乐城供水用），切断了宋军的水源。宋兵饮水很快用尽，由于永乐城平地突起，地势虽险，但"掘井不及泉"，士卒渴死了一大半，有些士兵甚至绞马粪汁解渴。

众将见城不能守，高永能劝徐禧尽出金帛招募敢死队与西夏军血拼，或许能有七八成士兵突围成功，曲珍也劝徐禧趁现在还有些实力弃城突围，徐禧却表示城池十分重要，不能丢弃。此时西夏军在以残暴著称的仁多家族的首领仁多零丁的率领下，近乎疯狂的攻城。

留守米脂的沈括，本应率兵来救，叶悖麻怕其前去救援，派了万余兵力南攻绥德，以牵制沈括部。绥德城内三百羌众暗中内应，沈括得知后，回兵绥德城内，将内应者全部处死，及至沈括再引军永乐，已错失救援良机。李宪率熙河军远道来援，受到西夏军队阻击不能前进。鄜延道总管种谔因为怨恨徐禧，以手中只有老弱残兵为由，竟未予以援救。

徐禧见情况危急，派吕文惠前去夏军营谈判，西夏军嫌弃吕文惠是小将，拒绝与谈，提出让大将曲珍前来。徐禧认为曲珍总令军政，去的话风险太大，景思宜自告奋勇前去谈判，因言语不和，被西夏扣留。夏军继续猛攻，西夏人在城下叫嚣："汉人怎么还不投降，已经三天没有水了吧。"

徐禧听了把自己水壶里仅剩的一点水倒下去说："无水？你看这是什么？"

西夏军大笑道："就这些了吧。"

九月二十日突降大雨，夏军一边更加猛烈不顾生死的攻城，一边派一万多人拿着铁锹冒着矢石箭雨狂挖墙体，新城多处溃塌，永乐城被西夏军攻破。攻占永乐后，夏军又兵临米脂城下，耀兵三日而还。

此次大败，宋军损失惨重，死者将校数百，精兵一万多人，连筑城的近二十万民夫也被西夏军屠杀。徐禧、李舜举、高永能等皆死于乱兵之中，仅有四将逃免。这次战争的惨败原因，主帅徐禧负有主要责任。宋神宗得闻败讯，涕泣悲愤，食不下咽。早朝时，他又对辅臣痛哭，使得辅臣不敢抬头看他。

灵州、永乐两次惨败，宋朝兵民役夫以及边境归附熟羌竟有六十万人死于争战，花费更是巨万不可胜数。此后，宋朝再也没有力量组织对西夏的大规模作战了。

此后西夏又乘胜多次发动对兰州的进攻，但均被击败。公元1083年二月，梁乙埋出动三十万大军大举进攻兰州，迅速攻占兰州城外东、西两关堡。守将李浩闭城坚守，令钤辖王文郁募集敢死队七百人，乘夜下城突袭夏军大营，夏军惊慌溃退，争相渡河逃窜，溺死了很多人。

梁氏囚禁秉常以来，为了转移国内统治阶级的内部矛盾，屡屡挑起战争，不但内部矛盾没有得到缓解，反而使西夏境内，特别是银、夏一带的社会生产遭到严重破坏，加上宋朝因两国战争而停止"岁赐"、断绝"和市"，使西夏境内物资匮乏、物价暴涨、官怨民恨、人民生活饥寒交迫，引起党项和汉族人民的强烈不满。迫于压力，公元1083年（夏大安九年）闰六月，梁太后与梁乙埋决定让秉常正式复位。

秉常复位，深知宋朝经过连年战争也是疲惫不堪，自恃夏军数次大胜宋军，便向宋上表请求归还所占领土。遭到宋神宗的拒绝。夏国大将仁多零丁等建议再次发兵侵宋。公元1084年（夏大安十年）正月，秉常调集河南诸监军司全部兵力，号称八十万众，大举进攻兰州。宣庆使李宪提前加强了防备，秉常亲自督阵攻城，夏军昼夜急攻，矢如雨雹，十天都没能攻破，夏军粮草将尽，变留下城外数万夏军尸体，解围而去。四月，宋泾原路经略使卢秉派大将彭越孙等攻取了葫芦河。秉常闻知后大惊，派都统军叶悖麻、副统军咩讹埋率大军围攻安远寨。安远守将吕真等率军奋勇抵抗，将数万夏军斩杀殆尽，并杀死都统军叶悖麻和咩讹埋。此战夏军元气大伤，宋军也算报了永乐之仇。

西夏另一大将仁多零丁，指挥作战极其凶悍，数次出兵攻打兰州，其不要命的视人命如草芥的攻城战法，令宋军心有余悸。以致宋神宗都说"此贼凶悍"，并重金招募能人来杀他。

1084年十月，仁多零丁率兵十万进攻泾原路，纵火焚烧草积，蕃、汉民众被烧死者众多。接着挥军围攻第十六堡，部下对其不惜命的攻城战法多有怨言，攻城之时多出工不出力，十万大军面对一个小小的十六堡久攻不下。泾原路经略使卢秉乘机派大将姚麟、彭孙率精锐在夏退军必经之地静边一带设伏。零丁撤退经过时，面对突然杀出的宋军，零丁吓得大喊："这些兵是从天而降！"他的部下一见中伏，加上本就对零丁的残暴心怀怨恨，结果弃主将一哄而散，零丁毫无悬念地战死。

秉常亲政后，数次大举入侵宋境，均遭惨败，更是损失数员大将。在梁氏的建议下遣使入贡，试图修复与宋的关系。公元1086年（夏大安十一年）二月，梁乙埋死，梁太后立梁乙埋之子梁乞逋为国相，梁氏姑侄继续把持朝政。十月，梁太后病死，梁氏集团势力大减。梁氏集团与保皇势力之间的斗争更加激烈尖锐。分管西夏左右厢兵的统帅、皇族仁多保忠公开与梁乞逋对抗。公元1087年（夏天安礼定元年）七月，秉常在长期的忧愤中死去，年仅26岁，庙号惠宗，墓号献陵。秉常卒后，由其年仅三岁的长子乾顺继位。西夏重又步入母党专制。

第三节　后族梁氏，擅权专政

公元1086年（天安礼定元年），年仅三岁的乾顺继位，母梁氏（梁乙埋之女）为昭简文穆皇太后。乾顺由母后梁氏和梁乞逋共同辅政，史称"小梁氏"集团。

此时，西夏的军政大权掌握在梁氏、皇族嵬名阿吴和皇族仁多保忠三大家族手中。小梁氏集团当权期间，西夏内乱外战更加剧烈，三大家族之间钩心斗角，互相倾轧，但左右政局的仍然是梁氏家族。梁氏集团依仗"一门二后"的国戚关系，控制朝政、打击旧臣、为所欲为。特别是梁乞逋，仗着自己是乾顺皇帝母舅，更是嚣张跋扈，目空一切，残酷迫害秉常的亲信大臣，其倒行逆施引起朝野震怒，部族豪酋与之同床异梦，离心离德。

梁氏掌权之初，采取对外称臣的策略，不断向宋朝进贡马、驼，要求宋朝归还失地。与此同时，宋朝哲宗赵煦也因年幼，由他的祖母太皇太后高氏临朝听政。高太后守旧软弱，重用司马光，反对王安石变法和积极的开边政策，对内搞"元祐更化"，对外执行退让求安的消极外交政策。公元1087年（夏天仪治平二年，宋元祐二年）宋朝册封乾顺为夏国主，仍兼任节度、西平王。

梁氏集团与皇族之间的矛盾斗争愈演愈烈，梁乞逋通过对宋朝的试探，摸清了宋朝的态度，为了转移国内激烈斗争的视线，也为了进一步控制兵权，接下来梁乞逋对宋朝边境发动了一系列掠夺性的战争。

宋夏长年交战，使边境居民生活困苦，夏境内的一些党项部落多有内附，之前宋对夏来附人员一应接待。宋哲宗宽厚仁慈，以乾顺新立为由，下诏令沿边经略使拒收夏国归附人员，如遇到人数较多的，则派兵将其移送出境。梁乞逋则派兵将这些半路返回的部众全部杀死。

公元1087年五月，梁乞逋重金约吐蕃族首领阿里骨一同攻宋。二人相约，如果攻取熙、河、岷三州则归西蕃，如果夺取兰州定西城则归夏国。阿里骨率兵攻破洮州，梁乞逋亲率数万军出河州，与阿里骨部共同围攻南川寨，大肆烧杀抢掠。接着转攻定西城，诱击宋军，杀都监吴猛等。梁乞逋和皇族大将仁多保忠不和，便以乾顺的名义胁迫他出兵进攻泾原，保忠率万余骑兵进入泾原境内，总管刘昌祚率大军截击，保忠引兵退还。

八月，梁乞逋调集十二监军司的兵力于天都山，直接威胁兰州。阿里骨派河北兵十五万进围河州，令部将鬼章率两万兵马驻扎在洮州。岷州知州种谊和行营总管姚兕两路出击，围攻鬼章。宋军在归顺的吐蕃部族的引导下，趁着大雾接近洮州，发动突然攻击，面对突然而至的宋军，鬼章部众大为惊恐，宋军顺利攻取洮州，斩首数千，俘虏蕃部首领鬼章等九人。九月，梁乞逋令仁多保忠率兵十万再次侵犯泾原，围泾原十一将兵于城内。总管刘昌祚病倒，知军张子谌不敢出战，保忠令夏兵在城外四处焚烧庐舍、毁坏冢墓。庆州知州派遣副总管曲珍领兵星夜急驰数百里至曲律山，对夏军发动突袭，斩首一千多人，俘虏数百人。仁多保忠闻讯，急忙将围城士兵撤入札寨内，像平常一样生起烟火做饭，暗中偷偷撤军而去。

公元1086年（夏天仪治平三年）正月，白天见太白星，司天进言说"不利用兵"，梁乞逋不听，亲率兵进攻兰州，被守将钳宗翌击败。进攻兰州失败后，乞逋借口护耕往每寨派三五百夏兵，以引诱宋军。宋军不为所动，于是乘机袭击德靖寨，被守将张诚率蕃、军击败。

四月，围攻塞门砦（今陕西安塞县北），庆州宋军乘机进袭洪川寨（今陕西靖边县西南），夏兵被迫撤围。七月，梁乞逋屯兵与兰州交界处，突袭龛谷，击败龛谷守将及东关堡巡检，杀数百宋军。八月，梁乞逋派兵进犯延安，岷州知州种谊率兵来援，夏兵闻听种谊前来，主动退兵。

公元1089（夏天仪治平四年）年春，夏境内出现大面积饥荒，梁乞逋点兵不集。他连年对宋出兵，国内怨声载道，群臣也上书"国家用兵过多，请息民力"，梁氏迫于压力而向宋请和。开始西夏向宋请求归还被占的领土米脂、浮图、葭芦、安疆四塞和兰州。经过双方的讨价还价，最后议定宋朝将米脂等四塞归还夏国，夏国则归还永乐之役的宋朝俘虏。

此时梁乞逋权势更盛，他的弟、侄皆手握重兵。公元1090年（夏天祐民安元年）五月，梁乞逋上表宋朝请求废除兰州的质孤、胜如二堡。二堡在兰州界内，为李宪攻取兰州后所筑。六月，乞逋请废二堡被宋拒绝，就派兵将二堡攻占后毁弃。十月，胜如巡检守义领兵修葺被毁的城门，修好后，梁乞逋又派兵将之焚毁。

公元1091年（夏天祐民安二年）四月，梁乞逋率兵十万大举进攻熙河，焚毁通远军护耕七堡，杀掠上千居民。五月，乞逋率兵转攻泾原，大掠开远堡，后得知岷州知州种谊正集结兵力来援，遂率军退还。八月，乞逋派兵攻打土门堡，鄜延都监李仪与副将许兴夜率军迎击，战败被杀。接着又转攻怀远砦，守将李逊领兵出战，被击败后退入城内坚守，夏军围城五日后退去。九月，梁乞逋集兵十五万，声言攻环庆、鄜延诸路，当他发现两处已经做好防备，于是抽出一部分兵力进攻麟州、府州，围攻神木等寨，纵兵杀掠无数，焚毁庄稼庐舍，驱掳牲畜。沿边诸寨皆紧闭城门不敢应战，惟有横阳堡守将孙贵数次以奇兵袭击获胜，并且打开城门，视夏军如无物，夏军惊疑，不敢贸然进攻，所以又带兵退回来了。。

户部侍朗范纯粹（范仲淹第四子）说："西夏人一年之内大兵三次来犯，实在猖狂。"在夏军大举入侵宋朝边境之时，河西的塔坦国乘夏国境内空虚，率部袭击了贺兰山区的罗博监军司，劫杀千余人户，掠牛羊、孳畜万计。梁乞逋急忙撤军回援。十一月，宋朝断绝对夏的岁赐。环庆路经略使章楶命都监张存率兵进攻韦州（今内蒙古河套东部），攻安州川、霄柏川等处，杀死蕃部千余人。

公元1092年（夏天祐民安三年）正月，梁乞逋遣使赴辽，以受到宋朝攻击为由向辽乞援，辽国派大将萧海里驻兵北部边境，以牵制宋朝。梁乞逋乘机派重兵向绥德发起攻击，大肆掳掠五十多天而还。三月，梁乞逋集兵韦州，扬言进攻环、庆二州。经略使章楶侦知夏国边寨各相距二、三十里，每寨仅有八百人驻防，且大多老弱不堪，命折家大将折克适率领泾原精骑八千，急行军一天一夜奔赴至韦州，迅速击溃了守城夏兵，折可适率兵直入监军司所，俘获大量牲畜、器物。回师途中，夏军从后悄悄尾随，打算趁其不备发动袭击，折可适乘机在途中设伏，大败夏军，斩首领二人，杀死士卒无数，俘获上千甲马。

梁乞逋见宋朝在熙河修筑了定远城，便在其附近修筑了烽火台，并派了五千夏军驻守，待宋军有行动时可向其内地发出警报。折可适率六千士兵悄悄潜入夏境，预先探得守烽火台的夏军姓名，然后假扮敌军官查哨，呼叫着名字骗出斩首，使烽火不能传信，夏军卷甲而逃。

梁太后为韦州之败而感到恼怒不已，企图大举攻宋。七月，遣使赴辽，请求辽国出兵协助攻宋，但是遭到辽道宗的拒绝。

十月，梁太后亲率十万大军进攻环州，环州城外皆是沙碛，距城百里外有一处水源，章楶在夏军路过前派人在水里下毒，夏军经过饮用时，人马被毒死者甚众。夏军围攻环州七日不克，被迫退兵，章楶令折可适率一万精兵埋伏在夏军退军必经之地洪德砦。夏军大部队不久经过此地，折可适下令放过前军，拦腰向梁太后所在的敌中军冲杀。夏军猝不及防，乱作一团。梁后旌旗显眼，诸路宋军皆奋勇向其部冲杀。梁太后组织最精锐的铁鹞子数万反击，折可适率众死战将之击溃。梁太后见不能敌，便弃帷帐首饰，换上平民衣服，狼狈逃窜。逃跑中，夏军相互践踏被杀者难以计数，跌落山崖者尸体遍地。

环州之战中，西夏元气大伤。在此后的数年里，西夏再无力大规模入侵宋朝边境。公元1093年（夏天祐民安四年）三月，梁乞逋因宋朝断绝岁赐，遣使上表谢罪。宋朝边境守将以为宋、夏议和，防备就松懈了。但夏谢罪使刚入宋境，梁乞逋就乘宋沿边不备，纵兵大举入侵延、麟二州。泾原路大将张蕴对西夏的出尔反尔极其愤怒，率精锐杀入夏境，直逼宥州。梁乞逋派三千骑兵前去阻拦，被张蕴领军击败，宥州守将弃城逃走。夏监军梁阿移率数千铁骑来援，向张蕴军发起数次冲锋，皆被击退。张蕴乘敌骑疲惫，纵兵掩杀，夏军大败。

第四节　梁氏集团穷兵黩武，穷途末路

梁氏集团掌权以来，不断发动战争，穷兵黩武，使得宋和西夏两国边境居民饱受战争灾难，人民生活在水深火热之中。梁乞逋每次出兵都会找堂而皇之的借口，而每得到宋的岁赐后，更是要在朝堂上夸耀自己的功绩。西夏上下虽然怨声载道，但迫于梁乞逋的淫威，群臣和百姓对梁氏集团的倒行逆施也是敢怒不敢言，致使梁乞逋更加自命不凡。

梁乞逋自恃功高，专权的欲望越来越强梁氏也对他的专权蛮横很是不满，环庆之战，梁氏甚至剥夺了他的带兵权，梁乞逋对此怀恨在心，兄妹之间的矛盾逐渐激化。

公元1094年（夏天祐民安五年，宋绍圣元年）十月，梁乞逋的"叛状益露"后，西夏国大将嵬名阿吴、仁多保忠、撒辰等率领部众，杀死梁乞逋，并杀了他的全家。梁乞逋被诛杀后，梁氏独揽大权，继续侵犯宋朝边境。

公元1096年（夏天祐民安七年）十月，梁氏偕乾顺统帅50万大军，兵分三路，大举入侵鄜延路。西夏军重兵低达延州，见延州城防备森严，难以攻下，便转而向延州北面的金明寨发起猛攻。梁氏与乾顺亲自督军作战，金明寨失守，宋军2800名守兵只有五人逃脱，其余全部战死或被俘。夏军获寨中粮五万石，草千万束。并留书于一宋军脖颈上，写道："借你的名，替我转投经略使。"书信内容大致是对宋和西夏边疆议定无果不满。梁氏担心宋的报复入侵，便将金明寨一战所俘宋军献与辽，以争取辽的支持。

第二年，宋朝开始反击西夏。自高太后病逝后，亲政的宋哲宗重新启用改革派，对西夏也从过去的退让求安转为强硬反击，不但断绝西夏的岁赐，更是在边境地带加强了对西夏的主动进攻。

公元1097年（夏天祐民安八年）七月，张蕴攻取宥州退兵后，西夏复取宥州。经略使吕惠卿命熙河大将王愍率兵攻取宥州，西夏都统军贺浪罗率兵前来支援，被王愍军击败，宋军乘胜攻占宥州。贺浪罗又遣部将前来挑战，被宋军神臂弓射退，损失惨重。八月，宋都监刘安率兵杀入西夏境，杀退梁氏派遣的拦截部队，兵锋直抵夏州城。梁氏一面下令坚守，一面遣使赴辽乞援。辽依旧是只书面谴责宋，而拒不发兵。由于宋朝对西夏境的大规模讨荡，致使夏天都山部落带着牛、羊粮草远徙。熙河路出动四万大军向天都山进发，西夏监军司以十万骑兵迎战，被击溃，向西败退。宋军杀入天都监军司，但一无所获，宋军粮草将尽，饥渴而死者近半，无奈只得退军。

泾原路宋军亦数次深入西夏境，攻占西夏屯兵所，掳获甚众。鄜延路大将苗履统诸路兵马杀入西夏境，围攻夏州。梁氏派大将嵬名乞勒领兵来援，遭到苗履部痛击，损失上万兵马，苗履挥军追杀五十里。在宋军各路人马的反击下，西夏损失惨重，西夏境内部落多有内附者。西夏御使中承仁多楚清是名将仁多零丁的儿子，零丁战死后，他的侄子仁多保忠代为都统军。楚清虽官至宰相，但无兵权，数次向梁后请掌兵权，均被拒绝，于是乘宋军大举入境之机举族内降。监军妹勒的亲随喝强山和讹心也投降了宋朝。

渭州知州章楶派兵在葫芦河川（今宁夏固原北）修筑城池，葫芦河川地处险要，处于西夏军的出没要地。章楶令总管王文振统领秦凤、熙河、环庆、泾原四路军共约八万人开始筑城。梁太后闻讯，急忙调集十万精兵，交由阿埋、妹勒率领前来阻止宋军筑城，西夏军驻扎在没烟峡，设伏以待。

折可适领军先至，遭到西夏军伏击。熙河军左骐骥使姚雄率七千士兵前来增援，西夏军据险不与之战，而是占据有利地形以观宋军动静。几日后，西夏军突然发动总攻，西夏军每人带一把铁锹、一把茅草疯狂冲向城前壕沟，把茅草投入沟里试图冲到城前。宋军拼死抵抗，经过反复冲锋，西夏军终于突破了宋军的防线，越过壕沟，直扑平夏城下，过河逼寨，奔突杀人，并用铁锹狂挖尚未完工的城池。

此时，熙河大将姚雄所率七千精兵冲入敌阵，姚雄虽流矢中肩，却愈战愈勇，极大地鼓舞了宋军士气。西夏军渐渐不支，引兵而退。此役宋军斩首三千级，俘虏数万。经过这一战，宋军成功地修筑了平夏城、灵平寨。

平夏城修好后，宋朝又在沿边诸路陆续修筑了镇羌、安西城、通峡等数十处堡寨，逐步形成了对西夏步步进逼的态势。这些城堡的修筑，特别是平夏城的修筑，犹如一把插入西夏腹心之地的利剑，使得西夏不仅失去了好水川两岸大片膏腴之地，而且面临侵宋前沿阵地和补给基地为宋所困的窘境。西夏人哀叹："这些田地都被汉家占了，以后该怎么办？"

可见，平夏等诸城的修建对西夏影响之大，因此西夏积极准备夺取这些堡寨，梁太后一面加紧备战，一面遣使赴辽乞求辽国出兵相助。辽国通牒宋朝归还所占西夏领土，宋朝对此不予理睬。梁氏见外交攻势毫无进展，决定动员全国的军队夺取这些地区。

公元1098年（夏永安元年，宋元符元年）十月，为了夺取宋朝修筑的堡垒，梁太后与乾顺计议之后决定，梁氏亲率四十万大军出没烟峡，迅速行军至平夏城，西夏营地东自葫芦河咸泊口，西至石门峡九羊寨，南到熙宁寨古豪门，绵延百余里，将平夏城包围。梁氏令大将阿埋负责攻城，妹勒负责阻击外援。

平夏被围后，章楶集结各路精兵前去救援。梁氏令西夏新建一种装有名为"对垒"攻城装备的战车攻城，高大的战车载着数百人，填壕沟而进，飞石激火，昼夜不息。守将郭成临危不乱，组织守城士兵打退了夏军一轮又一轮的疯狂进攻，并不时地在夜间派兵出城袭扰夏军。平夏城成了一台名副其实的绞肉机器，城下鲜血横流，尸积如山。

夏军连续攻城十三天，死伤万余人，仍未破城。夏军携带粮草渐尽，适逢一场西北大风，将"对垒"战车全部吹折，夏军溃败，梁太后"惭哭嫠面而遁"。嫠面是党项羌等少数民族的一种习俗，指的是用尖锐的东西划自己的脸，以至血流满面，来表达自己内心强烈的悲痛或复仇决心。夏军在围攻平夏之时，派驸马都尉罔罗屯兵罗萨岭，以拦截熙河路援军；另派大首领嵬名济驻扎在折池，以防御秦凤、鄜延等路。夏军攻城期间，熙河守将王愍率军攻入夏境，斩杀罔罗，宋将刘安、张诚亦率军击败嵬名济等，这加速了夏军的溃败进程。

平夏城之败，虽然使得西夏损失惨重，但西夏并因此而没善罢甘休。阿埋为六路都统军，与监军妹勒在天都山附近指挥部秘密召开军事会议，暗中集结兵马于天都山，以畜牧为掩护，图谋发动一个春季攻势，以彻底摧毁平夏城。不料，他们指挥部的地点被宋军探知，章楶召集众将商议，决定采用奇袭的方式灭掉西夏的指挥部。泾原路曾四次对西夏境发动浅攻，三次进入西夏境均不超过百里，西夏人以为宋军胆怯不敢深入其境，认为宋军的骑兵部队的能力也仅至于此。

因此，章楶决定反其道而行之，密令折可适、郭成等六将率一万精锐骑兵，分六路潜兵夜进至天都山锡斡井，当长途奔袭的宋军突然出现在嵬名阿埋、妹勒面前时，他们难以置信，俯首就擒。天都山乃西夏战略要地，大批西夏援军很快赶到，把宋军团团围住。双方展开激战，折可适战马疲惫不能再战，郭成主动让马，并以家事相托，让折可适突围，自己断后。折可适坚拒不受，表示要和郭成并肩作战以死报国，宋军见主将如此英勇，士气大振，奇迹般地将西夏军击溃。另一路宋军在突袭仁多保忠部时，除仁多保忠单骑侥幸逃脱外，全军覆没。这场战役，除了俘获西夏两名统军大将外，还俘虏了三千余兵民，获牛羊不下十万。

连续两次攻打平夏都遭到惨败，天都山基地又为宋军袭破，统帅又被俘，西夏上下惊恐不已，梁氏再次派遣首领嵬名咩布至辽乞援。由于此前梁氏曾数次向辽乞援均未如愿，所以对辽的表章上言辞颇有不满。辽道宗本来就十分讨厌梁氏，忍无可忍，于公元1099年（夏永安二年）派遣使臣前往夏国，用药酒毒死了梁氏。至此，擅权专政达13年之久的梁氏集团彻底终结。年满16岁的乾顺，在辽的支持下开始主持内政。

第七章
乾顺亲政，帝国攀升至巅峰

　　一个以儒治国尊崇佛学而又骨子里充满党项民族特有杀气的乾顺帝，将国与国之间战与和的游戏玩到极致，巧妙地周旋于宋、辽、金之间，利用各方矛盾，实现夏国利益最大化，最终将帝国带到了一个前所未有的高度。

第一节　乾顺亲政，皇权巩固

　　梁氏擅权的终结和乾顺亲政主要是依靠了辽国的力量和支持，所以乾顺亲政后，与辽国的关系处得很近，进一步加强了与辽的依附关系。公元1099年（夏永安二年，辽寿昌五年）二月，辽国西面招讨使所辖的拔思母部发动叛乱，辽屡次出兵讨伐均没成功，乾顺在辽的请求下出兵助讨。十一月，乾顺向辽请婚，意在消除因梁太后之死而造成的两国之间的隔阂，希望通过联姻的方式进一步巩固辽夏关系，但辽道宗拒绝了乾顺的请婚。

　　公元1100年，为了进一步加强对辽的依附关系，乾顺派汉宫殿前太尉李至忠，秘书监梁世显去辽朝进贡，并再次向辽请婚。辽帝问乾顺的品性如何？至忠回答道："秉性英明，处事谨慎，是个出色的人。"辽帝赞许，但并没当场答应求婚之事。直到公元1103年（夏贞观三年，辽乾统三年），辽天祚帝才答应了乾顺的求婚，并于1105年，封宗室女南仙为成安公主嫁与乾顺，联姻后的辽夏关系更加密切。

　　乾顺亲政当年，令大将结讹遇领兵数万在神堆及波济立、鲁逊埋等险要处驻营扼守。延铃辖张诚、刘安率军对其发动突袭，大败结讹遇，斩首四千级，收降四百余人。面对宋朝咄咄逼人的军事压力，初掌大权的乾顺决定改变梁氏集团期间对宋主战的政策，派嵬名律令持书到熙河与宋议和，经略史孙路将书上交宋延，宋哲宗以孙路擅自接收西夏的议和文书为由，将孙路降职，拒绝了与夏的议和。

　　公元1099年三月，急于与宋议和的乾顺派使者到辽国寻求帮助，希望辽国出面调和。辽派签书枢密院事萧德崇、礼部尚书李俨入献玉带赴宋，上书为宋与西夏和解。宋哲宗以西夏反复无常、屡犯边境、杀掠吏民为由拒绝与之议和。乾顺闻知辽国出面，宋朝也不理会，大怒，辽国使者刚出宋境，乾顺就派令王皆保率兵突入府州境内，大肆杀掠。知州折克行率兵出战，大败夏军，生擒皆保。八月，宋军展开报复行动，熙河军深入西夏境内，杀死仁多保忠的弟弟仁多洗忠。初执政的乾顺数次与宋交兵没有占到便宜，九月，乾顺派使者向宋上谢罪表，辩称西夏国侵扰宋境是由梁太后和梁乞逋挑起的，现在梁氏已死，一些奸臣已经被诛，希望得到宋朝的谅解，恢复两国的和平友好关系。宋哲宗初步答应只要西夏人不再来犯，则宋朝也不再出兵过界，并令乾顺严戒缘边首领，不得再滋扰边境。

但是，由于宋和西夏两国连年烽火不熄，极度缺乏互信，注定双方和谈会一波三折。就在乾顺上谢罪表不久，乾顺再次派遣二千精骑出浮图岔，进犯镇戎军。闰九月，西蕃羌酋心牟钦毡、罗结聚集数千人围攻湟州，并派人请求乾顺出兵相助。乾顺命仁多保忠及达摩等率兵十万前往湟州，西夏军首先派兵烧毁了湟州城外的炳灵寺桥和星章峡栈道，对湟州四面围攻，接着出兵攻破南宗堡，擒获守将刘文，西夏军兵临湟州城下。保忠令西夏军猛攻，连续围攻十六日，还是没能破城。宋将苗履、姚雄、李忠杰率部前来增援，保忠见宋军来势汹汹，荡起滚滚烟尘，遂仓皇率众渡湟水而逃。

乾顺一边不停地与宋兵锋相见，一边不停地上表求和。十一月，乾顺派遣令能（官名）嵬名济等再次向宋朝上誓表，再次强调母党梁氏的侵宋之罪，并保证以后一定严戒缘边首领不得再出兵滋扰宋朝边境。好事多磨，双方终于达成和议。宋哲宗遣使赐西夏银器五百两、衣帛各五百匹，并恢复对西夏的"岁赐"。

初掌大权的乾顺进一步依附辽国，并使两国的关系得到了加强，同时也与宋暂时达成了和解。在稳定外部环境的同时，乾顺为了进一步加强中央集权，巩固自己的统治，开始对国内军政大动手术。

在梁太后擅权期间，由于大将仁多保忠领兵在外，梁太后的亲信嵬名阿吴已死，曾给梁后出谋划策的大将嵬保没、陵结讹遇两人，成了乾顺出气的替死鬼。乾顺将梁后之死怪罪在二人头上，下令将这二人杀掉。

　　梁氏擅权时期，西夏的军政大权掌握在梁氏母党、仁多氏和嵬名氏皇族三大家族手里。如今母党梁氏已经败亡，只有仁多保忠尚统兵在外。蔡京听说仁多保忠与乾顺有矛盾，有心归附宋朝，于是蔡京命熙河路主帅王厚（著名的熙河开边主帅王韶之子）招降仁多保忠。王厚说："保忠虽然有意归附，但是他的部下却没有人响应。"这句话的意思是只招仁多保忠一人，如果他的部下不来，那也没什么用。但是蔡京不听，下诏急令王厚马上行动。

　　王厚无奈，只好派自己的弟弟暗中去寻保忠，谈妥内附之后，王厚的弟弟在回来的路上不小心被西夏巡逻兵抓获。乾顺得知后大惊，设计令人将仁多保忠召之牙帐，夺了他的兵权。仁多保忠被夺了兵权，但是蔡京还不死心，再次命王厚将他招降。王厚表示没必要招降保中，但刚当宰相不久的蔡京急于做出点政绩，不听王厚劝告，再次派人以重金利诱仁多保忠归附。面对蔡京如此露骨的招降行为，乾顺闻之大怒，派数千精兵前往宋朝的延、渭、庆三州，四处烧杀掳掠，以报复宋朝。

　　亲近梁后的大将被处死，三大家族之一的仁多保忠也被解除兵权。皇族嵬名氏的权力得到极大加强，乾顺的皇权也得到进一步的巩固。剪除异己之后，乾顺接下来的一大动作是，仿照汉人的分封制度，对嵬名皇族宗室进行大范围的分封。

　　公元1103年，乾顺封其庶弟察哥为晋王。察哥是乾顺同父异母的弟弟，史称："雄毅多权略。"可以说察哥是元昊之后西夏最优秀的军事家，少年时就能拉二石多的劲弓，可以洞穿重甲。随仁多保忠围攻湟州时，在宋军援军赶来，西夏军溃退至湟水的危急时刻，察哥一箭正中急追的苗履副将，宋兵惊骇不敢上前，使慌乱的夏军得以渡河退去。在西夏有"一箭退宋兵"的英勇佳话。察哥不但勇猛无比，而且极具谋略。由于当时宋军采取堡垒加浅攻的战略，令西夏军很是被动，在和宋朝的战斗中胜少败多。察哥向乾顺谏言，他十分精辟地论述了宋夏两国军队的长短，建议西夏军学习宋军的长处。乾顺对此极其赞赏，由于察哥精通兵法，是西夏皇室中难得的将才，因此，乾顺让他执掌兵权。

公元1120年（夏元德二年）十一月，乾顺又封宗室景思子仁忠为濮王，次子仁礼为舒王。景思是秉常的旧臣，在秉常被囚禁期间，曾成功阻止了罔萌讹对秉常的暗害。乾顺视其为保护秉常的功臣加以封王，仁忠和仁礼精通蕃汉文字，乾顺授仁忠礼部郎中，仁礼为河南转运使。

乾顺对宗室成员的分封，使得皇族的力量得到进一步加强，对稳固皇权统治、维护西夏国家的统一有一定的作用。但是，后来分封范围从仅限于皇室成员扩大到异姓，甚至扩大到外戚，随着被分封的割据势力的加强，对西夏皇权的统治构成了严重的威胁，最终导致了外戚任得敬擅权分裂夏国之乱。

第二节　立国新方针：尚文重法

西夏立国以来，一直实行"尚武重法"的立国方针，这也是由其当时的国情所决定的。但是随着历史的发展，这一立国方针越来越不适应西夏国家的现实国情。乾顺亲政后，西夏的经济、政治、军事等方面均出现了新的形势，决定了"尚武重法"的立国方针面临必然的转变。

第一，从西夏的经济上来看，当时其社会组织已初具规模，经济水平有了相当的提高，封建土地所有制也得到进一步的发展和巩固，封建主和农奴主拥有大量的土地，残酷地剥削广大的农牧民。一些封建官僚和大的地主奴隶主更是利用自己手中的权力，对农牧民进行残酷的暴力掠夺。经济基础决定上层建筑，日益发展的西夏封建制经济决定了那种以武立国的方针必然要向文治法治转变。

第二，从政治上来看，皇族与母党之争告一段落，代表了传统保守势力的母党势力的覆灭，使得皇族对封建中央集权得到进一步加强。梁氏集团的威胁解除后，乾顺又找借口解除了一些手握重兵又难以控制的党项豪酋的兵权。母党时期掌握西夏国军政大权的三大家族之一的仁多保忠，也被乾顺借机夺了兵权，对一些不服从的地方豪酋则坚决出兵镇压，这些措施使得地方豪酋拥兵自居的局面得到极大的改善，对维护西夏国家的统一和稳定起到了积极作用。

　　第三，从军事上来看，元昊之后西夏在对宋的战争中表现得一直不如人意，一个重要的原因是西夏基本上一直在沿用元昊时期的老办法打仗，缺乏创新。与此相反的是，宋军在长年与西夏作战的过程中不断总结经验教训，逐渐发现了"铁鹞子"和"步跋子"的弱点，找到了对付它们的方法，致使西夏在和宋的战争中越来越被动。另外，再加上宋朝自从连续几次大规模地主动征战遭到惨败后，决定在西北诸部实行"堡垒加浅攻"的步步推进战术，既巩固了宋军的前沿阵地，又通过不断的"浅攻"战术使得宋军的战斗力得到加强，培养了一批优秀的军事指挥人才。为了改变与宋作战越来越被动的局面，乾顺采纳晋王察哥的建议，决定学习宋军的长处，弥补夏军自身的不足。随着西夏对军队的不断改革，改变了对宋作战的不利处境，两国逐渐从以前的直接军事对抗转为军事对峙。

　　西夏自建国以来，一直存在着"蕃礼"与"汉礼"之争，元昊立国之时就特别重用汉族知识分子，谅祚亲政后进一步改"蕃礼"为"汉礼"，接下来的两后擅权时期又改"汉礼"为"蕃礼"，使得汉学在西夏越来越没落。乾顺执政后，由于他本人对高度发展的儒家文化和汉族文明十分倾慕，加上当时西夏封建经济发展的客观要求，皇权的巩固和统治不断加强，都需要大批能与之相适应的人才来为西夏的封建经济发展服务。乾顺决定提倡汉化，以改变西夏的落后风气。公元1101年，他借御使中丞薛元礼之口倡导儒学，在薛元礼的上疏中建议"以儒治国"，乾顺采纳了薛元礼的建议，下令在原有的"蕃学"之外，特建"国学"，教授汉学。挑选皇亲贵族子弟三百人，建立"养贤务"，由官府供给廪食，设置教授，进行培养。此后，西夏儒学日盛，文教繁荣，"汉礼"逐渐取得了统治地位，彻底结束了西夏长达数十年的"蕃礼"与"汉礼"之争。

乾顺不但十分重视人才的培养，而且对官吏的任用也格外重视。公元1112年（夏贞观十二年），乾顺正式公布按资格任用官吏的办法，除"宗族世家议功议亲俱加蕃、汉一等"外，对于擅长文学者更是给予特别优待。

乾顺本人也有很高的文学修养，大臣高守忠宅弟后院生长灵芝，乾顺以为祥瑞，百官朝贺之际，乾顺作《灵芝歌》与之唱和。近年在发掘西夏王陵时，发现了刻有灵芝歌的残碑，碑上刻有"俟时效祉，择地腾芳"、"德施率土，赉及多方"等诗句，其韵律优美、词语雅正，完全是中原古体诗的格式。

乾顺和他的母亲梁太后都笃信佛教，乾顺自母梁氏卒，辄供佛，为母祈福。公元1103年二月，甘州僧人法净于张掖县西南甘浚山下，夜望有光，前往挖掘，得三座古佛，皆卧像，献于乾顺，乾顺令于甘州建造宏伟壮丽的卧佛寺，后来又重修凉州护国寺感通塔。

乾顺尚文重法的立国方针，也遭到了一些守旧党项贵族的不满。其时正逢连年水旱灾荒，乾顺命诸大臣言得失，御使大夫谋克宁要求保留西夏的旧俗，继续凭借武力对外发动战争来满足党项贵族的利益，乾顺没有采纳。

乾顺推行"尚文重法"的立国方针，适应了西夏经济的客观发展规律，为西夏社会带来了一个相对和平的发展环境，进一步促进了西夏封建制经济的发展。但同时也给西夏带来严重的隐患，"尚文重法"的立国方针必然要提倡以儒治国，实行以仁孝治天下，但是一些党项豪酋历来"桀骜难训"、野心勃勃，皇帝的仁和忍让可能会换来这些豪酋的不安分守己，给帝国的统治带来不稳定因素。更严重的后果是，"尚文重法"的立国方针使夏国"军政日驰"，在全国推行儒教诗书礼仪的氛围下，必然会削弱一贯尚武、民风剽悍的党项人民的战斗精神，西夏汉化越来变得越儒雅文弱，为西夏最终被蒙古铁骑所灭埋下了隐患。

第三节　联辽抗宋，疆域扩展

乾顺执政早期，与宋之间的战争也是连绵不断。公元1100年（夏贞观元年，宋建中靖国元年），壮志未酬的宋哲宗年仅26岁突然病逝，其弟端王赵佶继位，是为宋徽宗，从此宋朝进入历史上最灰暗的一段岁月。宋徽宗任命蔡京为右仆射（右相），在他的推荐下，童贯、王黼、梁师成、朱勔、李邦彦相继入朝担任要职，六人把持朝政，狼狈为奸、横行霸道，时人号称"六贼"。他们倡导"丰亨豫大"（即丰盛、亨通、安乐、阔气）之说，大兴土木，并在全国各地大搞"花石岗"，借机对老百姓敲诈勒索，搞得宋朝上下鸡犬不宁、民不聊生。

六贼之首蔡京其人除了字写得好外，简直一无是处。宋朝书法四大家有苏、黄、米、蔡，其中蔡说的就是蔡京，但由于此人名声实在太坏，后人就将其改成了蔡襄。六贼对内祸国殃民，对外则主张对西夏用兵。

公元1004年（夏贞观四年）五月，陕西转运使、知延州陶节夫，遣兵攻入西夏石堡砦，夺窖藏粮食数千，并修筑城堡。乾顺得知宋朝夺了石堡砦，愤然道："汉家夺吾金窟埚。"急遣精锐铁骑前来争夺，被陶节夫击败。六月，知河中府钟传派遣大将折可适率锐骑出萧关向灵州川进击，由于宋军行动迅速，西夏军没有防备，折可适大胜而返，俘获众多。知延州陶节夫，在延安一带大加招诱边民来降，西夏民有在边境放牧者，以兵威胁内附，不从者则杀之。十月，乾顺遣使向宋请和，陶节夫拒绝议和。乾顺大怒，调集四个监军司的军队，围攻平夏城，杀钤辖杨忠，再攻镇戎军，掳掠数万人口而返。

公元1105年（夏贞观五年）正月，乾顺再次遣使赴辽乞援。辽派遣枢密直学士高端礼入贡请求宋朝罢兵，并象征性地出兵千余屯兵塞上。宋徽宗没有答应。二月，宋军派神将韩世忠率兵攻打银州，世忠斩杀守城夏将，西夏监军附马兀移率重兵来援，与韩世忠战于高平岭（今陕西米脂县境），大败而逃。韩世忠率军急追，再次激战，杀死兀移，守城西夏军弃城逃走。

接连攻占石堡、银州的大将陶节夫向朝廷上奏，向徽宗陈述进一步夺取兴、灵二州之策，宋徽宗表示赞同，令蔡京督促西部边境储粮备战。乾顺闻之，决定主动出击，首先派兵进攻顺宁寨，遭到鄜延路第二副将刘延的奋勇反击，最终败还，接着又转攻湟州北蕃市城，又被守将辛叔宪击败。

乾顺见防不住宋军的进攻，主动进攻又不能取胜，于十二月再次派遣李造福、田若水赴辽求援。辽遣枢密副使萧艮赴宋说道："朝廷出兵侵夏，现在大辽以帝妹嫁夏国主，请赶紧退兵，归还侵地。"徽宗不同意。

公元1006年（夏贞观六年）二月，辽国以宋使失礼为由遣知北院枢密使萧得里底、南院枢密使牛温舒出使宋朝，再次请求宋朝归还所侵夏地。经过讨价还价，宋朝答应归还自崇宁以来所侵西夏地，宋朝废银州为银川城，罢五路经制使，徙陶节夫知洪州。

宋朝之所以答应与西夏议和，完全是迫于辽国所施加的压力而行的权宜之计。实际上，徽宗、蔡京等的开疆扩土，对西夏用兵的方针并没有改变。经过七年的准备之后，公元1115年（夏雍宁二年，宋政和五年），宋徽宗以童贯总领永兴、鄜延、环庆、秦凤、泾原、熙河六路大军，志在夺取整个横山地区。

童贯令熙河经略使刘法领兵十五万出湟州，秦凤经略使刘仲武领兵五万出会州，两路夹击西夏的卓罗和南监军司。童贯自率中军驻扎兰州，为两路后援。刘仲武率兵抵达清水河（今甘肃永登县境），遇到西夏兵阻击，便筑城留兵屯守。刘法率兵直抵古骨龙（今青海乐都县北），与西夏右厢军数万展开激战，大败西夏军，斩首三千多级，刘法即在此筑震武城。都统制种师道率诸路军于席苇城筑城，西夏军重兵前来争夺。种师道列好阵势摆出与西夏军决战的势头，暗中派部将曲充由小道出横岭，扬言宋援军至。西夏军惊慌回顾，时折可适率军绕道其后发动攻击，姚平仲率精锐攻击西夏前军，遭到前后突然夹击的西夏军大溃。

公元1115年九月，王厚、刘仲武再次会合泾原、鄜延、环庆、秦凤四路大军，进攻藏底河（今陕西定边县西北），屡攻不下，西夏援军赶到，内外夹击，宋军惨败，数万将士战死，秦凤路三员大将全部战死。西夏军乘胜纵兵攻入萧关，掳掠蕃、汉牲畜无数。王厚害怕朝廷追究责任，贿赂童贯不向徽宗奏报。

公元1116年（夏雍宁三年）二月，宋朝东西两线同时出击。东线由都统制种师道率领陕西、河东等七路共十万大军，再次大举进攻藏底河，藏底河城小但极其坚固，宋军原计划十日破城，攻城到第八天，种师道见守城夏军依然顽强阻击宋军，于是下令全力攻击，有懈怠者当即处斩。安边巡检杨震率敢死队带头登上城墙，宋军跟着攀垣而上，斩杀西夏守城将士数百，西夏兵惊慌弃城逃窜，宋军攻占藏底河城。西线由刘法、刘仲武会合熙、秦军队共约十万进攻仁多泉城（今青海海门源县东南），乾顺令察哥率军赴援，察哥率军前来，闻听攻城宋军为刘法统领，不敢向前。仁多泉城最终因粮草耗尽援兵未止而请降，刘法受降后，下令屠城，获首三千多级。刘法被西夏名将察哥誉为天生神将，以至此战中闻听刘法大名，都不敢率军前往。以凶悍著称的西夏将领见到刘法都畏惧三分，可见其勇悍，但是对这样一位令西夏胆寒的战将，史料中记载却极少。

公元1116年十一月，乾顺发兵进攻宋靖夏城（今宁夏同心县南），西夏军以数万骑兵绕城狂奔，荡起尘土飞扬，以干扰守军的视线，同时暗中派人挖地道通向城内，轻松破城后，西夏军下令屠城，以报当年宋军屠仁多泉城之仇。

公元1119年（夏元德元年，宋宣和元年）三月，童贯以统安城地处西夏腹地，令刘法率军攻占。刘法认为西夏精兵皆处于其心脏地带，现在深入西夏与其决战的时机还没成熟，因此刘法不愿冒险进兵。但是童贯逼迫他赶快行动，刘法迫不得已，只好率兵二万去攻统安城。

乾顺令察哥率兵迎战，察哥将万余步骑兵列为三阵，轮番上阵以阻挡刘法的前军，同时，派遣一支精锐骑兵登山绕到刘法军后面发动突袭，两军大战七小时，宋军兵马饥渴，死者甚众，前军杨惟忠、后军焦安节、左军朱定国等皆战败。刘法乘夜色逃走，然而由于战马疲惫不堪，至天明才走了七十里，行至盖朱，被西夏军发现，西夏军穷追不舍，刘法坠崖折足，一名西夏军赶来将其杀死。

察哥后来分析宋军此战是败在了"恃胜轻出"上。察哥攻破统安城后，乘胜围攻震武城。童贯急忙派刘仲武、何灌增援。震武城即将攻陷，察哥却下令说："勿破此城，留作南朝病块。"于是引兵退还。统安城一战，宋兵损失近十万人，令夏军胆寒的大将刘法战死。

童贯为了邀功，竟谎报军情，向宋朝廷报捷。四月，童贯又命种师道、刘仲武、刘延庆领兵出萧关，攻取永和(今宁夏同心县南)、割沓城（今宁夏同心县北），鸣沙会三城，大败西夏军而返。至此，宋军夺取了梦寐以求的整个横山地区，这是宋帝国灭亡前军事上最后的辉煌。

战争拼的是经济，连年战火，使宋和西夏双方都损失惨重，无力将战争再继续下去。公元1119年六月，西夏以辽国名义主动向宋请和，宋朝答应议和，下令六路罢兵。

第四节　女真崛起，四国乱局

乾顺时期，西夏奉行附辽抗宋的政策，两国的关系一直很密切。就在宋、辽、西夏相互牵制，时和时战之机，迅速崛起的女真势力以一种强势姿态闯入三国乱局之中。女真族世居我国长白山、黑龙江、松花江一带，11世纪中期开始悄然兴起，在辽国强大之时，女真一直是辽的宗属国。

女真是满族的祖先，在古满语中，"女真"的意思是"海东青"，海东青是一种体型较小、却极凶猛的鹰。北方的辽国贵族四处搜刮"海东青"做猎鹰。即使是在女真族，海东青也极其稀有，辽国却令并不出产海东青的完颜部上贡这种鹰。要想完成辽国交给的任务，完颜部只有去出产这种鹰的偏远的东北边境五国部落。此乃辽国的一箭双雕之计，让完颜部和五国部落自相残杀，自己坐收"海东青"。12世纪初，完颜部的首领完颜阿骨打在为争夺"海东青"而四处杀戮的征程中，逐渐完成了对女真各部的统一。

完颜阿骨打从小举止端重，身强力大。年仅十岁时，在辽国使者面前，他对着一群鸟儿连放三箭，结果箭无虚发，辽国使者大为叹服。公元1112年农历二月，辽国在春州（今黑龙江肇源县内）举行传统的"春捺钵"，所有附属部落都要派首领参加辽国皇帝主持的"鱼头宴"。

宴席中，完颜阿骨打站起来要求辽天祚帝归还叛逃到辽国的女真首领，辽天祚帝没有理会。宴会高潮时，天祚帝乘着酒兴让各部酋长跳舞助兴。其他部落首领不敢违背，只得离座跳舞。唯独阿骨打依然端坐一动不动，天祚帝大怒，其他酋长纷纷劝说阿骨打跳舞，阿骨打冷冷说了句"我不会"。天祚帝气得当场就下令要杀了他，幸好被一旁随驾的宠臣萧嗣先拦住了，萧劝解道："皇帝不值得为女真穷人大动干戈，杀他有损我们对臣属国的教化。"完颜阿骨打逃过一劫。

从"鱼头宴"归来后，完颜阿骨打深知辽天祚帝不会就此罢休，苦思对策，他的侄子完颜宗瀚建议："与其坐以待毙，不如乘人不备，先发制人。"

经过两年的厉兵秣马，公元1114年（辽天庆四年，夏雍宁元年），完颜阿骨打不堪辽国欺辱，率领女真各部，正式树起反辽大旗，率领区区2500人，开始了伐辽征程。阿骨打首战即告大捷，夺取宁江川，队伍也扩大到3700人。女真的反叛和初战大胜引起辽的重视，辽天祚帝派十万大军前去征讨。

面对极其悬殊的双方力量对比，完颜阿骨打决定在辽军没有完全集结之前发动突袭，阿骨打在做最后的战争动员时说："我刚要睡觉，就觉得有人摇我的头，一连摇了三次，这是神的暗示，他说我们如果连夜出兵，必定大获全胜，否则定有灭顶之灾。"

部下听了他的话信以为真，顿时士气高涨。三千多女真骑士乘风踏雪，极速前进。大意轻敌疏于防备的辽国军队没有料到女真人行动如此迅速，一时措手不及，纷纷溃退，女真乘胜追击，俘获无数。此战是中国战争史上以少胜多的经典战例。此时的中国西北、东北边境，辽与女真，宋与夏之间战火连绵，烽烟四起。

公元1115年，在女真攻取了吉林的经济重镇黄龙府后，辽天祚帝动员了全国的力量号称七十万，御驾亲征。阿骨打的势力虽有增长，但也不过两万兵力，但是女真部毫不示弱，在阿骨打的率领下将辽军杀的人仰马翻，正当一方兵力占绝对优势，一方又势不可挡之时，辽国内部出现叛乱，辽天祚帝急忙回兵救火。阿骨打抓住战机，对辽军穷追猛打，在护步答冈追上辽军，左右包抄，辽军大败。此战，是"人类战争史上不可思议的对抗战"，显示了阿骨打超凡的胆略和杰出的军事指挥才能。此战过后，辽国变得一蹶不振。同年，完颜阿骨打宣布即皇帝位，国号大金。

当女真以摧枯拉朽之势横扫强辽时，宋朝的边防力量被牵制在西北，与夏交战正酣。然而收复"燕云十六州"一直是宋朝历代皇帝心中的一个梦，宋辽虽然自"澶渊之盟"签订后，两国基本处于和平状态，但是在女真兴起不断发动对辽的进攻，辽国危亡在即时，宋朝认为收复燕云十六州的时机已经成熟，于是决定与金结成联盟对抗辽国。

公元1118年（宋重和元年），由于宋金之间隔着辽国，两国从陆路联络不便，宋朝便派使者从山东登州（今山东蓬莱）出发北上，与金会谈联盟之事。完颜阿骨打听取宋朝的联盟建议后，决定与宋联合共同进攻辽国。公元1120年（宋宣和二年），北宋再次派马植出海与金约盟，双方最终约定："宋、金各按商定的进军路线攻打辽国，金军攻取辽的中京大定府，宋军攻取辽的南京析津府（今北京）和西京大同府（今山西大同）。"宋朝收回"燕云"之心迫切，加上当时女真已对辽形成绝对优势，所以宋朝答应了灭辽之后，将原来输给辽的岁币转输给金，金则答应将燕云十六州还给宋，史称"海上盟约"。

西夏由于与辽国历来关系密切，再加上与辽的姻亲关系，西夏的王后耶律南仙积极努力游说乾顺出兵助辽，在女真进攻辽国的初期，西夏自然采取助辽抗金之策。

公元1122年（夏元德四年）二月，金国大将谋良攻下辽中京（今辽宁宁城县西）后，又进攻辽西京（今山西大同市）。三月，乾顺派兵五千增援辽国，还没离开国境，听说西京已被金兵攻破，遂即还师。五月，辽天祚帝战败逃入阴金，乾顺得知后派大将李良辅领兵三万前去援救，至天德军境，金都统完颜娄派数百骑迎战，被李良辅斩杀殆尽，良辅知道这只是金军的先锋试探部队，知道不久金军主力定会前来，于是设伏以待。不多久，金将阿士汗率数百骑兵来攻，结果中伏被全歼，仅阿士汗一人弃马爬山逃脱。连续两次击败金军，良辅以为金兵已经胆怯，并以自己人多势众而防备懈怠，令夏军乘胜向宜水（今内蒙古呼和浩特市东南）进军。完颜娄室兵出陵野岭，纵兵渡过宜水，然后将兵分为两队，轮番向夏军发起冲击，逼夏兵于宜水河畔。金兵都统斡鲁率援军赶来，从侧翼向夏军发动攻击，两面受敌的夏军不能敌，溃败而逃，金军乘胜追击，杀死数千夏军，夏军慌乱渡河，恰遇河水暴涨，溺死者不计其数。

公元1123年（夏元德五年）正月，乾顺再次出兵救辽，受到金兵阻击，不能前进，便将军队驻扎在可敦馆以助辽威。五月，金军都统斡鲁派斡离不、银术可等率兵袭击了在阴山避难的辽天祚帝，诸王、妃、女眷被金军俘获。辽天祚帝遣使向金送国印伪降，作缓兵之计，然后西逃至云内州（今内蒙古土默特左旗）。乾顺得知天祚帝已临近夏境，遣使前去迎接。天祚帝为了感谢乾顺，遣使封乾顺为夏国皇帝。当乾顺正准备迎辽帝入境时，金国元帅宗望的使臣也来到了夏国，游说夏国叛辽附金，向乾顺提出如果辽天祚帝进入夏国，希望将他擒获送金，许诺西夏以后如能以对待辽国那样待金，可以将辽国西北一带割让给夏。乾顺见辽国的灭亡已无可挽回，为了保全夏国的割据地位，答应了金国的条件。

公元1124年（夏元德六年，金天会二年）正月，乾顺派遣御使中丞芭田公亮赴金上誓表，表示将以事辽之礼事金，正式向金称臣，并请求金国兑现割地承诺。但是由于金宋的联盟关系，金国在攻取武州之后，却将此城给了宋朝，朔州守将韩正亦举城投靠宋朝。乾顺不敢对辽表示不满，就派兵进攻武、朔等州。乾顺数次出兵攻取，宋宣抚使谭镇遣部将李嗣本率兵迎战，双方僵持不下。十月，乾顺遣使赴辽再次请求割地之事，针对夏的要求，金太宗玩起了"踢皮球"的游戏，不断敷衍了事。

公元1125年（夏元德七年）二月，辽天祚帝延熹在山西应州被俘，辽朝灭亡。同年九月，西夏太子仁爱，聪颖好学，博闻多才，多次泣谏乾顺不要投金，终因伤心辽国之灭，忧愤而死，年仅17岁。同月，辽成爱公主耶律南仙伤爱子夭亡，忧祖国灭亡，愤李乾顺无情，悲伤过度，绝食抗议而死。

耶律阿保机打下的大辽江山在延续了一百多年后正式消亡，宋、辽、夏三方鼎立的政治格局宣告结束，开始进入金、宋、夏的新"三国演义"。

第五节　依附金朝，再拓疆域

在金和宋达成"海上同盟"之后，相比金以秋风扫落叶之势发起的对辽攻击，宋的表现令人汗颜。当金迅速攻占中京、西京、南京之后，宋朝才从开始的犹豫不决、畏首畏尾中终于下定决心进攻燕京，但是宋军的腐朽和糟糕的指挥，使得一座燕京城久攻不下，直到金军腾出手来派兵驰援，才于1122年年底攻下。

辽灭亡后，金国指责宋未能兑现承诺"攻陷辽南京"，而拒绝将燕云还给宋。经过双方交涉后，北宋被迫以二十万两银、三十万匹绢给金，并纳燕京代租钱一百万贯，金才交还燕云六州（景、檀、易、涿、蓟、顺）及燕京，但是金军在撤出燕京城时将城内所有的财物和人口搜刮一空，将一座"城市丘墟，狐狸穴处"的空城留给了宋朝。

"海上之盟"的签订让金看到宋朝政府的软弱可欺，燕京一战又让金看到了宋军低下的战斗能力，战后的双方谈判又让金更进一步看清了宋的腐败无能。公元1125年，辽国灭亡后，金国马上掉转枪头对宋开战。

公元1125年十一月，金军兵分两路，大举南犯，东路由完颜宗望率领，西路由完颜宗翰率领。西路军有六万精兵，是此次战役的主力，但是西路军的进攻并不顺利。太原城知州王禀领导军民进行顽强抵抗，经过金军长达九个多月的围攻，太原终告失守，知州王禀抱着宋太宗的画像投河殉难。东路军驱兵抵达燕山府，守将郭药师投降并给金军做向导，金军顺利渡过黄河，长驱而下，直逼汴京，宋朝精锐禁军在强大的金军铁骑面前不堪一击，宋军坚守一个多月后，终于迎了十万勤王军，金军被迫撤军。金的进攻令徽宗惊恐不已，急忙下令取消花石纲，下《罪己诏》，承认自己的一些过错，想以此挽回民心。但腐朽的宋王朝已病入膏肓，无力回天。

西夏利用金大举侵宋之机，加强了对宋朝边境的进攻。公元1126年（夏元德八年）三月，金朝以许诺割让天德、云内、金肃、河清四军，河东八馆及宋武州之地，约夏进攻麟府以牵制河东兵势。乾顺得知因金兵入侵，宋朝戍守边境的士兵大多内援，于是，乾顺遣兵万人由金肃、河清渡河，尽取所约地。四月，夏军再次出兵掳掠河外诸寨，进攻宋震威城（今陕西榆林县境内），震威城距府州三百里，夏军驾设攻城云梯，飞矢雨射，昼夜不息。知州朱昭组织城中老幼数百人登城坚守。乾顺令大将悟儿思齐劝降，朱昭厉声斥骂。悟儿思齐见劝降不成，就以利诱守城士兵，得以登城。朱昭见大势已去，便杀了自己的妻子、儿子，再次与夏军激战，死于乱军之中。

乾顺攻取天德诸城之后，金国元帅兀术率数万骑，以打猎为名，偷袭诸城，驱逐守城官兵，全部占据。乾顺大惧，派使者赴金请和，金将夏使扣留。乾顺见来软的不行，便多次上书指责金背信弃义，违背盟约。十月，辽西南面招讨使小鞠录集合党项部众十几万人攻破丰州，转攻麟州，结果惨败，父母妻子尽失，遂投奔夏国。乾顺出兵助其围攻麟州之建宁寨，杀守将杨震，夺回建宁寨。由于怀德军（平夏城），与西安、镇戎军成掎角之势，连接萧关，地势险要，乾顺曾派三千精骑攻取，但被泾原第十将吴介击败。十一月，西安州被夏攻占后，怀德成了一座孤城，乾顺令太子领兵攻取，知军事刘铨、通叛杜翊世拒城坚守，夏兵绵延数十里将怀德城团团围困，城破后杜翊世自焚，刘铨被夏军俘获，太子久闻其大名，召之内室，欲以高官厚禄招降他，但是刘铨破口大骂，遂被杀。

公元1127年三月，金主下令划分陕西边界，具体疆界是："自麟府路洛阳沟距黄河西岸，西历暖泉堡；延路米脂谷至累胜寨；环庆路威边寨逾九星原，至委布谷口；泾原路威川寨略古萧关，北至谷川；秦凤路通怀堡至古会州，距黄河，依见流，尽熙河路西边，以定封域。"大概是将陕西北部地区割让给夏国，用以抵偿天德、云内，同时规定以河为界。乾顺背辽附金，终于从金手里获得了大片土地。

公元1128年（夏正德二年，金天会六年，宋建炎二年）二月，宋高宗派遣陕西抚谕使谢亮赴夏约和。乾顺伪装与谢亮议和，留亮在夏境数月，直到九月，才让谢亮回宋。在谢亮返宋时，乾顺派兵暗中尾随其后，轻松袭取定边军（今陕西吴旗县西），并攻取了其境内的所有堡寨。次年七月，乾顺发兵攻取德靖寨（今陕西榆县南），除守将耿友谅侥幸逃脱，守城官兵全被杀或俘。

公元1130年，金军大举进攻熙河，熙河副总管刘惟辅率领宋兵顽强抵抗，金军不能胜。金军偷袭焚烧了宋军的粮草积蓄，宋军不战而败，刘惟辅率数百亲信藏匿山中一座寺庙内，派人赴夏，请求降附夏国共同抗金。乾顺慑于金的强大，没有答应。不久，金军攻破寺庙，俘获刘惟辅，并将其杀掉。

公元1136年（夏大德二年，宋绍建炎三年）七月，乾顺派兵袭取乐州，接着进攻西宁，由于周边堡寨全被夏军攻破，西宁守将弃城而逃。

公元1137年（夏大德三年）四月，夏军进攻西安州，通判任得敬率领军民出城投降，乾顺命其为权知州事。任得敬投降后，为捞取在夏国的政治资本，不惜将自己年仅十七岁的女儿乔装打扮之后，献给乾顺为妃。乾顺对任妃很是疼爱，不久就提升任得敬为静州防御使。

但是任得敬的野心绝不至当一个小小的防御使，为了让自己的女儿能当上皇后，他开始大举贿赂朝中重臣，让他们在乾顺面前煽风点火，为立他的女儿为皇后造势。当时的任妃与曹氏并立为妃，两人相处的十分融洽。御使大夫芭里祖仁给乾顺上奏说："两妃并立，位号都一样，这样就没有嫡庶之分，时间长了必定会因为争情而心生妒忌，从而引起祸乱。"所以他建议乾顺从两人中选一个立为后。

乾顺咨询群臣的意见，受了任得敬贿赂的大臣纷纷称赞任妃才德更胜一筹。公元1138年八月，乾顺遂使芭里祖仁持册立任妃为后，同时授任得敬为静州都统军。

公元1137年九月，乾顺派遣使者携重金赴辽，请求金将熙、秦河外诸州地归夏，金国将乐州（今青海乐都县）、积石州（今青海贵德县境）、廓州（今青海化隆回旋自治县境）割让给夏国。至此，乾顺取得了湟水流域之地，夏国形成了前所未有的广阔疆域。

公元1138年九月，宋朝大将李世辅投奔西夏。金人攻破延安时，世辅与父永奇为金人所获，被授予承宣使，知同州。世辅以计擒获金国元帅撒离喝，同家人部下一起归朝。走到洛河时，一时无法渡河，金军追兵赶到，永奇及家人二百余口被金军杀害，世辅带着二十六人得以逃脱。世辅见到乾顺，哭诉父母妻子的死讯，表示愿领兵二十万生擒撒离喝，取陕西五路归夏。

乾顺表示，你若可以为国立功，我当然愿意借兵。当时夏国境内有外号叫"青面夜叉"的豪酋不服乾顺的统治，为害一方，久不得除。乾顺令世辅出兵将之剿灭。世辅率三千精骑以迅雷不及掩耳之势疾驰至其帐，将还在睡梦中的"青面夜叉"擒获。乾顺大喜，见世辅英勇了得，要将自己的女儿许配给他，但世辅以父丧而仇未报加以拒绝。乾顺于是发兵二十万，以王枢、移讹为陕西招抚使，世辅为延安招抚使，向东进军。

世辅率军抵达延安，得知金与宋议和，陕西复归中国，于是将害死父母弟侄的人全部杀掉。世辅决定归宋，率领自己的旧部八百骑来到王枢、移讹军营前，表示自己归宋的意愿。移讹不同意，说："当初你乞求借兵来取陕西，现在退却，你能说走就走吗？"

世辅见要走只能杀出去了，于是拨刀向移讹砍去，移讹躲过，世辅顺势伸手将王枢擒获。移讹指挥铁鹞军将世辅的八百人马团团围住，世辅挥动双刀，上下翻飞，迅捷如风，所向披靡，其部下也是勇猛无比，势不可挡，夏军被杀的人仰马翻，被杀及相互践踏而死者万人，世辅最终带着三千兵马归宋。

公元1139年（夏大德五年，宋绍兴九年）三月，府州守将折克求举城投金，恰适宋金议和，根据和约，府州归宋朝。金将撒离喝怕折可求失望生变，便假借约可求饮酒之时，将其毒死。乾顺趁府州一时无主大乱之际，出兵将府州夺取。

公元1139年六月，乾顺卒，享年57岁，谥号圣文皇帝，庙号崇宗，墓号显陵。乾顺通过灵活的外交政策，充分利用金、辽、宋之间的矛盾，从中渔利，使夏的领土不断得到扩张，不但逐步收回了被宋占领的全部领土，而且使得西夏的疆域扩大到从未有过的规模。

第八章
辉煌的背后，白色帝国危机四伏

　　铸就帝国辉煌的是金戈铁马，带领帝国攀升至巅峰的是汉化。不同的历史发展阶段造就了帝国不一样的战斗力。当新兴的帝国处于奴隶制上升期时，生机勃勃富有战斗进取的民族精神的党项羌以弹丸之地创造了军事史上的奇迹。但是随着封建化程度越来越深，经济和文化越来越先进，统治阶级越来越腐朽没落，帝国走向衰落是不可阻挡的历史规律。

第一节 汉化治国，推崇儒学

夏仁宗（1124~1193年），名仁孝，乾顺长子，公元1124（夏元德六年）年九月，曹氏所生。仁孝的出生令40岁的乾顺皇帝兴奋不已，西夏史料记载，仁孝出生时"异光满室"，乾顺的妃子辽成安公主非常喜欢这个小孩，常令保姆抱到自己宫中，爱抚不忍释手，成安公主向乾顺请名为"仁孝"。公元1139年（夏大德五年）六月，乾顺驾崩时，仁孝已年满16岁，乾顺立仁孝为帝。终于避免了像他祖父和父亲一样因年幼而被太后摄政的局面。仁孝继位后，吸取祖父和父亲执政后母党专政的教训，尊生母曹氏和庶母任氏并立为后，但不允许她们干预朝政。

公元1140年改元大庆，二月，仁孝册立罔氏为皇后。罔氏家族是党项族中势力比较强大的氏族部落，罔氏本人聪明贤惠，知书达理，对汉礼和汉学文化颇为尊崇，仁孝立罔氏为后，不仅使皇族的力量得到进一步的加强，而且罔氏对仁孝的建学善政起到了很好的辅助作用。

仁孝刚继位，夏国就发生了萧合达叛乱事件。萧合达本来是辽国将领，随辽成安公主来到夏国，乾顺见他能善射，而且有勇有谋，就将他留了下来，后来多次为夏征战，屡立战功。在统安城之战中，夏军诸将皆畏刘法勇，莫敢当其锋，就是萧合达部将刘法正军击败，并率数百敢死队死追刘法至盖朱，将其杀死。因屡立战功被赐国姓，并授予夏州都统。乾顺背辽附金后，成安公主和世子仁爱相继因辽灭亡忧愤而死。萧合达派人赴西域寻找耶律大石，但没找到，于是尽散家财与部下，愤然据夏州城叛乱。他又联络阴山和河东的契丹部落，打算拥立辽朝皇室后裔，恢复辽朝。公元1140年（夏大庆元年）六月，萧合达率军进攻西平府，接着攻克盐州，兵锋直逼贺兰山，引起夏国都城一片惊恐。

合达遣使持重币赴河南诸州煽惑同叛，但无人响有，或拒之不纳，或将来使抓获献与朝廷，唯独任得敬善待使人，借机探问反叛之事，尽得实情，于是立功心切的任得敬上书仁宗请求出兵平叛。八月，仁孝命任得敬出兵平叛，得敬紧急调集精兵，先是派出三百精兵直趋夏州，将萧合达戍守烽燧的士卒全部抓获，然后以精骑五千疾驰入城，俘获了萧合达妻子儿女，得敬开仓抚谕军民，夏州平定。萧合达闻知夏州已失，急忙解围灵州回救夏州，追随者见势不妙，散去众多，契丹诸部也退回本部。萧合达率军至盐州与任得敬大军相遇，得敬挥动大军掩杀，叛军大败，萧合达率残众溃逃，任得敬率军紧追不舍，在黄河渡口将叛军围住，萧合达被部下杀死，叛乱遂平。因平叛有功，仁孝提升任得敬为翔庆军都统军，晋封西平公。次年六月，仁孝又派兵诛杀了图谋叛投金国的慕洧、慕容兄弟。

仁孝初立，面对夏、南宋和女真人建立的强大金国，三国之间的关系微妙而复杂，夏处于金的包围之中，仁孝采取附金和宋的政策，而且这个国策在仁孝长达半个世纪的执政时期，基本上一直都得到贯彻执行。在与金维持友好关系的同时，十分仰慕汉族文化的仁孝，也没中断与宋朝的联系，相反，为了吸收和引用先进的汉文化，仁孝更进一步加深了与宋朝的往来和交流。

公元1144年（夏人庆元年）五月，仁孝遣使赴宋朝贺天申节，向宋朝进贡珠玉、金带、绫罗、马匹等，恢复了与宋朝中断近二十年的聘使往来。同年十二月，又遣使到宋朝贺正旦，进一步加强了与南宋的密切往来。

西夏一直深受中原儒家文化影响。仁孝时，汉学从中央到地方均获得了很大的发展。早在公元1143年六月，仁孝下令在各州县设立学校，进学的子弟增加到三千人，比崇宗乾顺时的国学人数增加了十倍。此外，仁孝还在宫中设立"小学"，选拔教授给宗室子弟授课，规定凡宗室子孙七岁至十五岁皆得入学。仁孝与皇后罔氏常常亲自前去辅导授课。公元1144年七月，仁孝模仿宋朝的制度，建立"太学"（相当于今天的大学），仁孝亲自主持"释奠"大礼，并给予师生学员赏赐。次年三月，又建"内学"，仁孝亲自选派名儒主持讲学。公元1151年（夏天盛三年）十二月，仁孝委任家学深厚，精通蕃、汉文字而又著作丰富的学者斡道冲担任蕃汉学教授。

仁孝在大力推广发展汉学的同时，还树立了儒学偶像。公元1146年（夏人庆三年）三月，仁孝下令尊孔子为文宣帝，并下令各州郡都要建立孔庙、祭祀孔子。孔子在西夏被当作帝王一样供奉起来，说明西夏的尊儒、崇儒之风已经发展到一个高潮，伴随着一座座宽敞明亮的孔庙在全国各地建起，党项人变得日益彬彬有礼，党项人身上原有的剽悍凌厉杀气日渐淡去。

西夏学校制度及学校规模，汉文史料没有记载。黑水城遗址出土的西夏文献资料中有一首《新修太学歌》，全文共27行，从诗歌的内容中提供了有关西夏仁孝时期修建太学的一些材料，从诗歌中可以看出，仁宗的太学中不但学习儒家经典，而且还有背诵佛教经典的课程设置。由于西夏一直将佛教当作国教，仁宗时期又是佛教在西夏发展的鼎盛时期，在西夏儒学中增设佛教课程，并不意外，这也是西夏学校的特色之一。

西夏陵区出土的瓦当

公元1146年（夏人庆三年）八月，西夏仿宋朝制度，通过科举的方式选拔官员。仁孝时期著名的国相斡道冲，就是经科举进入仕途，任国相十余年，史载其五岁便以《尚书》中童子举，大约是在崇宗乾顺正德至大德年间（1127~1135）。西夏科举取士的主要内容是儒家经典，随着西夏学校的增多，为了满足广大学生急需的儒家典籍，仁孝又派遣使者到金朝，以重金购买名儒翻译的各种书籍，另外还组织人力物力翻译出版了大量儒家经典著作，并对其中的一些义理进行阐释，如蕃汉教授斡道冲曾译《论语注》，作《别义》三十卷，又作《周易卜筮断》，用西夏文字阐释儒家经典，有利于儒学在西夏的传播和扩展。

公元1161年（夏天盛十三年）正月，仁孝于中央机构中设立翰学士院，以王金、焦景颜等人为学士。五月，命王金等掌管国史，篡修李氏实录。公元1164年（夏天盛十六年），仁孝追封西夏文字的创制人野利仁荣为广惠王，以表彰他对西夏文化所作出的巨大贡献。仁孝时期是西夏文化的鼎盛时期，大量的文学著作问世，印刷和出版业也很发达，同时也为西夏统治者培养了大批优秀的御用人才，适应了当时西夏不断发展的封建经济的需求。

仁孝一面通过大力发展教育为自己的封建统治输送合格的人才，另一方面又进一步完善了中央和地方机构，使之更加适应新的统治需要。公元1162年（夏天盛十四年）十月，仁孝为了便于议事和顾问，将枢密院、中书移到宫廷内门之外。仁孝时期地方机构依然采用州（府、军）、县（城、堡、寨）两级制，地方官职设有州主、通判、正听、都案等官。为了进一步完善中央和地方的统治机构，将政府机构分为五等司。西夏的官制经过元昊定官制以来，经过历代西夏统治者的调整和补充，已经日益完善。

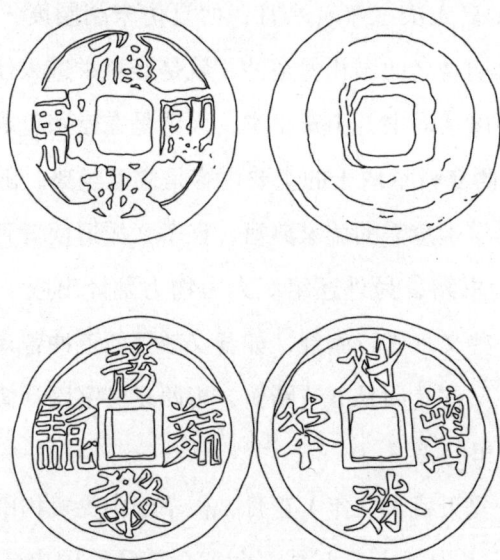

西夏钱币

　　仁孝在提倡以儒治国的同时，对于加强西夏法律制度的建设也十分重视。天盛年间，仁孝组织专门官员编纂法典，在修订旧有法律的基础上，最后完成了一部比较系统和完备的法典，新法典定名《天盛改旧新定律令》，共二十卷，内容包括刑法、诉讼法、民法、经济法、军事法。这是西夏最完整的法典，被国外学者称为"中世纪独一无二的法律文献"。这部法典参照唐、宋中原王朝的律令，并结合西夏基本国情，特别是在行政法、军事法上等方面，注入了新的内容，是一部具有西夏本民族特点的法典。西夏统治者一面通过大力发展儒学教育，向老百姓灌输儒家忠孝，又一方面通过严峻刑法来镇压老百姓。

　　公元1155年（夏天盛七年）九月，仁孝到贺兰山狩猎，他乘坐的骏马失足损伤，仁孝下令要将修路的人杀掉。尚食官阿华谏言他不该这么做，否则会引起百姓的怨念。仁孝听了惭愧不已，回去后便将这件事告诉了皇后罔氏，罔氏建议赐给阿华银币，以示奖励。

此后，仁孝对那些刚正不阿敢于直言的官员加以重用和保护。翰林学士焦景颜，刚正不阿，他在朝堂之上当面怒斥和揭露任得敬的弟弟副都承旨任纯忠的违法行为，得到仁孝的支持，并提升焦景颜官兼枢密都承指。同样敢于直言的斡道冲，后来仁孝让他担任了夏国国相。热辣公济见任得敬自持国丈的身份擅权乱政，就上疏仁孝将其罢官，任得敬得知，大怒欲将之杀害，仁孝为了保护公济，便令他辞官归乡。

仁孝皇帝还特别注重廉政建设。公元1163年（夏天盛十五年），仁孝下令"大禁奢侈"。仁孝重视吏治建设，对于那些受贿的官员，仁孝会亲自写信批评教育。前朝重臣晋王察哥，虽然是一位优秀的军事指挥人才，但此人贪财好色，多为朝臣不齿。倚仗自己功高权重，作威作福，年七十尚且妻妾成群，而且还强夺民间田园拒为已有。仁孝奈何他不得，但等他一死，仁孝就马上下令将其宅园归还原主。

仁孝时期，通过大力办学，实行科举取士，制定维护封建统治的法律制度，推崇儒家学说，大力弘扬佛教文化等一系列执政措施，使西夏的阶级矛盾、民族矛盾得到了缓和，维护和巩固了西夏统治阶级的利益，从而使西夏社会出现了政治开明、经济发展、文化繁荣的新局面。

第二节　天灾不断，义军四起

仁孝继位不久，夏国就发生了严重的饥荒，由于兴、灵一带农产品歉收，致使粮价飞涨，一升米竟卖到百钱。公元1143年（夏大庆四年）三月，西夏又遭遇建国以来最大的一次地震，这次地震以都城兴庆府为中心，遍及西夏十多个州镇，在东起绥州，西至甘州，南起柔狼山（今甘肃靖远县北境），北至黄河河套的广阔土地上，均遭受地震灾害，仅兴庆府就有一万多人死于震灾，西夏全国在地震中的死难者更是不计其数。而且余震较长，一个月都没有停止，坏掉了很多官民的房子，还有城壁，人畜死伤就达到数万。雪上加霜的是，几乎与地震同时，夏州发生地裂，黑沙喷涌而出，高达数丈，堆积如山，埋没数千树木、民居。七月，夏境又发生大面积饥荒。地震、饥荒给党项人民带来了极大的灾难，西夏各族人民挣扎在死亡线上，为了活命，唯一的出路只有铤而走险抢夺官府的粮食，从而暴发了饥民的武装起义。

公元1143年七月，在西夏腹地威州（今宁夏同心县韦州）、静州（今宁夏永宁县望洪附近）、定州（今宁夏平罗县）一带的人民纷纷起义，多者上万人，少者也有数千人，其中声势最大的一支起义队伍是哆讹领导的定州笆浪、富儿两个党项部落的起义。

各路暴动的饥民攻州拨县，杀富济贫，西夏郡县连连上章告急。仁孝与群臣商议对策，不少大臣主张出兵镇压，惟有枢密承旨苏执礼主张招抚，他说："其实都是良民，因为饥而生事，并不能拿他们和盗贼作比较。如今我们实施救济，让他们有田可耕，有家能养，那么聚众者自会散去，千万不能军事镇压，诛杀无辜。"

仁孝认为两种意见都有道理，决定采取镇压、招抚两手来对付起义军。一面发榜招抚，开仓赈灾，命各州视灾情轻重，赈济灾民；一面命西平都统军任得敬率领军队，对起义军进行武力镇压。由于各路起义军各自为战，没有严格的组织和统一领导，再加上和官军力量对比悬殊，所以在官军的招抚、镇压面前，很快先后瓦解。但哆讹领导的定州笆浪、富儿两个部落的起义队伍，仍坚持斗争，他们依险据守，英勇顽强地与官军战斗了两个多月。最后，任得敬用计，夜间偷袭起义军据守的堡寨，寨破，哆讹惨遭杀害，起义被残酷地镇压下去了。

这次饥民起义，是西夏历史上爆发的规模最大的一次党项族农牧民起义。轰轰烈烈的起义进行了100余天，起义虽然失败了，但也沉重地打击了西夏封建地主阶级的统治，表现了党项族人民不屈不挠、敢于斗争的精神。同时，这次起义也迫使西夏统治者采取了一些诸如免去灾区人民租税等缓和阶级矛盾的措施，为以后西夏经济的快速发展打下了基础，以至到天盛年间，西夏出现了前所未有的繁荣景象。

仁孝时期，西夏封建生产关系得到进一步发展。西夏自建立起，内部发展就极不平衡，在它的统治区域内存在着奴隶制和封建制两种不同的社会制度。比如在以兴、灵二州农业发达、汉族聚居占主体的城镇，封建化程度比较发达，而在一些偏远的农牧区则相对落后。这两种制度并存在一个国家，相互渗透又相互斗争。具体反应就是西夏自建国以来一直存在所谓"蕃礼"和"汉礼"之争，其实就是两种制度相对抗的一种表现。

随着西夏经济的不断发展，封建制经济越来越占据主导地位，至仁孝时期，封建关系更是得到了快速的发展。主要原因有以下几点：一、仁宗统治时期，采取附金和宋的政策，基本上停止了让双方都疲惫不堪的战争，而金国正好在大举进攻南宋，西夏又采取臣服于金的政策，与金的关系大体上也是和平的，这样西夏就有了一个稳定的外部环境，对内部封建关系的发展起到了促进作用。二、夏国内部，代表奴隶主利益的保守派势力遭到失败，趋向封建化的新势力的力量不断强大并最终占据统治地位，使西夏封建关系的快速发展拥有了一个良好的内部政治环境。三、党项部的农民起义虽然最终失败了，但是经过这次起义，也让夏国统治者从中吸取经验和教训，促使了西夏统治者采取了一些有利于经济发展的措施，使得激烈的内部矛盾得以缓和，客观上促进了封建经济的发展。

西夏封建土地所有制的种类有以下几点：

一、皇家占有的土地。最早是夏惠宗在新占领的兰州龛谷川和鸣沙州设置的"御庄""御仓"。除了这些大量的"御庄""御仓"外，西夏国君还掌握着国内大量的闲田、旷土。大约在仁宗时制定的西夏文《新法》中曾记载："从来就已利用的渠道、土地、水等，永远属于国君和个人所有。"西夏国君作为最高的统治者，也是夏国最大的地主。

二、贵族地主占田。夏国贵族主要包括党项贵族、汉族地主、回鹘和吐蕃高层首领。土地来源主要有两个途径。一、国家的赏赐，仁宗时制定的《新法》中规定，夏国所有的居民，诸王、官员和庶民"可以使用国君赏赐的土地"。这也说明了夏国的土地原则上都属于国家所有，国君有权将它赏赐给封建贵族使用。由于长期占用，这些贵族便成了实际占有人了。二、依仗权势，巧取豪夺。如谅祚时期的没藏讹庞、梁乙埋等都曾迫使夏民侵耕边地，而把收入归为己有。

三、一般小地主。仁宗天盛年间修订的《天盛改旧新定律令》规定："生荒地归开垦者所有，他和他的族人可永远占有，并有权出卖。"这个规定确立了农民的小所有制。一部分农民通过开垦生荒地成为拥有少量土地的小地主，还有一个途径是通过买卖土地也可以成为地主。《天盛改旧新定律令》里详细规定了土地买卖的办法，土地所有者买卖土地要呈报官府批准，并在官府的赋税册上勾掉卖主的姓名，改填买主。但是这些小地主，在大的权贵面前，随时有破产的可能。不是被对方强买强卖，就是以权霸占。

四、寺院僧侣占有的土地。由于佛教是西夏的国教，特别是仁宗时，佛教得到了更进一步的推崇，夏国各地有大量的寺庙和僧侣，西夏的最高统治者经常会给寺庙布施诸如财物、土地、劳力等。

西夏封建土地所有制存在一个显著特点就是剥削关系，主要体现在地租和赋税上。西夏《天盛改旧新定律令》规定了每亩田应交地租的数额，说明封建地租已是普遍的剥削方式。公元1143年兴庆府和夏州发生强烈地震时，夏仁宗下令，二州人民遭地震，家中死二人者，免租税三年；死一人者，免租税二年。受伤者，免租税一年。由此可见，西夏征收赋税的制度，已在各地普遍实行了。

第三节　任氏父女搅动下的西夏乱局

仁孝即任西夏皇帝后，尊任得敬的女儿任氏为皇太后，任氏并非仁孝的生母，但因她贤惠而被仁孝封为太后。仁孝继位不久，夏国发生萧合达叛乱，任得敬率兵干脆利落的将其平叛。接着又发生饥民暴动，任得敬再次受命，残酷的镇压了各路农民起义。后，他因军功被授予翔庆军都统军，封西平公。

任得敬在西平府（灵州）出任西平王后，居功自傲，在镇任意诛杀，听不进僚佐劝谏。渐渐地开始不满足于做封疆大吏，自以为战功卓著，认为应该入朝参政。

公元1147年（夏人庆四年）五月，任得敬使人上书朝廷请求入朝。仁孝准备答应他的要求，但是御使大夫热辣公济进谏让仁孝提防任得敬，说他并非同族，不能保证是否忠心，所以让仁孝观察他。中书令濮王仁忠也极力反对，仁宗于是没有答应任得敬的请求。任得敬见使人上表不成，又暗中令自己的女儿任太后授意朝中重臣替他说好话，任太后摄于中书令濮王任忠的刚正不阿，一直不敢在朝中提起此事。

公元1148年（夏人庆五年），王仁忠死。公元1149年（夏天十一月盛元年）七月，任得敬以金银珠宝贿赂宗室晋王察哥，请他促成自己入朝之事。晋王察哥在乾顺时战功显赫，仁孝时更是手握重兵，权倾朝野，任得敬投其所好，百般谄媚，二人十分投机。在察哥的斡旋下，仁孝最终答应了任得敬入朝为尚书令。此后任得敬越来越受宠于仁孝，次年十月，又被任命为中书令。

公元1156年（夏天盛八年），晋王察哥去世，任得敬更是毫无顾忌。加之仁孝又以任得敬为国相，他得以执掌西夏的朝政大权，更是有恃无恐，为所欲为，专横跋扈，肆无忌惮地结党营私。他陆续安排其弟任得仁为南院宣徽使，任得聪为殿前太尉，其侄任纯忠为枢密副都承旨。

任氏家族仪仗任得敬的权势，滥用职权，贪赃枉法，网罗亲党，朝中众臣也是敢怒不敢言，有几个敢直言相谏的，非罢即免，或是遭受排挤，不得重用。秘书监主事王举弹骇他们，被罢了官。大臣蕃汉学教授斡道冲也因直言相谏得罪任得敬，结果二十年不得志。御使中丞势辣公济因上书弹骇任得敬，任得敬大怒，想暗中将其除掉，仁孝为了保护他，令他解职归田。

任得敬的倒行逆施，无法无天，连他的女儿任太后也看不下去，觉得他屡戒不听，实在令人担忧。

公元1160年（夏天盛十二年）三月，任得敬又被册封为楚王，打破了西夏不封异姓为王的先例，任得敬出入的仪仗也与仁宗皇帝无二。手握重兵而又把持朝政的任得敬越来越不把仁孝放在眼里，他对仁孝的尊儒崇佛十分反感，他上疏仁孝说，"治国要节俭，俗贵要有权衡。我国在戎夷地瘠的地区，人们耕获很少，过得很清贫。如今设那么多滥竽充数的官职，这不是浪费吗？希望陛下将这类官都罢免了。"仁孝听后并没有采纳。

公元1165年（夏天盛十七年），任得敬征民夫10万人，大筑灵州城，以翔庆军监军司署为基础，营建新的宫殿。欲将仁孝安置在瓜、沙偏远一带，自己窃居兴、灵这些西夏腹地而且经济文化发达之地。任得敬深知，在夏国境内，已无人能阻挡其分裂行为了，关键是邻国金的态度。

公元1116年（夏天盛十八年）二月，任得敬以旧属夏国的庄浪族作乱为由，向金国报告将出兵讨伐，金世宗没有同意。十月，任得敬派兵袭击了归附金国的庄浪族。次年三月，夏国遣使贺金国成春节，以得敬弟武功大夫任得仁为贺节使，打算趁机打探金世宗对袭击庄浪族的反应。同年十二月，任得敬生病，仁孝遣使到金朝为他请医。金世宗派名医医好任得敬的病后，任孝遣谢恩使任得聪赴辽致谢，任得敬也附表并送礼物致谢。金世宗洞察到任得敬进表附送礼物之意，对夏国使臣表示遂辞谢不受。

任得敬知道了金朝的态度后，感觉到了危险，便转而向南宋寻求支持。公元1168年（夏天盛二十年）五月，任得敬遣密使至四川，约宋宣抚使虞允文发兵夹攻西蕃以为己助。七月，任得敬又派使者持帛书赴四川相约出兵，使者被夏巡逻兵所获，报与仁孝。仁孝大惊，但并没声张，而是暗中将帛书送往金国，引起金国对任得敬的不满。

任得敬篡国的步伐越来越快，公元1170年（夏乾祐元年）四月，任太后死，任得敬更是无所顾忌。五月，他公然向仁孝提出"分国"的要求，威逼仁孝将夏国一半国土分给他，在任得敬的胁迫下，仁孝只好将夏国西南路和灵州罗庞岭（即罗庞山，在灵州西）划归任得敬，号"楚国"。

接着，任得敬又逼迫仁孝派遣左枢密使浪讹进忠、翰林学士焦景颜到金国为自己请求册封，焦景颜抗议不去，但是仁孝不许。金世宗感到事情很反常，他对夏使和大臣说："我们国家有一国之主，为什么要无故分国与他人？这是权臣的胁迫和掠夺，并不是非夏主的本意。况且夏国已经称藩已久，一旦迫于贼臣，我身为四海之主，怎么能容这种事情发生？你若不能自正，我就要出兵讨伐。"当即退还了夏国贡物，并给仁孝下了诏书，诏书中说了自己的态度。

任得敬见得不到金的册封，心里害怕起来，便与他的弟弟任得仁、任得聪等密谋图变。仁孝在金的支持下，也在暗中聚集兵马。于是，借助辽国的力量除掉母党的一幕，再次在西夏上演。

公元1170（夏乾祐元年）年八月三十日，仁孝在金国的支持下，命族弟仁友设计杀死任得敬，并诛其党羽，次年十一月，在外驻防的任得敬的侄子任纯忠，逃往金国边境，被当地部族杀死。至此，外戚任得敬擅权分国的阴谋彻底失败。任得敬被诛后，仁宗任命被压制了二十年之久的斡道冲为中书令，不久，又进为国相，在斡道冲的执政下，夏国又转危为安了。斡道冲任国相10余年，为官清廉，刚正不阿，朝中文臣多奉斡道冲为师。死的时候，家里除数架书籍外，没有其他的私蓄，仁孝令人在学宫中画了他的图像，让后人世世代代祭奠他。

任得敬分国阴谋的失败，使夏国避免了割据分裂，巩固了西夏的封建统治。任得敬之所以能得寸进尺，发展到篡权分国的地步，与仁孝推行文治，以仁治国有极大的关系，可以说是仁孝姑息养奸的结果，同时也暴露出了西夏皇室军事权力过于削弱。乾顺时期，曾大力消除贵族豪酋的兵权，推行重文轻武的政策。到仁宗时，随着西夏国家经济的繁荣和封建关系的进一步发展，再加上长期无战事，使得新兴的党项贵族日益陷入封建腐朽的生活方式中，那种尚武的战斗精神日益被消磨。仁孝的崇儒尊佛，实行科举取士，进一步削弱了夏国统治集团的统治力量，才使得任得敬这样的地方军阀专权蛮横，为所欲为。

　　总的说来，在仁孝统治的五十四年中，西夏的经济繁荣，国力昌盛，西夏的疆域得到了进一步的扩展，包括今宁夏、陕西的北部、内蒙古的西南部、青海的东北部、新疆和蒙古国的一部分地区。然而，由于仁孝的崇儒尚文，削弱了党项民族的尚武精神，他重文轻武的执政思想最终使得西夏的国防实力日益衰落。

第四节　遍地塔影汉学风

　　任得敬篡权分国的阴谋被粉碎后，仁孝任文臣的典范斡道冲为相，朝中众臣也将他视为楷模。在我们的印象里，西夏总是以一种剽悍、尚武，好战的形象出现。其实，西夏早在建国之前，就特别推崇汉族文化，对汉族知识分子更是加以重用。早在李继迁起事之初，汉族知识分子张浦就紧随其左右，张浦凭借杰出的战略头脑为李继迁出谋划策，使之一次次死而得以复生，并逐渐发展壮大，为最终西夏国家的奠基，立下了汗马功劳。

　　张浦的策略对当时中国的政治格局产生了深远的影响。张浦向李继迁提出的附辽抗宋之策，使初生的夏州地方政权得以逐渐摆脱被动，西夏和辽结成了一种联盟关系，这样宋朝在战略上变得腹背受敌，直到最后北宋为金所灭之时，宋战斗力强悍的军队基本上都在西北的宋夏边境，致使金军铁骑南侵时，宋的中原禁军不堪一击。

元昊建立西夏国后，同样对汉族知识分子极其重视，想方法设法吸引各方面人才到夏国为其所用，其中最具代表性的就是张元和吴昊。总的来说张元的策略也是联辽抗宋，在对宋的入侵中，屡次为元昊出谋划策，甚至与元昊共同指挥了多场大胜宋军的经典战役。张元常常劝元昊，让他攻取泾地，令汉人守之，这样才能不断扩大疆域，财用充足。但元昊改不了游牧民族的特性，打下一个地方，大掠一通而走，因此，虽然取得多次重大胜利，但却越胜越穷，最后无奈以胜求和。张元多次力争，但是元昊没有听从他的意见，到后来元昊违背张元的谋略，坚持与辽对抗，张元见其长驱南下的理想已不可能实现，郁郁不乐，不久病死。失去张元这一谋士后，元昊统治的中后期开始沉湎酒色，统治越来越荒诞，再也没有为夏国历史创造过任何辉煌，倒是创下了因抢儿媳，被儿子割鼻而死的奇迹。元昊后期的无为与失去谋士张元、缺乏有人为其出谋划策不无关系。

西夏的历代统治者在重用汉族知识分子的过程中，使得汉族文化在西夏也得到了更快的传播和发展。

不但大量优秀的汉族知识分子为西夏统治者所用，党项族中也不乏杰出的精通汉族文化的知识分子。元昊建国后，党项野利大族的野利仁荣主持创制了西夏文字，野利仁荣学识渊博，熟悉历史，精通蕃、汉、藏等多种文字。他是党项族知识分子中的一个杰出代表，不单创制了西夏文字，更为元昊的称帝建国出谋划策，还为西夏制定了一套适合其民族特点的建国方略和典章制度。野利仁荣于公元1144年死后，元昊悲痛不已，三次前去哭丧，追赠其为富平侯。

公元1162年（夏天盛十四年），仁宗仁孝再次追封野利仁荣为广惠王。蕃汉各族精通中原先进文化的知识分子，整体上不断推动汉学在西夏的传播，使得西夏的文化水平不断得到提高。元昊称帝建国后，为了要求宋朝承认其建国的合法，给宋仁宗的上表云：

"臣祖宗本出帝胄，当东晋之末运，创后魏之初基。远祖思恭，当唐季率兵拯难，受封赐姓。祖继迁，心知兵要，手握乾符，大举义旗，悉降诸部。临河五郡，不旋踵而归；沿边七州，悉差肩而克。父德明，嗣奉世基，勉从朝命。真王之号，夙感于颁宣；尺寸之封，显蒙于割裂。臣偶似狂斐，制小蕃文字，改大汉衣冠。衣冠既就，文字既行，礼乐既张，器用既备，吐蕃、塔塔、张掖交河，莫不从伏。称王则不喜，朝帝则是从。辐辏屡期，山呼齐举。伏愿一垓之土地，建为万乘之邦家。于是再让靡遑，群集又迫，事不得已，显而行之。遂以十月十一日，郊坛备礼，为世祖始文本武兴法建礼仁孝皇帝，年号天授礼法延祚。伏望皇帝陛下，睿哲成人，宽慈及物，许以西郊之地，册为南面之君。敢竭愚庸，常敦欢好。鱼来雁往，任传邻国之音；地久天长，永镇边防之患。至诚沥恳，仰俟帝俞。谨遣弩涉俄疾、你斯闷、卧普令济、嵬崖妳奉表以闻。"

从其表章内容来看，虽然只有短短的三百余字，但文章整体上气势磅礴，一气呵成，文字洗练，说理明白。这显示了极高的文字应用水平，也反映了西夏的文化水平达到了相当的高度。

虽然在西夏建国后前期，一直存在"蕃礼"和"汉礼"两种文化之争，但是随着封建经济的迅速发展，汉族文化在仁宗仁孝时期最终占据统治地位，汉族文化在西夏迎来了最辉煌的时刻。

这样的一个尚武善战而又好战的从青藏高原到黄土高原的少数民族，在越来越迷恋汉学的同时，对佛教也极其尊崇，历代西夏帝王和王后都笃信佛教。佛教作为西夏的国教，在西夏历代统治者的亲身力行与大力推动下，逐渐在西夏落地生根，发扬光大。

早在元昊建国之初，就广泛搜集佛舍利，并建佛舍利塔。西夏文字创制不久，元昊就组织人员大规模翻译佛教经典，为佛教在西夏的进一步流传、发展打下了坚实的基础。元昊还下令以每一季第一个月的朔月（初一）

为"圣节"，让官民礼佛，这种用行政命令的手段，把佛教推上了更高的地位。公元1047年，又兴建规模宏大的高台寺，用于珍藏宋朝所赐的大藏经。在西夏的第二任皇帝谅祚继位初，由母后没藏氏掌管朝政，没藏氏不但十分好佛，而且还具有相当高的佛学修养。她下令修建了规模宏大的承天寺塔，邀请回鹘高僧前来讲经，并多次遣使前往宋朝迎请佛教经典。

秉常和乾顺在位的前期，都是母后专权。穷兵黩武的梁太后，就在疯狂对宋用兵的同时，还多次派遣使者前往宋朝请赐大藏经。梁太后本人对佛教也是极其笃信，整个西夏时期翻译的数千卷佛经，有相当一部分都是在梁太后专权之时所成。公元1093年，梁太后和乾顺发愿，动用了大量的人力、物力重修凉州感通塔及寺庙，此碑就是著名的护国寺感通塔碑，是西夏时期留存至今最重要的佛教石刻。乾顺亲政后，甘州僧人法净声称，自己在张掖县西南首浚山下夜观有光，掘得卧佛三身，献于乾顺。乾顺遂于公元1103年修建了著名的卧佛寺。

仁宗仁孝时期，佛教在西夏的传播比前代有了新的发展。随着西夏印刷事业的逐步发展成熟，当时政府多次大量刻印布施佛经，史载公元1189年九月，在大度民寺作的一次大法会上，散施的《观弥勒菩萨上生兜率天经》十万卷，《金刚普贤行愿经》、《观音经》各五万卷，并做各种法事长达十昼夜，充分反应了仁孝时期佛教在西夏的发展盛况。

在西夏历代统治者的大力倡导下，在西夏境内形成了上下崇佛、寺庙林立、僧人众多、信徒广布的盛况。为了发展佛教，西夏统治者采取了多种措施加以保护和照顾。西夏僧人甚至在法律上还享有特权，有些罪行可以因为是僧人身份而得到减免的优待。

僧人不但在政治上享有一定特权和地位，而且在经济上，国家也常常给予赏赐财物、土地、劳力等。寺院拥有大量的土地，还享有免税的待遇。从黑水城出土的文物中有记载寺庙以粮食放高利贷、出租土地的内容。

就是在这样一个佛音缭绕、崇尚儒家文化又伴随着金戈铁马、杀声四起的具有独特魅力的国度，可能晚上还在灯光下读着勿杀生的佛经，白天就跃身马上，厮杀于敌阵了。但要说这些充满野蛮气息而又生机勃勃的少数民族都是因为汉化而辉煌转而衰落以至灭亡肯定是错误的。把西夏的最终灭亡，怪罪在某个皇帝的汉化政策上也是没有道理的。

西夏黑水城出土的药师佛唐卡

第九章

大厦将倾：西夏王朝的衰落与灭亡

　　西夏的两次篡权都发生在帝国最后的二十几年，这期间频繁更替了五位帝王。当一个强者步向衰落之际，总要让位于另一个强者。面对蒙古高原上迅速崛起的势力，不管是"阴狠暴戾"以阴谋篡夺帝位的安全，还是选择投降的鬼名遵顼，都无法阻挡帝国的消亡。在蒙古铁骑的疯狂进攻杀戮下，帝国以最后的血与火书写了一曲悲壮亡歌。

第一节　纯祐执政，蒙古帝国崛起

仁孝皇帝以其勤勉将西夏帝国带到了一个前所未有的高度，这位西夏历史上杰出的帝王于公元1193年（乾祐二十四年）九月二十日辞世，年七十，谥号圣祖皇帝，庙号仁宗，墓号寿陵。仁孝的长子，17岁的纯祐继位，这就是西夏历史上第六位皇帝夏桓宗。

纯祐继位后，坚持继续推行仁孝时期的对内安国养民，对外附金和宋的政策。纯祐执政期间，依然重视文教，朝中也多耿直廉洁之臣。如夏国的御使大夫嵬名世安，清正廉洁，勤勉用事，居室简陋，仅可遮风避雨。

仁孝的族弟仁友，史称他是个深沉有气度的人，任得敬擅权期间，对宗室人员大肆迫害，仁友则独自韬光养晦，从来不开口提国事，后来仁孝决心除掉任得敬时，仁友密谋诱捕任得聪、任得仁，使任得敬孤立无援，最终被诛杀。因立下大功，被册封为越王。

公元1196年，仁友去世，他的儿子安全天资暴狠，心术险鸷，他向纯祐上表以他父亲的功绩，请求让他承袭父亲的爵位。纯祐深知安全品性恶劣，拒绝了他的请求，并将他降封为镇夷郡王。安全求封不得反被贬，由此怀恨在心。他在皇后罗氏的纵容鼓励下逐渐把持朝政，并图谋篡夺帝位。朝中大臣为之侧目，敢怒不敢言，但南院宣徽使刘忠亮，正直敢言，朝中议事皆以国为重，每见安全干预朝政，均敢直言斥之。安全以甜言蜜语拉拢他，但都被他严词拒绝。刘忠亮临终前对他的儿子思义说自己死后要像普通人那样下葬，不想沾染官气了。思义遵遗命，他自己也不再入朝做官，以免卷入不利夏国的争权夺利之中。

纯祐执政期间，继续推行科举取士，为自己的统治培养选拔了一批优秀的人才。宗室子弟遵顼是齐王彦忠的儿子，在国中科举考试中为进士唱名第一，仁孝诏令其嗣齐王爵，不久又擢升为大都督府主，他就是后来的夏神宗。朝中高大亨、高大节、高伦三兄弟，才品俱佳，常常一同出使金国，不辱使命，金人称其为"三俊"。

虽然仁慈恭俭的纯祐采取了一系列的措施在维持帝国的运转方面起到了一定的成效，但是西夏这部已经驶向巅峰的战车开始慢慢驶向下坡路。随着国家的安定和封建体制的发展，党项贵族地主阶级开始贪图安逸，日益腐朽坠落。西夏的政治也变得越来越腐败，国势逐渐衰落，由盛而衰已成为西夏社会不可逆转的趋势。

在北宋灭亡后，黄河流域便纳入了金的政治版图，黄河流域也是西夏原来与宋贸易、征战争夺以获取经济利益的地方。金占据黄河流域的大片土地后，西夏的东、南、西南都处在金的包围中，这种新的政治格局束缚了西夏更进一步的发展，使西夏原先倚重的与宋的经济交往不得不向依附金国转变，西夏的对外贸易仅有对金的贡使贸易和榷场两种方式。

仁孝执政期间，争取与金恢复了保安和兰州榷场，西夏通过珠玉、香料、药材、畜产品等换取金国的绢帛、铁器、瓷器、纸张等生活必需品。但是这种贸易方式引起了金国的不满，金国认为，西夏是以自己无用的东西换取金国的有用之物，这种贸易令金国得不偿失，后来下令关闭了双方的榷场。纯祐执政期间夏和金的使者往来依然很频繁，公元1193年（天庆元年），金国册封纯祐为夏国王。公元1197年（天庆四年），在纯祐的不断争取努力下，金国同意复置保安、兰州榷场与夏互市。

金夏两国没有大的利益冲突，再加上夏一直奉行亲近金国的政策，使得金国建立后，两国的和平状态持续了八十多年。南宋政权多次联络夏国，想与之结好，但是夏都不予理睬。这也为后来的夏金关系破裂，及面对更强大的蒙古入侵时缺乏盟友支持埋下了隐患。

在夏和金都在慢慢走向衰落之机，北部广阔的蒙古高原上迅速崛起一股势力，打破了夏、金的平静。公元10到12世纪，蒙古高原诸部在与南方的辽、金密切交往的过程中，逐渐接受先进文化的影响，铁器的使用也变得越来越普遍，封建生产得到较快发展，以往传统的氏族集体游牧的生产方式逐渐转向一家一户的游牧方式。社会阶级分化加剧，氏族社会逐步瓦解，各个部落之间为争夺牧场、牲畜和奴隶，相互侵犯和混战，弱肉强食。到12世纪下半叶，蒙古诸部经过残酷的角逐之后，整个高原从东向西逐渐形成：塔塔儿、蒙古部、克烈、乃蛮和北部的蔑尔乞五大势力集团，五大部落为争夺支配高原的最高权力，处于长年厮杀混战状态，严重阻碍了蒙古社会生产力的发展。在这一历史背景下，蒙古部的杰出首领铁木真横空出世，登上了统一蒙古诸部的历史舞台。

铁木真像

蒙古部的首领也速该，是一位骁勇善战的勇士，在他的妻子诃额伦临产的时候，他率军出征打败了世敌塔塔尔，并俘获了他们的部落首领铁木真兀格。就在他得胜归来之时，诃额伦生下一个婴儿，也速该为了庆祝战争的胜利，就给新出生的儿子取名为铁木真。在铁木真九岁时，他的父亲被铁木真兀格的儿子毒死，也速该死后，铁木真母子被蒙古部族遗弃，使其从部落首领的地位一夜之间跌入苦难的深渊。从此年幼的铁木真兄弟就和母亲生活在树林里，靠母亲一个人打猎，捕鱼、采集野果为生，生活十分困苦，还不断遭受领近部落的袭击。这样艰苦的岁月练就了他刚强的性格。他曾说过："拼杀冲锋的时候，要像雄鹰一样；高兴的时候，要像三岁牛犊一般欢快；在明亮的白昼，要深沉细心；在黑暗的夜里，要有坚强的忍耐力。"

泰赤乌部怕铁木真兄弟长大成人后进行报复，派兵将铁木真擒获，铁木真凭借过人的机智和胆略虎口脱险，然后又找到失散的母亲和兄弟。此后，又屡经挫折和打击，铁木真在艰难困苦的环境中迅速成长。

铁木真十八岁时，蔑尔乞部的脱脱部长抢走了他的妻子和财产。铁木真联合他父亲的安答克烈部的脱斡邻和自己幼年的安答札答兰部的札木合发动战争。这是一场由铁木真发起的第一次战争，他很快击溃了蔑尔乞人，战争赢得了胜利，铁木真的妻子孛儿帖被夺回。初战胜利为铁木真赢得了声望，不但他父亲原来的部众、属民又重归铁木真帐下，就连其他不少部落也来投奔。

公元1184年，铁木真被推举为蒙古乞颜部可汗，铁木真派人将自己称汗之事向脱斡邻汗和札木合做了通告。脱斡邻表示了祝贺，而同样野心勃勃的札木合却心怀忌恨。不久，札木合的弟弟因为盗马而被铁木真的手下杀死，札木合大怒，他纠集了朵儿边、翁吉利、塔塔儿、泰赤兀等十三部向铁木真发动进攻，史称"十三翼之战"。结果铁木真因力量对比悬殊而主动撤出战斗，这也是其一生中唯一的一次战败。

战后，残暴的札木合支起七十口大锅，用来蒸煮那些归附铁木真的赤那思氏人，他的残忍令追随他的部下心寒，很多部落因此离他而去投靠了铁木真。铁木真虽然战败，但他的力量不但没有削弱，反而得到了增强。

公元1196年，金国讨伐塔塔尔部，铁木真趁机联合克烈部脱斡邻进攻塔塔尔，并大破塔塔尔部。获胜后，金封脱斡邻为王罕，铁木真也被承认他在其部族中的领导地位。铁木真认识到要最终统一蒙古草原，必须先与王罕联合。力量不断得到增强的铁木真率兵消灭了蔑尔乞部，杀其首领，部将木华黎父子投降。木华黎后来成为铁木真麾下第一名将，封太师国王，让他独当一面经略中原。

草原各部惧怕铁木真的崛起，于是推举札木合为"古尔汗"，即众汗之汗的意思，他们组建了十二部联军，试图一举消灭铁木真。这个联盟看起来声势浩大，但由于诸部各谋已利，不能形成统一指挥。铁木真联合王汗不到一天就击败了这些乌合之众，战败的札木合投降王汗。公元1202年秋，铁木真集中兵力消灭了塔塔尔部，获胜后，铁木真为报世仇，下令将成年的塔塔尔男子全部杀掉。

公元1203年，铁木真击溃了强大的克烈部。公元1206年，铁木真又出兵征服乃蛮部，乃蛮部首领塔阳汗战死，札木合被自己的部下捉到献给铁木真，铁木真赐他以"不出血而死"。

公元1206年，铁木真统一了蒙古诸部，在斡难河（今鄂嫩河）源头召开库里尔台大会，即蒙古大汗位，诸王和群臣为铁木真上尊号"成吉思汗"，国号"大蒙古国"，蒙古草原结束了长期混战的局面。成吉思汗立国后，这个"要让青草覆盖的地方都成为我的牧马之地"的为战争而生的蒙古领袖，立即开始了对外大规模的征服战争，从此他麾下的铁骑，势如破竹，驰骋在广袤的欧亚大陆上。

第二节　纯祐被废，蒙古入侵

纯祐可以说是一个有所守成的帝王，颇能继承乃父遗训，治国有方。在他统治期间"四郊鲜兵革之患，国中无水患之虞。盖西夏小邦，但能循旧章，安无事，已称善守矣"。他的母亲罗太后，于公元1167年被立为后，罗氏立为皇后之后十年，方生子纯祐，母凭子贵，这也成为她后来干政的政治资本。

纯祐继位时才17岁，当时夏国的军政大权实际是控制在罗太后的手里的。在辽、夏均有太后执政的先例，特别是夏国，在元昊以后的五十多年中，西夏实际上都处在母后的掌控中，这种由母族执政的特点深深植根于西夏的社会政治和血缘亲族的传统之中。但罗太后与没藏氏和梁太后的擅权不同的是，后者都有强大的家庭势力来做后盾，作为汉人的罗太后显然缺少母族的强力支持。随着纯祐年龄的逐渐增大，罗太后的权力自然会逐渐衰落，伴随着权力之争，母子矛盾势必会越来越激化。

罗太后好佛，令人抄写、刻印全部西夏文大藏经，花费了大量的人力、物力。在仁宗去世后二周年时，罗太后大量发愿施印《转女身经》达三万多卷。罗太后印施《转女身经》不仅仅有宗教因素，更多的还是在为自己身为女人，不能转身为男执掌国事而遗憾。从这一方面也能看出，笃信佛教的罗氏内心对权力的渴望。

被降封为镇夷王镇守甘州的"天资暴狠，心术险鸷"的安全，虽然被纯祐降封，但封地甘州的独特优越的地理位置和这里的宜农宜牧的富饶，使得安全的经济实力和军事力量得到了极大的加强，为他后来的篡位打下了坚实的基础。

安全得知纯祐皇帝和罗太后不合，趁机巴结讨好罗后，历史多传言两人有私情。在罗后的支持下，安全得以逐渐参与朝政。他干政篡权的野心，不时在朝议之中显露出来，曾遭到耿臣刘忠亮的直言相斥，安全想拉拢他，但遭到拒绝。公元1204年（天庆十一年），夏州有人发现自己养的猪生下了一头像麟的动物，这个特殊的动物长了两个头，有卜者说这是一个国家两个王的兆头，安全听了大喜，更加坚定了他篡权的决心。

当西夏表面平静的政局下暗流涌动，凶险四伏之时，来自蒙古高原的直接威胁突然而至了。统一了蒙古高原的铁木真，率领着当时世界上战斗力最强的骑兵战队，首先将征服的目光瞄向了西夏，成吉思汗之所以将出征的第一站选择西夏是经过深思熟虑的。一是因为西夏相比周边的其他几个政权如金、宋相对弱小，再者西夏拥有广阔的牧场和大量的优质战马，西夏能征善战的士兵和精良的兵器也都是蒙古军队急需的。

在蒙古进攻西夏之时，西夏尚有六十万的军队，但由于数十年处于和平环境之中，缺乏战争的检验，也缺乏能统兵打仗的优秀将领。与猛将如云，刚刚经历血与火的洗礼的蒙古铁骑形成鲜明对比。在蒙古入侵西夏之前，西夏还是有预感的，并做了一些相应的准备，比如增筑城堡、加强北部的兵力布置，还在贺兰山克夷门地区构筑了坚固的堡垒，并增派了近七万人加强守备。

公元1205年（夏大庆十二年），铁木真在打败了强大的对手也是他曾经的联邦克烈部后，为了追击克烈部首领王罕的儿子亦剌哈桑昆，率领蒙古骑兵来到西夏边境。铁木真派遣使者到西夏，谴责西夏收留了他的仇敌王罕的儿子桑昆，但根本不给西夏解释的机会，就以此为由发动了对西夏的第一次入侵。三月，铁木真率兵从河西走廊的西端进攻西夏的力吉里寨，历时一月将其攻破，然后纵兵在富饶的瓜、沙一带大肆掳掠。纯祐皇帝一时惊慌失措，不知如何应对。一个月后，蒙古兵带着大量的战利品撤军返回漠北。蒙古退兵后，纯祐下令修复被战争摧毁的城寨，大赦国内，并将首都兴庆府改名为中兴府，希望能中道振兴。

蒙古的此次入侵意图，显然不是以灭亡西夏为目的，而只是一次试探性进军，以探究西夏军事力量的虚实。极善用兵的铁木真自然要选择一个离西夏腹地较远，防卫力量相对薄弱，而又比较富庶的地方作为入侵西夏的一个突破口。而河西走廊正是这样一个理想的目标，对其进攻不仅可以达到试探西夏虚实的目的，还可以顺便掳掠财富。同年十一月，蒙古军队进攻金国，两军在河西对峙。纯祐得知后，派兵乘虚入侵蒙古，想报上次蒙古入侵之仇。但夏军入境数日没有遇到蒙古军队，不久传来蒙古军战胜金军，正率兵来援，夏兵直接就撤回国内了。由此也反映了西夏军力的衰弱，已经到了不敢与蒙古军正面对抗的局面了。

公元1206年，安全在罗太后的支持下，召集部分大臣议定，以纯祐抵抗蒙古不力，不能保家护国为由，将其废黜，自立为帝，是为襄宗。一个月后，纯祐暴卒于宫中。七月，罗太后遣使到金国上表称："纯祐已经不能延续王位，与大臣议厚要立安全为王。"请求金朝对李安全予以册封。

金国章宗本不予认可，但是在夏国多次来使请求册封，在纯祐已死，木已成舟的情况下，才在犹豫观望九个月后，勉强册封安全为夏国王，但以削夺给夏使的赐礼作为惩戒。从纯祐被废到安全被金国册立这个过程来看，在安全上台后，罗太后已经失去了对整个事件的掌控，由此看出罗太后即使有政治野心，但致命的是缺少政治资源，更缺乏相应的政治手段。以致安全上台后不久，就过河拆桥，立即禁止罗太后参与朝政。如果罗后还能掌控局势的话，他的儿子不大可能这么快暴卒，更不可能在儿子刚死后，就连续三次遣使向金国上表请求册封安全。

安全被金国册封之后，罗太后就不知所终了。关于罗后的最终去向，后人一直多有推测，有一种说法是，安全继位后，将罗太后贬到了黑水城寺庙为尼。

公元1908年，俄罗斯探险队在黑水城的一座"伟大的塔"中发现大量文物，根据科兹罗夫的日记记载，他们还在佛塔内发现了一副坐姿端正的女性骨架，骨架后来被运回俄罗斯，俄国历史学家对其做了鉴定后，推断她是西夏帝国仁宗皇帝的皇后，认为此塔是为纪念她而建的，因为在佛塔内还发现了大量的为罗氏私人所有的文献文物。俄国专家推测她的儿子被废后，她很快被排斥在国事之外，并最终被发配到黑水城，死后被埋藏在那座"伟大的塔里"里了。但是因为没有任何史料确切记载罗太后最后的归属，更没有史料记载罗太后被发配到了黑水城，所以我国的专家并不同意俄国学者的推断。可惜的是，这份保存于俄国科学院民族研究所内的骨骸，在二次世界大战彼得格勒保卫战中神秘的丢失了，给西夏学研究留下了永远的遗憾。

安全篡位的第二年，即公元1207年（夏应天二年，蒙古成吉思汗二年）九月，成吉思汗借口西夏皇帝无故被废，没有向其通报和不向蒙古纳贡，对西夏发动了第二次进攻。

蒙古军队这次选择西夏北部重镇斡罗孩城（位于阴山西、狼山北）作为此次进军的突破口。蒙古铁骑在辽阔的草原纵横驰骋，势如破竹，面对西夏的坚城，在付出巨大的代价后，经过四十多天的围攻终于夺取了罗孩城。

看着城下满布的蒙古士兵的尸体，想到一座小小的西夏城池在西夏士兵的顽抗下竟然四十多天才被攻破，恼怒的蒙古首领下令屠城。占据罗孩城后，蒙古军以此为根据地，派兵四处掳掠。安全遣右厢诸路兵抵挡蒙古的进攻。成吉思汗见夏国兵势尚盛，不敢贸然深入夏境，两军僵持五个多月后，蒙古军因粮草匮乏，引兵而退。

第三节 附蒙抗金，沦为附庸

嵬名安全以阴谋篡位后，就碰到了帝国成立以来最强悍的对手。安全在皇位上坐得并不舒坦，整天提心吊胆蒙古大军的入侵。成吉思汗自斡罗孩城退兵后，一直思索下一步对西夏的入侵，在做了大量的准备之后。公元1209年（夏应天四年，蒙古成吉思汗四年），成吉思汗亲率大军发动了对西夏规模更大的第三次进攻。

蒙古大军自黑水城北兀剌海关口突入西夏国境，夏襄宗安全以其子承祯为元帅，大都督府令公高逸为副帅，领兵五万前往兀剌海救援。夏军在兀剌海城外被蒙古军杀的全军覆没，连副帅高逸也被蒙古兵俘虏，高逸被俘后拒不投降，被蒙古军队杀害。

蒙古军队攻入兀剌海城后，西夏太傅西壁讹答率兵在城内与蒙古军展开激烈巷战，战败被俘。至此，西夏的北部防线被蒙古铁骑踏破。七月，蒙古军进逼西夏国都中兴府的外围克夷门，该处地形险要，两山对峙，中通一径，悬绝不可登，西夏曾在这里设右厢军司，并派七万兵力驻守。

夏襄宗急令嵬名令公为统帅，率领五万精兵前往迎敌。嵬名令公利用克夷门险峻的有利地理条件，击退了蒙古军的进攻，暂时拖住了蒙古军队的前进。一时双方谁也不敢贸然进攻，两军进入了两个多月的相持阶段。蒙古军组织了几次围攻都没取得预期效果，成吉思汗见对方凭险坚守，决定改变强攻的策略，不断派出游骑兵骚扰攻击夏军，然后设伏以待。

一开始西夏兵不为所动，一直坚守阵地，但是面对蒙古游骑兵无休止的骚扰袭击，西夏统帅嵬名令公终于忍无可忍，派出了西夏主力出击消灭蒙古的游骑兵。结果中伏，夏军损失惨重，嵬名令公被俘，克夷门天险也被蒙古军队攻破。

蒙古大军兵临中兴府城下，将中兴府团团包围。夏襄宗亲自上城督战，凭借中兴府坚固的城墙，抵挡住了蒙古军的疯狂进攻。双方僵持了一个多月，成吉思汗见一时无法攻破，而驻守在各地的夏军正不断集结而来。当时正值雨季，黄河水位暴涨，成吉思汗下令修筑堤坝，将黄河水位进一步抬高，引黄河水灌淹中兴府，中兴府内军民被淹死者极多。

宋襄宗见形势危急，便派出使者向金国求援。接到西夏的求援后，金国内部展开了讨论，一些富有远见的文武官员主张出兵，认为现在出兵是首尾夹攻蒙古军队的机会，否则等蒙古军队消灭西夏后，下一个要进攻的目标就轮到金国了。但是金国皇帝完颜允济却有点幸灾乐祸的样子，拒绝发兵。

向金国求援失败，此时的中兴府被围已经三个多月了，在黄河大水的浸泡下，中兴府的城墙多处摇摇欲坠，正在城即将破的危急时刻，奇迹突然出现了！由于黄河水越来越大，蒙古人修筑的保护自己不被淹的堤坝也被河水冲毁，蒙古军队不得不后撤。撤退时，成吉思汗释放了被俘的西夏太傅西壁讹答，让他进入中兴府招降。

惊魂未定的安全登城隔着滔滔黄河水与成吉思汗相见，答应向成吉思汗称臣，允诺做成吉思汗征战时的"右手"，并将女儿察和献给成吉思汗，又向蒙古进献大量的骆驼、缎匹、鹰鹘等。成吉思汗遂解围而去。嵬名令公被俘后，成吉思汗数次派人招降他，但都遭到拒绝，于是命人将其关入土室，每日让他吃粗糙的食物，但他依然不屈服。后来安全得知令公还没死，就遣使奉礼请蒙古将其放了回来。

夏襄宗与成吉思汗和亲，虽然使西夏暂时避免了灭国之灾，但是此战过后，西夏成了蒙古帝国的附庸。这场战争，蒙古军队取得完胜，不但拆散夏金联盟，并最终使夏金两国刀兵相见，不但削弱了两国的实力，也为将来消灭两国创造了条件，而且为接下来的西征解除了后顾之忧。西夏虽然完败，但令人印象深刻的是此战中涌现了一批气节忠贞的战将。

蒙古的进攻，让西夏上下震动不已，就在成吉思汗第三次攻夏退兵不久，当夏襄宗安全还没有从对蒙古铁骑的恐惧中缓过劲来的时候，一场来自宫廷的内乱突然降临。公元1211年，安全当年废黜纯祐的一幕再次上演，鬼名遵顼废黜了李安全，自立为帝，改元光定，是为神宗。一个月后，李安全暴卒，年四十二岁，谥号敬穆皇帝，庙号襄宗，墓号康陵。遵顼的父亲齐王彦宗，曾因反对任得敬的擅权而被排挤打压贬斥于凉州，任得敬被诛后，仁宗复召其入朝，并封为马步军太尉，不久病死，谥齐忠武王。遵顼是个出色的人，他曾在纯祐时期的科举中进士，并唱名第一，纯祐让其袭封齐王，并升其为大都督府主，统领军队，为废黜夏襄宗自立为帝奠定了基础。

夏神宗遵顼夺取政权后，一度雄心勃勃想重新振兴西夏。他看到崛起的蒙古军队的强悍实力，决定调整自己的战略，联合蒙古进攻金国。自从女真崛起建立强大的金国，西夏向金称臣后，两国虽然偶尔有点小规模冲突外，如仁孝时期，曾因为金断绝双方榷市，夏曾发兵进攻金岚州（今山西岚县北）和古州（今山西离石）等地，但总体上来说，夏金两国前后八十多年的时间基本上一直是和平相处的。

遵顼即位不久，即派骑兵万余进攻金东胜城（今内蒙古自治区托克托），即将破城之际，金西南路马军户纥石烈鹤寿率兵来援，突破夏军防线进入城中，夏军被迫退兵。十一月，遵顼闻知蒙古大军正在进攻金中都，乘机发兵攻占了金泾州和邠州，金陕西安抚使檄同知转运使事韩玉引兵万余前来救援，正在围攻平凉府的夏军不知金军虚实，遂解围而去。

金军面对蒙古的进攻，屡次战败，夏也乘人之危，多次派兵侵袭金境。公元1212年（夏光定二年，金崇庆元年）三月，金国还是派使者前往夏国，主动册封遵顼为夏国王，想以此来修复两国的关系，联合起来共同抵挡蒙古的入侵。但是遵顼不加理会，依然奉行附蒙侵金的政策。金的册封使刚走，遵顼就派兵进攻金葭州（今陕西佳县），被金延安路兵马总管完颜奴婢率军击败。

公元1213年（夏光定三年，金至宁元年）六月，夏军攻破金保安州，杀死州刺史，接着进攻庆阳府，杀死同知府事等，知庆阳府蒲察郑留出城与夏军激战，夏兵败退。八月，夏出兵攻破金邠州。

十一月，金国发生内乱，金主永济被杀。夏乘机发兵进攻金会州（今甘肃省靖远县境），金都统徒单丑儿率大军与夏军在窄土峡展开大战，击溃了夏军，夏军败走东关堡，遇到金军阻击，结果又败。

十二月，遵顼发兵数万攻破金巩州（今甘肃陇西县），俘获守将守中，夏军威胁守中让其投降，守中不屈。夏兵转而进军围攻平凉，夏兵令守中到诚下招降金军，守中对金军大喊："夏军弓矢将尽，千万不要投降。"夏军冲上前将其砍死。后来守城金军箭也用光了，就募人将夏军射到城上的箭收集起来，用来射杀夏军，最终打退了夏军的进攻。

公元1214年（夏光定四年，金贞佑二年）七月，夏遣使持书至四川之岩昌寨，约宋夹攻金国，宋制置使董居谊刚入川上任不久，恐夏有诈，就没有向南宋朝廷报告。

次年一月，夏军进攻金环州，又进围金积州，均无功而返。二月，夏军攻破金安乡关，复攻环州，被刺史乌古论延寿及斜卯毛良虎率军击败。十月，夏军进攻保安、延安均遭失败，于是夏军集结右厢精兵八万大举围攻临洮，金陕西宣抚副使完颜胡失剌率军前来救援，夏军在渭源堡预先设伏，大败金兵，俘获胡失剌，接着攻破了临洮。面对夏军疯狂侵袭，金主下令：谁能杀掉夏兵必有重赏。重赏之下必有勇夫，金军士气大阵，皆奋勇杀敌，接连击败夏军的进攻。

公元1216年（夏光定六年，金贞佑四年）四月，夏境内汪三郎部投降金国，金主大喜，赐汪三郎国姓完颜氏，后来汪三郎成为金抗击夏入侵的一员名将。由于遵顼数次出兵攻金均遭失败，于是遣使赴蒙约兵共同进攻金国。九月，夏蒙联军进攻金延安、代州等郡，杀经略使奥屯丑和尚，接着兵临潼关，金西安军节度使尼庞古蒲虎力战而死，潼关遂破。十一月，遵顼乘胜遣兵四万突然包围定西城，金提控赤盏合喜与节度使杨斡烈率兵与夏军展开激战，将夏军击溃，夏兵被斩首二千余级，损失马八百匹，器械无数。金国乘胜发起反击，兵分两种，一路以右监军陀满胡士门、延安总管古里甲石伦率领进攻盐州、宥州、夏州等地。另一部由庆阳总管庆山奴、知平凉府移剌塔不也率领进攻威、灵、安、会等州。遵顼紧急调派兵马，分道阻击，挡住了金军的反扑。

遵顼错误的附蒙侵金之策，对金的连年入侵，战争次数之频繁，在夏国历史上罕见。极大的消耗了两国的国力，致使两国耗尽了精锐，都身心俱疲，两国的军事力量因战争而大大衰落，所谓"鹬蚌相争，渔翁得利"，这为蒙古最终灭掉两国创造了条件。

第四节　夏金联盟，迟到而糟糕的联合

公元1217年（夏光定七年，蒙古成吉思汗十二年）一月，成吉思汗率蒙古大军进攻金，夏应蒙古要求派兵三万配合蒙古兵进攻金平阳府（今山西临汾市境内）。金尚书右丞胥鼎集合五路联军夹攻蒙夏联军，大败蒙夏联军。

夏军在退兵途经宁州时，又遇金将庆阳总管庆山奴的伏击，损失惨重。成吉思汗准备西征花剌子模（蒙古第一次西征），再次向西夏征兵助战，西

夏不堪征调，遵顼拒绝了蒙古的要求。十二月，成吉思汗以西夏不应从征为借口，发动了对西夏的第四次军事进攻。蒙古军渡过黄河深入西夏腹地，遵顼对蒙古军的突然入侵估计不足，惊慌失措之下让太子德任留守中兴府，自己仓皇出奔西凉避难，然后遣使向成吉思汗请降，成吉思汗看出兵的目的已经达到，接下来还有更重要的西征等着蒙古军队，于是撤兵而去。

遵顼自从附蒙侵金以来，竭力进攻金国，对蒙古也是有求必应，西夏是出力不讨好，反而遭到蒙古的进攻。蒙古的入侵和不断地向西夏征兵，给夏带来了巨大的损失。蒙古退兵中兴府后，遵顼为了缓和与金的矛盾，主张上书金国，请求恢复双方互市，并恢复旧盟关系，但是遭到金主拒绝。遵顼因金不通互市，接着两次出兵侵袭金境，均被击败。

公元1219年（夏光定九年，金兴定三年）二月，遵顼派遣枢密都招讨使甯子宁、忠冀赴四川，与宋商议联兵夹攻金秦州、巩州。宋利州路安抚使丁育回信表示同意，但是宋并没按约出军。遵顼于三月，再次向金请和，又遭拒绝。次年四月，遵顼派两万精骑攻取金通秦堡，庆山奴率军前来争夺，打败了夏军，夺回通秦堡。夏军整兵继续来攻，庆山奴率军与之激战，夏军溃败，被斩首五千余级。

公元1220年（夏光定十年，金兴定四年）一月，甯子宁再次写信给四川守将，责其上次没如约出兵，并约其再次联合攻金。直到五月，宋四川宣抚使安丙才给夏回信，双方商定共同出兵。

八月，遵顼发兵万余围攻金会州，擒同知平凉府事郭禄大，守将乌古论世显投降。金朝上下大震，金主遣陕西行省与夏国议和。遵顼两次向金求和都遭到拒绝，这次大胜金来求和，遵顼自然没有同意。

九月，夏大将思丁、兀名二人献计破巩州，遵顼听从了建议，令枢密使甯子宁、嵬名公辅率领二十万大军进攻巩州。宋宣抚使安丙派张威、王仕信分两路进军，两路军分别攻克来远、盐川两镇及定边城后，与夏军在巩州城下会师。约定宋军攻城，夏军野战。金行元帅府事赤盏合喜率兵迎战，一日之内与夏军激战十几场，将夏军逼退至南岗。夏军集结三万精兵复来攻城，赤盏合喜率军出城迎击，大败夏军，生擒夏军副将刘押、甲玉等。宋夏联军被迫撤兵。赤盏合喜在夏军必经险要之地设伏，夏军伤亡惨重。十月，宋朝再约夏联合进攻秦州，夏国还没从上次大败中缓过劲来，想想上次与宋联合作战，第一次约其出兵，宋违约不出。好不容易出兵了，但是打仗的时候都不知跑到哪里去了，夏军一败退，宋军早跑没影了。夏国于是拒绝了。

遵顼意识到单靠自身的力量难以彻底打败金。夏金双方也意识到这样战下去，终会两败俱伤，中间双方都有主动提出停战议和，但由于双方连年相战，致使双方极度缺乏互信，两国再度联合的机会就这样在不停的战争和犹豫不决中失去。

夏联宋攻金，不但没有达到预期的目的，而且损失更加惨重。祸不单行，偏偏此时蒙古又来向西夏借兵。公元1221年（夏光定十一年，金兴定五年）三月，蒙古大将木黎华率兵由东胜州渡过黄河，西夏河西诸堡寨纷纷投降。遵顼惊惧不已，派遣监府塔哥甘普宴请木黎华，并答应派塔哥甘普等率五万兵交与木黎华指挥。十月，木黎华与塔哥甘普领兵攻取金葭州，接着率军进攻绥德，连破马蹄、克戎两寨后，木黎华再次派人向遵顼借兵，遵顼又派大将迷仆领兵前来。迷仆派人问木黎华两人相见的礼节怎么安排，木黎华说："你的国主见我的国主，这是礼仪"。

迷仆说："没有接到王命，我们不敢参拜。"

迷仆领夏军先行进发，围攻安寨堡。金军组织一支精锐部队，昼夜急驰，乘夜突袭夏军大营，夏军没有防备，溃败而逃，金军追杀四十余里，夏军被杀坠崖而死者不可计数，直到木黎华率大军赶到，金军才退去。迷仆见到木黎华，翻身下马就拜。十二月，金国秘密集结各路兵马，准备大举入侵西夏。遵顼得知后，先发兵数十万分三路攻入金境，金边境被战火摧毁严重，金国伐夏的部署也被打断。

公元1222年（夏光定十二年）六月，木黎华与右都监石天应领兵打算攻打金陕西诸州，派人向夏提出借道，遵顼让其自东胜州渡河。木黎华渡河后攻取金葭州，令石应天领兵五千守之。石天应欲乘势进攻，于是约夏出兵共攻延州，结果被金军击败，石天应战死。十二月，蒙夏联军由葭州进攻金质孤堡，被击败。

公元1223年（夏光定十三年，金元光二年）一月，遵顼派步骑联军十万配合木黎华围攻凤翔府（今陕西凤翔县），夏蒙军联营扎寨数百里，声势浩大。金行元帅府事赤盏合喜与同知临洮府事郭虾蟆共同率军迎战。夏军将领在濠沟外指挥军队攻城，郭虾蟆持弓搭箭，乘一夏将举肘之时，一箭射去，正中此将腋下铠甲没有遮挡之处。夏军诸将骇然，知道此战不好打，没有告诉蒙古人，就匆忙擅自撤军了。

公元1223年四月，遵顼欲派太子德任率军攻金。德任进谏说求和，遵顼反驳他不明是非，不同意求和。但德任坚持己见，声言就算不做太子，出家为僧也不出征。遵顼大怒，将德仁幽囚于灵州，另派将出兵。五月，夏境大旱，以至饥民相食。遵顼仍然调兵侵金，结果点兵不集。十月，蒙古以夏军在凤翔之战偷偷撤军为由，发兵进攻夏积石州，并四处纵兵抢掠，围困半月有余，后得知金军打算断其后路，才慌忙撤兵。十二月，夏国内饥荒更加严重，人民生活在水深火热之中。

遵顼仍然点集十二监军司的兵力进攻金巩州。御使中丞梁德懿进谏道，现在国家用兵十多年，已经田野荒芜，民生涂炭，正是用人之际，而太子德任被幽禁在别处，这对国家不利。

遵顼厌恶其替太子说好话，不听劝阻，并将其罢官。德懿极其淡然，被罢官后逍遥山水间，悠然自得的活了十几年后安然去世。

夏神宗遵顼的附蒙侵金政策，不仅使夏国陷入与金的苦战中不能自拔，同时也受到蒙古的压榨和入侵，不是要钱就是要人，一不如意就刀兵相见。不但深受灾难的夏国上下对此强烈不满，就连成吉思汗还不满意遵顼的表现，嫌其配合不到位，多次派人前往夏国令他退位。内忧外患下，遵顼不得不让位于次子德旺，是为献宗。德旺执政后，夏金战争才告停止。

但是夏金连续十三年的缠斗，令双方都元气大伤。特别是两国人民饱受战争灾难，战争荒芜了生产、毁坏了庐舍，无数的人民因战争而流离失所。对战争主动发起国夏国的影响更是深远，不但在战争中损失了大量的精锐军事力量，而且由于战争，金国停止了双方的贸易往来，使得靠外贸获得好处的西夏经济损失巨大。

夏献宗德旺即位后，决定停止对金的战争，改善与金的双边关系。公元1124年（夏乾定二年）二月，德旺趁成吉思汗西征未归之机，派遣使者赴漠北与反对成吉思汗的诸部落联络共同起兵，以组成抗击成吉思汗的联盟。五月，成吉汗四征归来，听说夏国联合漠北诸部图谋不轨，于是亲自率兵由河外进攻沙州。连续攻打了一个多月未能攻下，成吉思汗令士兵于夜间挖地道至城内，被守将籍辣思义识破，思义命人火烧地道，蒙古兵被烧死者甚多。沙州城终不得破。九月，蒙古军队久攻沙州不破，担心银州、夏州的夏军出兵来援，于是派大将孛鲁、黑马等分兵攻打银州。监府塔海率兵出战，兵败被俘，夏军被斩首数万级，损失牲口、牛、羊数十万，银州城遂被蒙军攻破。

德旺面对蒙古的猛烈进攻，意识到这样下去，早晚被其所灭，决定修好与金的关系。十月，正在蒙古大军疯狂进攻西夏之时，德旺采用了右丞相高良惠的联金抗蒙之策，并派遣使者赴金议和。十一月，德旺闻银州失守，漠北诸部也纷纷被成吉思汗击溃，于是遣使向蒙古军请降，并许以质子为信。成吉思汗方答应退兵。

公元1125年（夏乾定三年）八月，夏金正式结盟，夏以兄事金，各用本国年号。这场迟到而糟糕的联合终于达成了，但此时结成盟国的夏金两国，皆国虚民弱，精锐俱尽。即使联合起来也难挡日益强大的蒙古铁骑了，等待两国灭亡的只是时间问题。

第五节　蒙古铁骑来袭，西夏精锐损失殆尽

公元1124年（夏乾定二年）三月，蒙古遣使来夏国索要质子，德旺犹豫不决。德旺表示，我们与金修好，一共抗敌，如果派去一个质子受人束缚，出了事岂不后悔？

枢密使李元吉认为，蒙古虎狼之师，好好伺候他都不能保证安稳，倘若背信，恐怕更会刀兵相见。况且现在金国势力衰败，自顾不暇，指望与其共同御敌不现实。德旺不听，还是不送人质给蒙古。八月，蒙古仇人乃蛮部的赤腊喝翔昆来投夏国，德旺收纳了他，并给了很多粮食。

成吉思汗西征花剌子模国时，曾遣使向夏借兵助征，但遭到西夏的拒绝。公元1125（夏乾定三年，蒙古太祖二十年）二月，成吉思汗西征归来后，以夏国不遣质子并收纳其仇人为借口，发动了旨在灭亡西夏的第六次征伐。

蒙古大军兵分两路，成吉思汗亲率十万大军自北路攻入夏境，向西夏重镇黑水城发起进攻。黑水城是西夏北部边境的一座重要军事城堡，也是西夏十二军司之一黑山威福军司的治所，是河西走廊通往漠北的必经之路，由于战略地位极为重要，西夏在此驻守重兵。之前蒙古军队就曾对其发起过进攻，令这个城池付出了巨大的代价。这次成吉思汗亲自带兵，黑城没有逃脱被血洗的命运。之后，成吉思汗率军南下攻打阿剌筛山，西夏大将阿沙敢卜率军增援，与蒙古军在贺兰山展开大战，结果全军覆没，阿沙敢卜也被俘虏。随后，成吉思汗做出要攻打中兴府的意图，结果虚晃一枪，引军向西，攻入了河西地区。全军囤积在察速秃山(浑垂山，在今甘肃酒泉北)，等待西路军的到来。

另一路蒙古大军在大将阿答赤与畏兀儿都护的率领下南下河西，向西夏的西厢重镇沙州发起攻击。在沙州军民的奋勇抵抗下，蒙古军攻城受阻，成

吉思汗派蒙古大将忽都铁穆儿和西夏的降将昔里钤部前去诏谕。沙州守将籍辣思义知道蒙古军势旺盛不可挡，准备诈降，便答应了蒙古的劝降，并准备了美酒和牛羊来犒劳蒙古军队，暗地里却设下伏兵，企图将蒙古军消灭。

忽都铁穆儿没有防备中伏，正好西路军首帅阿答赤率兵赶到，但座骑被伏兵砍伤，昔里钤部以所乘马交给首帅阿答赤乘骑先行逃出，自乘受伤的马殿后，并击败了伏兵。这次诈降激怒了阿答赤，于是他集结大量兵力更加疯狂的攻城，籍辣思义率领守军顽强抵抗。

蒙古军于夜间挖地道攻城，被夏兵发觉，夏兵在地道中纵火，地道中的蒙古士兵多被烧死。经过一个多月的坚守，终因力量悬殊又无外援，沙州城陷。战后，成吉思汗听说了让马的事，对昔里钤部说：“你在生死存亡之际让马给别人，为什么？”

钤部说：“小臣就算战死也是不足重轻的事，首帅乃陛下的一员大将，您不可失去他。”成吉思汗对其忠诚大加赞赏。

五月，沙州被攻克后，蒙古军接着西进攻击肃州，夏军拒城坚守，蒙古军一时攻不下。归降蒙古的千户昔里钤部是肃州守将举力沙的哥哥，蒙古军派昔里钤部前往肃州城劝降其弟。但是遭到举力沙拒绝，西夏军民的奋勇抵抗最终没能阻挡蒙古军队的进攻，城破后，蒙古军进行血腥属城，昔里钤为自己留在城中的父和族人求情，全城仅有一百零六户得以免死。本月，太上皇遵项逝世，年六十四岁，在位十三年，谥号为英文皇帝，庙号神宗。

六月，蒙古军队乘胜进攻甘州（今甘肃省张掖市北），参与攻打甘州的人是早年归顺蒙古人的党项人察汗，多次为蒙古军的征伐立功，他是甘州守将曲也怯律的庶子。成吉思汗让他给甘州守将写信劝降，曲也怯律心动打算投降，被甘州副将阿绰察觉，他便联络军中的三十六名将领，杀死了蒙古使者和曲也怯律全家。阿绰率军民奋勇抵抗，阿绰战死，甘州城破。成吉思汗本想下令继续屠城，但在察汗的极力劝阻下，仅处死了奋勇抵抗的三十六人。甘州这座城市是西夏经济军事重镇，甘州城佛教盛行，城内有大量的寺庙和僧侣，可能也有这个原因，最终让同样信奉藏传佛教的蒙古军队放弃了屠城。

甘州城陷后，不但没有遭到屠城，而且整座城市基本上没有受到破坏，西夏的僧人不仅得到了保护，他们的政治地位还有了提高。有不少史料记载，忽必烈就出生于梁太后时期所建的张掖大佛寺。

蒙古军队势如破竹，所到之处城破人灭，德旺终日生活在忧惧之中，不久病死。年仅46岁，在位4年，庙号献宗。他的弟弟清平郡王之子南平王李睍继位。

蒙古大军沿河西走廊一路南下，一直攻到河西走廊最南部的城市西凉州，西凉宿卫官粘合重山执大旗指挥六部军马防守，流矢击穿手掌依然指挥自若。西凉另一守将斡扎箦是著名文臣斡道冲的后代，在蒙古军队的进攻下，斡扎箦最终选择了献城投降。接着，蒙古军队穿越腾格里沙漠，来到黄河九渡的地方，一举攻取了西夏的应理县。十月，蒙古军攻破夏州。

十一月，成吉汗大军直扑西夏东部名城灵州。灵州是拱卫中兴府的北方门户，灵州作为当年李继迁的根据地，曾是西夏的第一都城，位置极其险要。西夏末主李睍急派名将嵬名令公前去救援。嵬名令公集结夏国所有的精锐十万来到灵州城外，十万大军在黄河沿岸层层设防。

蒙古铁骑要进攻灵州，必先渡过黄河，此时，千里黄河，朔风成冰。成吉思汗率领的蒙古军锐气正盛。每个士兵头戴皮兜，身穿皮甲，手拿曲刀，跨上战马，凶猛无比。但灵州城下的援军也是集结了夏国全部精锐的王牌之师，并由名将嵬名令公亲自指挥，再加上此战关系夏国的命运，所以西夏将士士气高涨。两军在冰封的黄河上展开激烈的厮杀，刚开始，冰冻光滑的河面对蒙古骑兵造成了很大的障碍，西夏军队一次又一次的击退了蒙古军队的进攻，双方直杀得天昏地暗、血流成河。

随着时间的推移，蒙古骑兵的优势逐渐显现出来。西夏将士虽英勇抵抗，但终究阻挡不住蒙古骑兵的反复冲锋。大量西夏士兵英勇战死，尸体遍布冰面。还有许多尸体倒插在战场上，原来蒙古军每杀一千西夏士兵，就倒插一具尸体来记数。最后，十万西夏精锐被蒙古军屠杀殆尽。此战蒙古军也损失惨重，数万蒙古精锐作了夏军的陪葬。灵州城破，无一降者，被废黜在此的前太子德仁被俘，不屈被杀，他的儿子李维忠，年仅七岁，亦求同死。

蒙古大军攻下灵州后，1227年正月，成吉思汗亲率大军渡过黄河，对西夏发动全面进攻。蒙古军向积石州(今青海贵德西)发起攻击，此时适逢西夏春寒，粮草不继，使得西夏马饥人瘦，士卒毫无战斗力，城轻松被蒙古军攻破，西夏军崩溃。

成吉思汗将主力驻扎在盐州川一带，四处捕杀西夏遗民。之后蒙古军主力又挥师南下，接连攻克金军驻守的临洮府(今甘肃临洮)及洮(甘肃临津)、河(今甘肃抱罕)、西宁(今青海省西宁市)、德顺(今甘肃静宁)等州，取得了在西北地区的大捷！此时的西夏已经濒临灭亡，除了中兴府外，其他地方都被蒙古军攻占。西夏主力精锐基本上损失殆尽。

第六节　不敌蒙古，西夏灭亡

公元1226年十二月，成吉思汗亲率主力南下的同时，命大将阿鲁术率军围攻中兴府。成吉思汗一面围困西夏都城，一面率主力逐步剪断中兴府的外援和退路。当成吉思汗率军攻破积石州并派数万蒙古军在此驻守时，蒙古军大多被瘟疫传染。灵州城破，蒙古诸将士兵争取人口财帛，唯独大将耶律楚材取了几部书和两驼大黄，用大黄医好了积石州城内患瘟疫的数万蒙古士兵。

中兴府被蒙古军围困，外援断绝，彻底成了一座孤城。末主李睍面对蒙古大军的包围一筹莫展。右丞相高良惠内镇百官，外励将士，领兵抵抗，日夜拒守，积劳成疾。臣民都劝他多注重身体，他感叹道："我世代受国恩，如今不能平定祸乱，还活着有什么用？"终于因劳累过度而死，官民悲痛大哭，夏主李睍更是三次前往哭丧。

闰五月，成吉思汗回师隆德，在六盘山避暑，他再次将归降的察汗召之帐前，派他去中兴府劝降。察汗向西夏皇帝说了成吉思汗的意图，但李睍并不相信成吉思汗的话，因为在此之前，夏国也有城镇投降蒙古，但最终还是被蒙古兵血腥屠城，在灵州之战中，连出家为僧的太子德仁都被威逼投降，不从后被杀掉。所以李睍拒绝了成吉思汗的招降，决定与城池共存亡。

中兴府困守半年，粮尽援绝，而且多数军民患病，更加雪上加霜的是，六月间，中兴府发生强烈地震，房屋倒塌，人员死伤惨重，可怕的瘟疫也在震后迅速漫延。

比地震本身更可怕的是，地震沉重打击了笃信佛教的西夏军民的信心，他们心里以为这是天要灭亡西夏，军民再无抵抗下去的能力和信心，走投无路的李睍只好遣使向成吉思汗乞降。并以备贡物，迁民户为借口，请求给一个月的宽限时间。

成吉思汗由于在征服西夏的途中围猎野马，坐骑受惊，不幸跌落下来摔成重伤，伤势恶化的成吉思汗面对夏主的乞降，表示同意。就在西夏准备投降的这最后一个月，成吉思汗病情越来越厉害，自感将不久于人世的他召集儿子和心腹大臣商议，考虑到西夏历代帝王狡诈反复，恐其死后，夏主会生变，便留下遗嘱，死后密不发丧，待夏主前来投降之时，将其杀掉，并连中兴府的军民也全部杀掉。

六月，末主李睍率文官李仲谔、武将嵬名令公等投降蒙古。李蚬皇族和文武官员跟随蒙古军队到达次萨里川里，成吉思汗死，蒙古军队遵从他的遗嘱将投降的夏主及文武官员全部杀掉，并纵军冲入中兴府，进行了毁灭性的报复杀戮。

蒙古军又冲进贺兰山的众多离宫，烧杀抢掠一空，最后连同西夏王陵也被付之一炬，甚至连那些石碑都被毁成碎块。可见蒙古军队对西夏之恨。

随着蒙古军队的疯狂报复性屠掳，西夏灭亡。这个从元昊建国，到最后被摧毁，传十帝，前后经历了196年的帝国就这样以一种极悲壮的方式灰飞烟灭了。

西夏亡国时，由于蒙古军的残暴杀戮，多数党项族人举族而亡，少数党项人被迫四处逃亡，隐名埋姓，改族易服。作为一个独立民族的党项人，作为自成一体的西夏文化，从此，从历史的长河中彻底消失了。

关于一代天骄成吉思汗之死，历来有很多种传言。最正统的说法是《元史》中的"坠马说"。另外还有三种比较八卦的流传。一种说法是中毒而死，成吉思汗在攻打西夏城池时，被西夏神箭手的毒箭射中小腿部，后来伤势加重而死。但民间另有传说，不是中的西夏士兵的毒箭，而是让被俘的西夏王妃古尔伯勒津郭斡哈屯下毒毒死的。另一种说法是，西夏的王妃古尔伯勒津郭斡哈屯美艳无比，被蒙古士兵俘获后献给了成吉思汗，有着家仇国亡之恨的王妃在和成吉思汗行房时，她拿出事先准备好的剪刀刺伤了成吉思汗的下体，致使成吉思汗羞恨交加，遂致病重。这种说法在藏族文献里有记载，但不太可靠，单单行刺的凶器如何带入宫中都是问题，针对这一说法的破绽，还有种更八卦的说法是，王妃在和成吉思汗亲热时，乘其不备，张口将其命根咬了下来。另外还有一种纯属猜测的"雷击说"，因为在夏天的蒙古高原上，多有雷击闪电，有很多人被雷电击中身亡。所以怀疑成吉思汗是被雷电击中而死。成吉思汗的死因和埋葬之地都成了历史之谜。

西夏灭亡了，但是西夏灭亡的原因有多种，历来有各种说法。笔者认为最主要的一点还是西夏的国力弱小，经济基础薄弱，战争潜力有限。从西夏所处的地理环境来看，西夏整体处于高寒地带，大多是山丘、沙漠、戈壁等不毛之地，仅宁夏平原和河西走廊是两大农牧区，自然条件相对优越，但比例不足国土面积的十分之一。

西夏境内自然灾害频繁，植物生长周期短，供给不足，在西夏灭亡的前几年可以非常明显地看出，当时的荒旱、疫疾、地震等灾害频繁，这些都直接影响了西夏国的进一步发展壮大。

从灵州之战也能看出当时气候的严酷，刚十一月，千里黄河，就朔风成冰，冰厚得可以让两军的重骑兵在冰面上厮杀。据估计，西夏人口最多时不过300万左右，人口不足，自然影响战争的潜力，贫瘠的土地，严酷的自然环境又限制了人口的进一步发展。在元灭西夏的最后几年，西夏经过与金的十几年战争，人口估计更少，当时西夏虽有号称六十万的军队，但精锐无几，二三百万的总人口，几十万的军队，军队人数多，大量的壮年劳力脱离生产，严重影响了本来就脆弱的农牧业生产的发展。从蒙古进攻夏积石州可以看出，当时冬季，正处西夏青黄不接之时，夏军是马无草兵无粮，士兵饿的走路都难，怎么能勇猛地冲锋陷阵。

西夏王妃供养图

加速西夏灭亡的另一个重要的原因就是分不清敌友，西夏附蒙攻金的战略决策是加速其灭亡的一个原因，但并不是最主要的原因。因为两国相争，使两国国力得到极大削弱，而同期的蒙古却不断得到壮大，此消彼长下，加速了两国的灭亡。短视的西夏统治者没有意识到，鉴于西夏独特的地理位置，河西地区是连接中原和西域的桥梁，也是由大漠进入中原的交通要道，蒙古对西夏的进攻只是时间早晚的问题，不是其执行什么政策就能避免的。如果夏金达成联盟，就可以使蒙古腹背受敌。但是如果根据这个假设，夏和蒙不达成联盟的话，蒙古第一个要灭的可能就是夏国了。夏依附蒙古后，侵金只是在蒙古大举进攻金国时的趁火打劫。所以西夏灭亡最根本的原因还是其国力弱小，人口不足，错误的国策只是加速其灭亡的一个外因。

西夏灭亡除了以上的内因和外因之外，还有一个主观原因就是，蒙夏两国作战的具体战略战术问题。蒙古骑兵能征服四十多个国家，攻占数千万平方公里的疆土，不是偶然的，与其拥有一支世界无敌的超级骑兵战队是分不开的。而且蒙古军队每次出征前，都做极其周密的准备，兵马未动，间谍先行，总是能做到知彼知己、百战百胜。

具体到灭亡西夏之战中，可以看出，蒙古首先通过数次对西夏的试探性进攻，达到了破坏夏金联盟的目的，在两国相互缠斗十几年，夏处于崩溃边缘之机，突率大军猛烈进攻西夏。再从最后灭夏的战术运用上看，成吉思汗兵分两路，选择重点突破，先弱后强，战略迂回包抄，断敌后路，并且把招降运用到了极致，极大的打击和瓦解了夏国军民的斗志。

反观西夏，面对强大的蒙古骑兵，确实办法不多，把失败归结在战略战术上有点说不过去，毕竟实力相差悬殊。有的说西夏固守城池，导致处处被动挨打，但反过来说放着城池不固守，主动出击败得更惨，其中也有多次蒙古军队兵临城下，夏守军主动出击，结果基本上全被干掉。

躲在城里，也是被动挨打，一时攻不下，蒙古军就一面长期围困，一面纵兵四处抢掠，就地解决补给。月有阴晴圆缺，国有新兴衰亡。一个强者走向没落之机，总要让位于另一个强者。当西夏这个没落的帝国遇到新兴的更具活力的蒙古帝国时，其灭亡也是必然的。

第十章
帝国虽灭亡，传奇依然在

　　帝国灭亡后，党项族这个充满传奇色彩的神秘民族也仿佛一夜之间消失了。但是从这个草原帝国的背影中，我们还是寻到了它所创造的灿烂文明。而且帝国消亡后的很长一段时间里，那些党项才俊依然在书写着传奇。这个因不断迁徙而崛起的民族，最终因为帝国的灭亡而再次流亡各地，直至彻底消失在人们的视野中。

第一节　帝国灭亡后的那些党项才俊

西夏灭亡后，党项人在整个元蒙时期，都活跃在从中央到地方的各级统治机构之中，而且党项人多身居要职，在元朝的统治机构中占有重要地位，为元朝的政治、经济、军事、文化都做出了巨大的贡献。元世祖忽必烈即位后，以"西夏之弟多俊逸"而大量启用西夏人担任要职。西夏灭亡后的这些党项才俊对元蒙统治的卓越贡献，既是西夏的延续，也是西夏史不可或缺的重要组成部分。

西夏遗民不但为元朝提供了大量的优质兵源，而且还涌现出了一批杰出的军事将领，如察汗、普里铃部、塔出、木花黎、李祯、李恒等。察汗早在西夏灭亡前夕，就投降了蒙古军队为其所用，史载他们武勇过人。投降蒙古后，在攻破甘州之时，成吉思汗欲将全城军民坑杀，在察汗的极力劝阻下，才使得成吉思汗最终只下令处死顽抗的三十六名夏人。在最后进攻中兴府时，夏主率军民坚守，成吉思汗派察汗前去成功说服夏主投降。

成吉思汗死后，蒙古诸将商议将夏主杀掉，接着决定复屠中兴，又是在察汗力谏下，最后只杀掉顽抗的夏人，之后，察汗亲自入城，招抚西夏遗民。察汗还在蒙古西征、灭金和进攻南宋中都有随军出征，并屡立战功。多次受到蒙古君王的嘉奖赏赐，官至以都元帅兼领尚书省事。此外，还有西夏的贵族李祯，投元后为元的高级军事顾问。元太宗命皇子阔出伐宋时告诫他：凡是军中事物，一定要先问李祯之后再实行。

蒙古军队攻破灵州时，李恒的祖父拒绝投降被蒙古军杀害，李恒的父亲李惟忠当时年仅七岁，亦求同死。蒙古人对这个小孩的行为感到惊奇，就没有杀他，并将他献给了蒙古宗王移相哥收养。

移相哥继承王位后，命其为尚书断事官。李恒兄弟十三人，他排行第四，自幼聪颖，气质非凡，移相哥妃非常喜欢他，就收了他为养子。

公元1262年，忽必烈继承帝位后，李恒因告发李璮谋反而被捕入狱，后李璮阴谋败露被诛。世祖忽必烈嘉奖其忠诚，授予淄莱路奥鲁总管，佩金符。公元1270年，被任命为宣武将军、益都淄莱新军万户。从此，李恒开始追随蒙古铁骑踏上了征伐南宋的征程。

追随李恒出征的党项人中还有察汗的孙子塔里。李恒率军连破樊城、襄阳、鄂州、汉阳等地，因功升迁为明威将军等。接着又擒获宋朝大将高世杰，后升为左副都元帅，从都元帅逊都台出江西，一路追逐南宋宰相文天祥至空坑，获其妻女，降众达二十万。接着又在梅岭大败宋军。

公元1278年，李恒任蒙古汉军元帅。公元1280年，拜资善大夫、中书左丞，行省荆湖。任内，下令禁止掳掠民众为奴，赈恤灾民。李恒一生数经百战，攻下一百多座城池，为元灭南宋立下了赫赫战功。公元1284年，在随皇子镇南王脱欢远征安南（今越南境内），班师回朝时，李恒殿后，膝中毒箭，后伤重去世。

大量的党项优秀军事指挥人才，在元朝的对外扩张中建立了功勋。还有的党项人参与到元朝平定内乱的活动，并在镇压各民族地区的反抗斗争和起义中立下无数战功。

党项人不但在军事领域获得杰出成就，而且在元蒙时期的政治活动中，也起着举足轻重的作用。元朝初期在中央与地方统治机构中任职的比较有名的，如翰林学士高智耀，是夏献宗时期的右丞相高良惠的孙子，为元朝翰林学士，元世祖呼高知耀为高秀才而不叫其名，这位西夏大儒死后，他的孙子高纳麟，在元顺帝时是其重要的八大谋臣之一。

中兴路兴民总管朵儿赤，因经营西夏营田有功，而受到忽必烈的嘉奖。还有位居显赫的南台御史中丞亦力撒合、湖广行省平章李恒、江南释教都总统杨琏真伽、宣政院使杨暗普、知枢密院事暗伯等等。元朝中期，党项人星吉为人公廉明决，以精敏著称；元顺帝贴睦耳时，亦怜真班"性刚正，动有礼法",曾为甘肃行省平章政事,其兄阿乞剌任甘肃行省左丞。

余阙(1303～1358年)是元朝末年的党项人中的杰出代表,"兼资文武","有古良将风烈"。余阙字廷心,唐兀人,余阙是河南乡试左榜第二名,公元1333年(元统元年)癸酉科会试第二名,殿试榜眼,也是甘肃科举史上唯一的"榜眼"。他不仅是元末著名的大诗人、儒学家,还被《元史》称为:"元末天下第一臣。"是元朝元统元年(公元1333年)进士,曾为辽、金、宋三史修撰,累官至监察御史。余阙为政严明,治军与兵士同甘苦,有古良吏风。余阙留意经术,五经皆有传注,文章气魄深厚,篆隶亦古雅,著有《青阳山文集》四卷传于世。

公元1352年,红巾军起义,元朝任命余阙代理淮西宣慰副使、都元帅府金事,分兵镇守安庆。余阙一到任即开仓赈济灾民,整顿军马,他所率领的军队"皆夏人,人面多黎黑,善骑射"。

进城不久,余阙就亲率数千精锐出城与围城的义军陈友谅军大战,他冒着矢石箭雨,突入敌阵,连斩义军十三员大将,攻破义军围城寨栅数十寨。自此,余阙坚守安庆前后长达七年,历经大小数百战。

公元1358年正月,陈友谅调集大军,乘数千战舰出洞庭湖口,蔽江而下,树栅塔飞楼急攻安庆。正月初七,安庆最终被义军攻陷,余阙尤率众血战,身中数矢。义军将其重重包围,余阙见大势已去,遂拔剑自刎,以身殉国。余阙妻蒋氏、姜耶律氏、耶卜氏及子德臣、女安安、甥福童闻余阙死,亦投井自尽。后人将该井命名为"风节井",并建"一家人"亭于井旁。元朝廷赠余阙为淮南行省平章,追封夏国公,谥忠宣。

元末顺帝时期参与镇压红巾军起义的党项人主要还有星吉、亦怜真班、高纳麟、福寿、卜颜铁木儿等。党项贵族福寿,年仅十五岁时就出入在皇帝周围,深得顺帝信任,曾连续五次升迁至同知枢密院事,公元1351年,在镇压刘福通起义时立下战功,时任淮南行省平章政事,后担任江南行台御史大夫。公元1356年,朱元璋率领农民起义军攻克南京,福寿以身殉职。还有著名的卜颜铁木儿，于公元1353年率军与红巾军激战江南多地，后会合多路元军攻破天完都城蕲水（今湖北浠水），俘获徐寿辉将相四百余人。

在元蒙时期为官的党项人大多不畏权势，刚正不阿，敢言真谏，廉洁自律。元朝初立之时，高智耀建议忽必烈"仿前代置御史台以纠肃官常"，被采纳。忽必烈决定命阿塔海率兵十万东征日本，满朝文武不敢上言劝阻，惟独党项人昂吉尔上疏力争"请罢兵息民"，忽必烈没有采纳，东征最终惨败而返，劳民伤财。元初，丞相阿合马之子忽辛为江浙行省平章政事，倚仗父亲丞相之位，在位期间贪赃枉法，党项人亦力撒合不惧其势，上疏揭露其罪行，追讨赃银八十万锭，忽辛也因罪被杀。元未，余阙为湖广行省左右司郎中期间，湖南平章宣慰，以婆律香赠送余阙，余阙发现香异常沉重，拒绝接受。装香的匣子里果然藏有黄金。余阙严于律己，秉公无私之举，令一些贪官污吏闻风丧胆。

党项人也对元朝时期的文化发展做出了较大的贡献。党项人多次向元朝统治者建议亲崇儒士，以儒治国。公元1238年（元太宗窝阔台十年），李祯会同察汗攻下淮甸时，即奏请"寻访天下儒士，令所在优赡之"。在忽必烈初期，儒士的地位极其低下，战争中俘获的儒士一般都被斥为奴，分给一些高官将校驱使。高智耀针对这一情况，屡次上书以提高儒士的地位，以及以儒治国的重要性。经过高智耀的反复劝说，元世祖忽必烈下令赎免淮蜀被俘的三百多儒士。从此，儒术在元开始被重视起来。

后来元朝实行科举取士，使得大量的儒术人才活跃在元朝的统治机构中。党项人也多通过科举考试进入官场。公元1333年，余阙中进士的这一年科举考试中，党项人进士及第者多达八人，在色目人中占取士总人数的三分之一居首位。除了余阙外，参与修撰宋、金二史的还有党项学者斡玉伦徒、刘沙剌班、纳麟等。以文学著称的党项人并著有文集的还有孟昉、王翰、甘立、贺庸昂吉、迈里古思等人。

当这些党项遗民为新的统治者竭力奉献的同时，客观上也加速了党项民族自身的最终消亡。无论是留在西夏故地的党项人，还是在元朝各地为官的抑或是被迁徙到各地的普通党项人民，出于各种各样的原因，由于政治上的需要和生活环境的改变，他们的生活习俗和语言文字都在不知不觉中被同化和改变，以至于整个党项民族最终彻底地消失于茫茫历史长河之中。

第二节　西夏遗民神秘消失?

西夏灭亡后，神秘的党项民族也如谜一般的突然消失了，这一直是一个令后人关注的问题，也一直是一个令人争论不定的难题，综合有关的历史记载、考古资料和调查访问的材料来看，西夏遗民的最终归属有以下几种：

一、西夏故地的党项遗民

蒙古灭亡西夏后，党项人遂成为元蒙属民，系色目人之一种。当时元朝划分了四个民族等级，色目人属第二等。蒙古语译党项为唐兀（《元朝秘史》译作唐兀惕或唐忽惕），故元代以唐兀氏指称党项人及其所建立的西夏。元朝时期，在西夏故地仍然生活着大批的西夏遗民，元朝曾多次从河西陇右签征数量可观的党项兵士，在元朝的宿卫军和镇戍军中都有专由党项人组成的军队，称"唐兀军"，设唐兀卫亲军都指挥使，由党项人任职。西夏灭亡后，元朝为了加强对西夏故地的统治，设立西夏中兴等路行尚书省，简称为西夏行省，后改为甘肃行省，任用党项人管理其他各路诸事务。

公元1302年，成宗于江南浙西道杭州路大万寿寺，雕刻西夏文字大藏经三千六百三十余卷，然后在西夏的兴州和凉州两地布施，说明了当时居住在西夏故地的党项遗民数量仍然不少。

二、投靠元朝为官的党项遗民

西夏亡国后，一少部分党项贵族统治者投靠了元。西夏党项人在元朝的统治机构中占有重要地位。元初比较著名的为元所用的党项人有，翰林学士高智耀、南台御史中丞亦力撒合、湖广行省平章李恒、宣政院使杨暗普、知枢密院事暗伯等。

在元朝中期，最有名的是前后历事四朝（世祖、成宗、武宗、仁宗）的党项人乞台普济，他是武宗的保育人，又是帮助武宗平叛和夺取帝位的大功臣，后因功被封为庆国公、安吉王，权力显赫一时。任职元中兴路新民总管的党项人朵儿赤，其父斡扎箦，世掌西夏国史。因垦田立下大功，为元朝的农业发展做出了突出贡献，受到忽必烈的嘉奖。元顺帝时，在中书省、枢密院、御史台、宣政院任要职的党项人约占前朝总数的一半。顺帝的8位重要谋臣中就有平章政事阿乞剌，参知政事纳麟两位党项大臣。元朝后期，在中央地方机构里为官者中最负盛名的是余阙。

在元朝的中央和地方统治机构中不但有大量杰出的党项人，而且在元朝的军事活动中党项人也起着很重要的作用。西夏遗民不仅是元朝的重要兵源来源，而且许多能征善战的党项将领为元朝的开疆扩土立下了汗马功劳。

三、投金的党项人

西夏灭亡后，一部分西夏人投奔金朝，金朝统治者将他们分别安置在河南的不同地区，给他们田地耕种，并派有专人管理。这部分党项遗民随着与中原汉族人民的相互聚居，慢慢地被同化。

四、迁徙各地的党项遗民

除了以上这些留居故土，投奔元金的西夏遗民，还有大量的西夏遗民迁徙各地，但是他们究竟都迁徙到了何地，是后人讨论争论的焦点。20世纪以来，学者们对西夏亡国后的党项遗裔迁徙地进行了多方面的研究和探索。

1. 四川西康木雅地区

西夏国灭亡后，一支主要以从事畜牧生产的党项人，经过数千里的长途跋涉，到达今四川省甘孜藏族自治州木雅地区定居下来，并建立了一个小政权，当地藏民称其首领为"西吴王"，即"西夏王"。该政权与蒙元并行存在了一个世纪。明初，曾出兵助朱元璋征讨明玉珍，立有战功，1408年（明永乐六年）被授予长河西鱼通宁远军民宣慰使司，从此世为明正土司，直到1700年（清康熙三十九年）因嗣绝停止世袭。木雅地区的西吴（夏）王国，前后经历了470余年。

20世纪20年代，英国人伍尔芬敦曾赴西康地区进行实地调查，根据当地部分居民的语言特征，认为他们有可能是西夏亡国后南徙川康的党项人后裔。1944年，四川大学邓少琴先生曾两次深入西康地区进行历史考察，他认为当地居民并非为原始居民，是西夏灭亡后，一部分西夏王族逃亡到了这里。以当地的遗迹和历史文献相印证，写成《西康木雅乡西吴王考》一书。

1980年，宁夏社会科学院李范文教授深入四川木雅地区进行调查研究，通过调查并参照汉藏文献记载，他认为木雅人是西夏亡国后南迁的党项遗民和当地的党项原始居民弭药人相互融合而形成的。今天木雅人的总数约有一万多。木雅人有自己的语言，他们一般在外讲藏语，在家讲木雅语。另外在这次调查中还发现，甘孜藏族自治州道孚县土著居民的语言与藏语差异较大，与木雅语也有所不同，而与西夏语十分接近，因此李范文教授认为道孚人不是藏族，很可能是未曾北徙的党项原始居民弭药人的后裔，这是中国学者第一次深入此地从语言上对木雅人的调查。

尚未与周围藏族同胞完全融合的木雅居民，极可能是西夏民族比较纯粹的后裔。另据藏文史籍载，西夏国亡前后有一部分党项王族曾经迁到了西藏的后藏地区，后来又同藏族融为一体。

2. 河北的党项遗裔

1962年，在河北保定韩庄，当地村民在一座废弃的寺庙里，意外发现了两座明代西夏文石刻经幢。后来经过西夏史研究者对经幢上西夏文的解读，得知它是一批党项人的后裔于明弘治十五年（1502年）为兴善寺亡僧而立的胜相幢，正文刻有西夏文《佛顶尊胜陀罗尼经》外，结尾刻有汉字年号和八十多个党项人的姓名。著名的居庸关过街塔洞壁上的西夏文铭文，为西夏灭亡一百多年后的1345年所刻。保定韩庄出土的两个西夏文经幢，证明有党项人在当地聚居，并且仍在使用他们本民族的文字西夏文。

3. 安徽的党项遗裔

安徽党项后裔主要是著名的余阙及其后裔，先世居武威，他的父亲沙剌臧卜因在庐州（今安徽省合肥市）做官，后来他的整个家族都迁到庐州，余阙在元末为安庆守帅，后城破死节。从两部《余氏宗谱》来看，在安徽合肥和安庆等地共有余氏后裔约五千余人，他们今天都已彻底汉化，已经与当地汉族人民没有什么区别，只有少数有文化的老者才知道自己是党项人的后裔。

1984年，马明达发表《也谈安徽的西夏后裔》一文，文中写道党项名将昂吉儿自元初即统领一支唐兀军驻守庐州，后子孙世袭其职，整个元代，庐州的镇戍军皆由党项人组成，余阙家族定居庐州当与此背景有关。由此可见，移居安徽的党项人远不止余阙一族。

4. 河南的党项遗裔

从元代文献来看，当时移居河南的党项遗民数量相当可观。在河南省濮阳市发现杨氏族谱和记载杨氏事迹的《述善集》等资料证明，现今居住在濮阳市柳屯乡的十几个自然村的四千多位杨姓居民均为党项遗裔。是迄今为止发现的国内西夏党项族最大的移民族群。

杨氏的先祖世居西凉州，西夏灭亡后归附元朝，跟随蒙古军队征战多年，后来定居濮阳，改姓为杨氏。杨氏家族虽然聚族而居，但由于长期生活在中原地区，已经被汉化，语言、生活习俗现在与汉族毫无二致。身份证上他们早报的都是汉族，有的私下自称是蒙古族，可能是他们的祖先在元朝为官时说过自己是蒙古人吧。

第三节　帝国消亡后的背影：神秘的东方金字塔

1972年6月的一天，兰州军区某部在贺兰山挖掘工程地基的时候，意外的挖出了十几件破碎的古代陶制品，还夹杂一些形状规则的方砖。

令战士们惊奇不已的是，方砖上还刻有象汉字一样的古怪文字，却没有一个人认识。军区首长看过后，命令战士们立即停止挖掘，并将这一情况报告给了宁夏博物馆。宁夏博物馆迅速组织人员对现场进行保护，并开始抢救性挖掘。

十几天后，一个古老的墓室重见天日。墓室中发现了一些精美的武士像等工笔壁画，以及精美的工艺品、方砖等陶制品，方砖上布满了奇特的文字及花纹。经过考古人员的研究和测定，认为这是一个古代西夏时期的陵墓，方砖上的神秘文字就是传说中的西夏文。随着挖掘工作的不断深入，在贺兰山下静卧千年之久的西夏王陵终于得以重见天日。

西夏王陵是我国20世纪100项考古重大发现之一，更是一个消失了近八百年的神秘王朝的标本和缩影。

西夏王陵又称西夏陵、西夏帝陵，有"东方金字塔"之称，坐落在银川市西郊贺兰山东麓，距市区大约35公里，处于贺兰屏障下、黄河怀抱里的王陵，是"后有走马岗，前有饮水塘"的上吉之地。西夏陵虽然遭到了毁灭性的破坏，但大致外貌尚存，宏伟的规模，严谨的布局，至今高耸的陵丘，仍可显示出西夏王朝特有的时代气息和风貌。

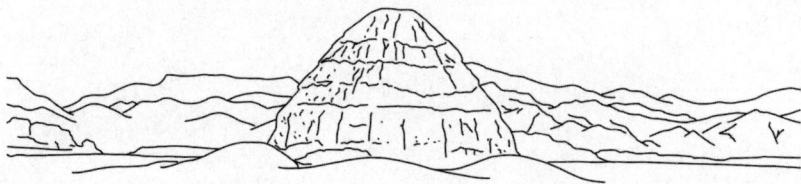

西夏王陵

陵区南北长10公里，东西宽约五公里，总面积近50平方公里，陵区内共有九座帝王陵，约250座王公贵族的陪葬墓。西夏陵区中的帝陵是按时代的先后，从南向北排列，陪葬墓则分布在帝陵的周围。

一座座黄色的陵台，高大得像一座座小山丘，在贺兰山下连绵展开，在阳光照映下，金光灿烂，十分壮观。西夏王陵是中国现存规模最大，地面遗迹保存最完整的帝王陵园之一，与北京明十三陵、河南宋陵规模相当。西夏王陵受到佛教建筑的影响，使汉族文化、佛教文化、党项民族文化有机结合，构成了我国陵园建筑中别具一格的形式。

历朝历代帝王既希望陵寝恢宏壮丽，又希望能够不被盗掘，高大的封土起到了防止被盗的屏障作用，明清两代皇帝陵墓，都把墓室建在高大的封土下方，但西夏陵的陵台，却不是位于墓室的正上方，而是位于墓室以北十米处，根本起不到封土的保护性作用。

另外，西夏陵的墓道入口设置在献殿内部，这也是帝王陵墓中绝无仅有的。隐藏墓道是帝王陵墓建造中最为隐秘的工作之一，西夏皇帝似乎对此并不在意。从考古发掘显示，与奢华的唐宋帝王陵相比，西夏陵的墓室也显得简朴得多，墓室分为中央的主室和左右耳室的三室洞式结构。这些都是西夏陵独特的创造性设置。

西夏陵规模宏伟，布局严整。帝陵是西夏陵区内的主要建筑，也是保存较好的部分。九座帝陵皆坐北朝南，呈长方形，庄严肃穆，高大雄伟。每座帝陵大约有十几座各式建筑，总面积都超过了10万平方米。以夯土为主体，夯土之外包砌砖和石灰面，屋檐挂瓦，屋脊饰有各种琉璃和灰陶的装饰物。

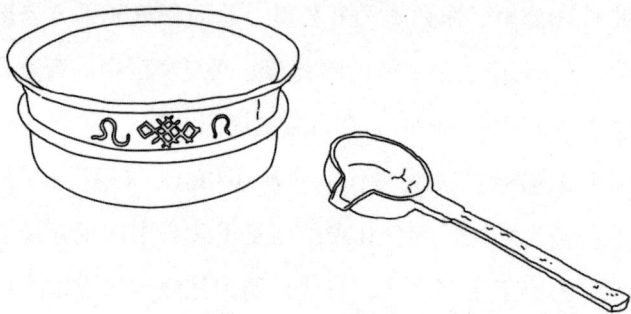

西夏陵区出土的铜斧、铁焦斗

这些建筑今天虽已成为废墟，但陵台夯土仍高高耸立，高者达20余米；残砖断瓦随处可见，堆积厚处近1米。夯土城墙断续相连，陵园布局清晰可辨。西夏帝陵的陵园建筑由角台、鹊台、碑亭、月城、陵城、门阙、献殿、墓道、陵台等几部分组成，有的陵园筑有外城。九座陵园结构基本一致，但局部又有所变化。陵园自南而北，以东西对应的鹊台、碑亭及平面连接为"凸"字形的月城和陵城组成陵园的基本结构，以外城、角台、碑亭、陵台的变化形成了陵园多种布局和风貌。每座王陵都有四座角台，角台之上建有楼阙，自成一体的建筑，极为罕见。

九座帝王陵分别为裕陵、嘉陵、泰陵、安陵、献陵、显陵、寿陵、庄陵、康陵。其中的三号陵泰陵是其中占地面积最大、保存最好的一座。考古专家认为墓葬的主人是西夏的开国皇帝嵬名元昊。近年来，在对三号陵的保护性发掘中取得了重大的发现：陵园建筑中的阙台、角楼、角台、陵台都建成了塔的形式，陵城的墙体修筑成连续的弧形，主要建筑都呈圆形。从而一方面反映了西夏开国皇帝嵬名元昊以中国传统的"天圆地方"之说，将自己视为"天子"；另一方面也反映了佛教对西夏陵园建筑的影响至深。三号陵园的保护性发掘，使西夏陵园的地面建筑形制首次清晰地呈现在世人面前，改变了以前人们对西夏陵园形制的许多看法。

西夏陵园以其独特的建筑形制和内含的大量文物古迹，集中反映了西夏历史文化特点，是向人们展示了西夏文化的博大。

西夏陵中的陪葬墓是西夏皇亲贵臣的墓葬。陪葬墓一般都规模小，形制简单，根据墓主人的身份等级不同，建筑规模也不同，规模较大的陪葬墓一般都是由外城、碑亭、月城、墓城、门址、照壁、墓道和墓冢几部分组成。陪葬墓的墓园建筑多已坍塌倾圯，只有一部分大中型陪葬墓的墓冢仍高高耸立。

鎏金寒山铜造像

西夏陵出土的文物数以千计，内容包括建筑材料、生活用具、随葬品等多种品类，石、陶、瓷、铜、铁、金、骨等多种材质。其中以建筑材料数量最多，而以汉夏文残碑最为珍贵。建筑材料则主要以陶质材料为大宗，琉璃制品占一定比例，瓷质材料次之，石质构件数量较少。随葬品有大型皿器、装饰品、武器及部分瓷片、丝织品残片等。此外墓室内还发现有大量动物骨骼。出土瓷器主要有白青、酱三种釉色，以白瓷为多，素面为主。器形中以碗、盘居多、瓶、钵、豆等器数量次之。另外，还有泥塑残块、钱币、铜器、陶棋子等，种类繁多，为后人研究西夏学提供了宝贵的资料。

西夏经卷插图义勇武安王

1975年，在西夏王陵三号陵西碑亭中出土了六座男性人像碑座石雕，长高宽均为70厘米左右；石雕造型为男性人体全身跪姿，轮廓浑圆，颧骨高突，粗眉上翘，双目圆睁，下腭置于胸前，肩与头齐，双乳拖腹，双手或拉膝、或上托，下肢跪曲，腹脐清晰凹现，力度极强。这种线条粗犷，大胆夸张的表现手法将西夏民族英武豪迈的形象表现得淋漓尽致，被外国研究者称为"东方维纳斯"。

西夏三号陵墓出土的重达188公斤的鎏金铜牛，工艺精湛，造型生动逼真，代表着西夏时期高超的冶炼工艺，属"国宝"级文物。

20世纪最后一个秋天，西夏王陵考古史上规模最大的一次抢救保护性发掘获得重大发现，一尊人面鸟身、双臂残缺的精美石雕像"迦陵频伽"出土，鸟身，腹部以上作人形，双手合十，身缀璎珞，宛若菩萨。

"迦陵频伽"是梵语的音译，汉语译作好音鸟、妙音鸟，是喜马拉雅山中的一种鸟，能发妙音。后作佛教"极乐世界"之鸟，被描绘成人身鸟形。《旧唐书》中曾记载元和六年中亚国家向大唐进贡"迦陵频伽"，当时可能是真正的鸟。在此之前，"只闻其名，未见其形"的中国考古界专家认为"迦陵频伽"可与古埃及金字塔前神秘的狮身人面像和古希腊的残臂维纳斯媲美。迦陵频伽在唐代以后的佛教壁画或建筑中时有出现，但用于帝王陵寝还属罕见。

灰陶伽陵频迦

西夏王陵一带地势平坦，被山洪冲刷出的道道沟坎纵横交错。疏密相间地交织在方圆五十平方公里的陵区里，网着那一座座高大突兀的陵墓。令人感到神奇的是，没有一条山洪沟从帝王陵园和陪葬墓园中穿过。西夏建陵近千年，贺兰山山洪暴发不计其数。但是，沿贺兰山一线，仅有西夏陵区这片土地没有遭受山洪袭击。原因何在，至今是个"谜"！

西夏陵园内最为醒目的建筑是一座如窝头的夯土堆，一般认为它是一座八角五层的实心密檐塔。但塔式建筑为何立于陵园之内，其功能、作用又是什么？没有人能说清楚。至于这座陵塔为什么建在陵园的西北端，学术界至少有四种说法，至今尚无定论。

曾经宏伟壮观、庄严肃穆的西夏王陵，如今所有陵墓，无不墙断阙残，瓦砾遍地，满目疮痍，一片荒芜与凄凉。明代诗人有首《古冢谣》曰："贺兰山下古冢稠，高低犹如浮水沤。道逢古老向我告，云是昔年王与侯。"

随着史料的不断发现和被破解，神秘王朝的面纱正逐渐被揭开，但神秘的西夏王陵至今仍有四大未解之谜。一，王陵上为什么不长草？王陵下的地面绿草如茵，唯独王陵上寸草不生。二，王陵上为什么不落鸟？当地多乌鸦和麻雀，它们几乎随处落脚，却从不落在王陵之上。三，王陵的夯土主体为什么没有被损坏？王陵的附属建筑早已被毁坏的面目全非了，但以夯土筑成的王陵主体却巍然屹立。这些王陵最晚的也有七八百年的时间，如此漫长岁月，为何还能屹立如初。四、西夏王陵的布局。在精确的坐标图上，九座帝王陵呈北斗星的位置排列。

第四节　草原帝国的迷人风情画卷

西夏与辽、宋、金鼎立时期，西夏无疑是人少、地小、物资匮乏的政权，但它却能周旋于各大国之间，立国时间长达二百年，同时在与各大国的军事斗争中亦能胜多负少。其原因一方面与党项人的勇猛善战有关，另一方面西夏军队所配备的先进兵器也是其屡次取胜的重要原因。

西夏的冶铁工艺比较发达，打造出来的刀、剑十分出名。西夏剑有"天下第一"的美誉，夏人剑不但锋利无比，更是制作精美，堪称工艺品，往往被当作赏赐、馈赠的珍贵物品。就连北宋的皇帝赵桓都随身佩带把玩，戍守边疆的大臣也以从皇帝那里获得西夏剑作为最高规格的赏赐。充分说明夏国剑精湛的制作工艺。

北宋大文豪苏东坡就十分欣赏西夏剑，"红妆拥坐花照酒，青萍拔鞘堂生风。螺旋锘锷波起脊，白蛟双挟三蛟龙。试人一缕立褫魄，戏客三招森动容。"这首诗是苏东坡得到一把西夏剑后，兴奋之余命晁补之做的赞美西夏剑的诗歌。西夏刀同样十分出名，元昊为了笼络党项豪酋，就曾赏赐宝刀给"天都天王"野利遇乞。除了刀剑之外，西夏其他兵器同样十分先进，西夏甲胄"皆冷锻而成，坚滑光莹，非劲弩可入"。西夏的神臂弓在三百步外，能射穿很厚的物品，杀伤力很高。西夏的神臂弓传入中原经改良后，得到了更广泛的使用，成为宋军的主战武器。西夏的旋风炮体积小，轻便灵活，石弹可以随驼队用筐运载，是攻城作战的理想武器，杀伤力巨大。

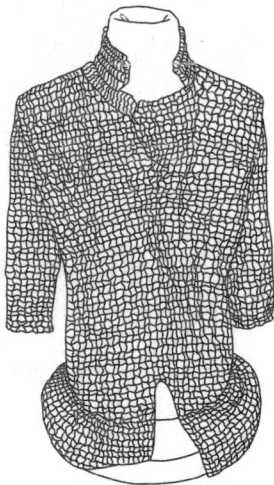

西夏战士的铁衣

西夏的金银器造型轻巧，外表光莹，做工精细。西夏陵出土的鎏金铜牛，重188公斤，造型逼真，比例匀称，线条流畅，是西夏艺术品中的珍品。制作它，需集冶炼、模具雕塑、浇铸、焊接、抛光和鎏金等工艺于一体，工艺十分复杂。

党项人的感情浓烈，爱到深处可以死。他们表达爱情的方式也很激烈。当青年男女相爱到感情极深的时候，他们不是举行婚礼，而是跑到当地最高的山上一起自杀，认为这才是"男女之乐"。家里人也不悲伤，把他们的尸体找到后，用彩绸包好，外层再用毡裹扎，杀牛设祭。然后立一个数丈高的木架，将二人的尸体放在上面，传为飞升上天。男女两方家族在下面击鼓饮酒，尽日而散。西夏也有谚语云："同日死，命不惜，同睡寝，仍照旧。"说明了党项人追求爱情自由的独特方式。

党项人的婚姻制度，在隋唐时期还保留着比较原始的群婚习俗。党项族迁入西北，特别是西夏政权建立后，随着社会发展，婚姻制度受到汉族的影响，婚姻形式开始以封建包办、买卖婚姻为主，家庭以一夫一妻及多妻的家庭为主，但姑舅表婚盛行。平民百姓一般一夫一妻，至于地方豪酋等有钱人家，则一夫多妻。马可波罗在叙述西夏的婚俗时指出："一般人可以娶二、三房妻室，甚至还有更多。但有些人却比较少，完全根据男人维持妻妾的能力大小而定。因为他们的妻子不但没有丰富的嫁妆，相反，还要分享丈夫的牲畜、奴婢和金钱。结发妻子在家庭中享有比较优越的地位。丈夫如果发现妻子有不贞或其他不法行为，或自己感到厌恶时，可以随时休弃她们。"说明西夏人娶几个妻子完全视个人财力而定，与其他封建制婚姻制度一样，妻妾地位相对低下。

1990年，位于拜寺口沟内的一座古塔被盗墓分子炸毁，这座古塔是西夏唯一有具体纪年的古塔。考古工作者在对现场的清理过程中，意外地从炸塌的砖块中发现了一套用西夏文印刷的九卷本佛经《吉祥遍至口合本续》和其他几件非常珍贵的西夏文物。文献记载，发明中国最早木活字印刷术为元代王稹，但是《吉祥遍至口合本续》的意外出土，填补了中国木活字印刷史上的空白，也刷新了世界印刷史的空白，将木活字印刷术提前了整整一个时代。

西夏的酒文化十分发达，所酿的酒均属上品。西夏的酿酒历史十分悠久，最早要追溯到党项族的祖先羌族时期。羌族是更为古老的一个少数民族，生活在一望无际的青藏高原上，由于地广人稀和气候寒冷，羌族人靠饮酒来驱除寂寞、抗拒严寒。此外，他们豪爽的性格也造就了好酒的天性。他们在草原上以游牧为生，虽然不种植农作物，种植业处于未开展的状态，没有五谷，可是却学会了造酒。虽然没有中原地区的粮食作物作为造酒原料，可是青藏高原给他们提供了天然的原料——野生的大麦。《旧唐书》上就记载着羌族人"求大麦于他界，酝以为酒"的事情。这也是我国北方用麦造酒的最早记录。

西夏崇尚中原文化，但传世的文学作品不多。崇宗乾顺特别重视汉文学，他本人也有很高的文学修养，曾作《灵芝歌》，现在全文已不见记载，在清理西夏陵仁孝碑亭时，发现《灵芝歌》的部分内容残碑。留传于世的西夏文学作品，以诗歌谚语为主。有一首史诗性的作品《夏圣根赞歌》，内容多为民间传说，遣词造句带有浓重的民谣色彩，开头三句是"黑头石城漠水边，赤面父冢白河上，高弥药国在彼方"，被历史学者引用作解释党项族称与历史源起的根据。谚语是西夏文学的宝贵遗产，由西夏文学家梁德育和王仁持收集整理的《新集锦合辞》，包含有众多富有哲理的诗歌和谚语，内容反映了西夏社会的各个方面，揭露黑暗、赞颂美好事物等。

党项人能歌善舞，早期党项人的乐器较为简单，"琵琶、横吹，击缶为节"。横吹即竹笛，是党项人发明的，又称羌笛。这里婉转悠扬的羌笛就是党项人的竹笛。唐朝起党项人就开始接受中原音乐，到宋代李德明时，更是尊崇宋朝的制度。到仁宗时，西夏音乐又发生了一次大的变革，仁宗令乐官李元儒参酌中原乐书，更定音律，赐名新律。经过多年的发展，西夏音乐内容不但更加丰富，而乐器种类众多，据骨勒茂才的《蕃汉合时掌中珠》记载有三弦、六弦、琵琶、琴、筝、笛、笙、吹笛、大鼓等。西夏还设有"蕃汉乐人院"，是专门管理音乐的机构。

西夏的绘画艺术主要体现在佛教绘画上，其中又以石窟壁画最具代表性。石窟壁画主要保存在敦煌莫高窟、安西榆林窟等石窟寺中。其中精品多在榆林窟中，如壁画中的乐舞图、飞天、水月观音、千手千眼观音像、唐僧取经图等是西夏绘画作品中的精品。

西夏时期的供养人壁画

榆林窟中供养的人像，无论男女，都身材修长高大。男像圆面高准，两腮肥硕，体魄魁伟，充分体现了党项人粗犷、剽悍、豪爽的民族性格。在西夏的东部那仁乌拉山中，有许多西夏时期的岩画。内容有牲畜、太阳、骑者等，岩画画风简单、质朴、粗犷，是一种比较原始的绘画作品。是西夏绘画不可缺少的组成部分。

黑水城中的版画《卖肉图》和《魔鬼现世图》，均构思巧妙，层次分明，描绘生动逼真，刀法娴熟，充分反映了西夏绘画艺术从写实到写意方面的高超画技。

西夏九叠篆铜官印

西夏的书法和汉字书法一样，有楷、行、草、篆四体。传世作品中，主要有楷书和行书。楷书多见于写经与碑文，篆书多见于西夏官印，文书和契约多用行书。出土文物中发现有西夏时期的竹笔，是用来书写硬笔书法的。

附录　西夏帝国历史简表

魏晋至唐中期	党项拓跋部的兴起与内迁	一路躲避战火一路奋进的党项羌族从青藏高原逐步内迁至黄土高原一带。 　　584年，党项拓跋宁丛率部落到旭州请求定居，隋文帝准之，并授拓跋宁丛为大将军。 　　634年，拓跋赤辞归唐，唐太宗李世民以其为西戎州都督，赐姓李，受松州都督府节制。 　　756年，因拓跋守寂助唐平定安史之乱有功，被封容州刺史，领天柱军使。
公元881年~982年	夏州地方政权时期	881年，宥州刺史拓跋思恭因镇压黄巢起义有功，唐僖宗授夏绥银节度使，赐其军号定难。夏州政权开始。 　　这期间，夏州地方政权一面与中央保持好关系，并趁藩镇混战之机，通过攀强弃弱，使自身的实力不断得到增强。
公元982年~1032年	夏州地方政权重建时期	982年，李继捧献地入朝，其族弟李继迁奔地斤泽，树起反宋旗帜。 　　985年，李继迁袭取银州，自称定难军留后。 　　986年，李继迁降于契丹，被授为定难军节度使都督夏州诸军事。 　　991年，李继迁请降于宋，宋授其为银州观察使，并赐名赵保吉。 　　1002年，攻取灵州，改灵州为西平府。 　　1003年，攻取西凉府。 　　1004年，因伤而卒，其子德明继位。 　　李继迁做为"光复夏业"的第一代反叛首领，经过二十二年的艰苦血战，夺回了唐代所占的全部领土。

		1006年，宋廷授德明为定难军节度使，西平王。
		1010年，契丹封德明为夏国王。
		1020年，德明定都兴州。
		1028年，德明派儿子元昊率精兵攻取甘州。
		1032年，德明卒。
		德明在位期间，励精图治，为西夏的建立做好了各项准备工作。
1032年~1048年	开国皇帝元昊时期	1032~1038年，改姓立号、建官制、定兵制、创设文字。
		1032年，元昊率军袭取凉州。
		1036年，元昊挥兵攻取瓜、沙两州。
		1038年，正式称帝建国。
		1040年，宋夏三川口之战。
		1041年，宋夏好水川之战。
		1042年，宋夏定川砦之战。
		1044年，宋夏达成和议，同年夏辽爆发大战。
		1046年，元昊于兴庆府作避暑宫，同年宋迁保安军榷场于顺宁砦。
		1047年，元昊建离宫于贺兰山。同年宋开放银星和市。
		1048年，元昊被太子宁令哥刺成重伤而死，子谅祚继位。
1048年~1067年	夏毅宗谅祚时期	1048~1056年，新帝年幼，没藏氏擅权。
		1049年，夏辽烽火再起。
		1056年，12岁的谅祚开始参与国事。
		1061年，谅祚诛杀权臣没藏讹庞，正式亲政。
		1067年，谅祚率军入侵绥州，兵败受伤，同年12月卒。
1067年~1099年	母党梁氏擅权时期	1069年，梁氏向宋上表，请求废汉礼用蕃礼，神宗准之。
		1069~1071年，梁氏母党屡次发动对宋战争。
		1081年，宋五路伐夏。

		1082年，宋夏永乐大战。
		1083年，秉常复位。
		1086年，年仅26岁的夏帝秉常卒。
		1086年，夏惠宗年仅3岁的长子乾顺继位，夏国军政大权分别掌握在后族梁氏、皇族嵬名阿吴和皇族多仁多保忠三大家族手中。
		1086~1097年，屡次发动对宋战争，以致民不聊生，怨声载道。
		1098年，梁氏亲率大军攻打平夏城，惨败而还。
		1099年，辽派使臣前往夏国毒死梁氏。
1099年~1139年	乾顺时期	这一时期，西夏国力迅速恢复并逐步攀升至巅峰。乾顺更通过灵活的外交政策，充分利用金、辽、宋之间的矛盾，从中渔利，使得西夏的疆域扩大到从未有过的规模。
		1101年，建立国学，设置教授，立养贤务。
		1103年，乾顺于甘州建卧佛寺，同年封弟察哥为晋国王。
		1106年，乾顺上表谢罪，宋许以和解。
		1119年，夏大败宋熙河经略使刘法于统安城，乘胜进攻震武城。
		1121年，攻取宋西安州、怀德军。
		1122年，夏派大将李良辅率军援辽。
		1124年，乾顺向金上誓表称臣。
		1126年，夏出兵攻占天德、云内等地，又破宋震威城。
		1136年，夏出兵攻战乐州、西宁州等地。
		1139年，乾顺去世。
1139年~1193年	仁孝时期	在此期间，西夏的经济繁荣，国力昌盛，西夏的疆域得到了进一步的扩展。
		1140年，萧合达叛乱，仁孝出兵平定。
		1143年，灾民起义，任得敬率兵镇压。

		1144年，遣使赴宋，恢复与宋的聘使往来。 1146年，尊孔子为文宣帝，令州郡立庙祭祀。 1170年，在金国支持下，扑灭任得敬分裂夏国的阴谋。 1193年，仁孝去世。
1193年~1206年	纯祐时期	纯祐继位后，继续推行仁孝时期的对内安国养民，对外附金和宋的政策。 1206年，纯祐被废，同年被杀。
1206年~1227年	西夏灭亡时期	1205年，铁木真率兵初次进军西夏。 1209年，蒙古重兵攻入西夏，包围中兴府，夏主被迫"纳女求和"。 1210年，夏襄宗发兵攻打金国，两国关系彻底破灭。 1211年，齐王遵顼废襄宗安全，自立为帝，是为神宗。 1212年，遵顼附蒙侵金。 1223年，遵顼被迫退位，传位于次子德旺，是为献宗。 1224年，德旺派遣使者出使漠北，欲建立抗蒙联盟。 1226年，蒙古大军大举进攻西夏。 1227年，夏亡。